最新法律文件解读丛书

刑事法律文件解读

XINGSHI FALÜ WENJIAN JIEDU

最新法律文件解读丛书编选组　编

总第 175、176 辑　2020.01、02

人民法院出版社

图书在版编目(CIP)数据

刑事法律文件解读. 总第 175、176 辑 / 最新法律文件解读丛书编选组编. -- 北京:人民法院出版社,2020. 3
(最新法律文件解读丛书)
ISBN 978 - 7 - 5109 - 2790 - 4

Ⅰ. ①刑… Ⅱ. ①最… Ⅲ. ①刑法 - 法律解释 - 中国 ②刑事诉讼法 - 法律解释 - 中国 Ⅳ. ①D924. 05 ②D925. 205

中国版本图书馆 CIP 数据核字(2020)第 035496 号

刑事法律文件解读 · 总第 175、176 辑
最新法律文件解读丛书编选组 编

责任编辑 姜 峤
出版发行 人民法院出版社
地　　址 北京市东城区东交民巷 27 号 邮编 100745
电　　话 (010)67550573(责任编辑) 67550558(发行部查询)
65223677(读者服务部)
客服 QQ 2092078039
网　　址 http://www.courtbook.com.cn
E - mail courtbook@sina.com
印　　刷 三河市国英印务有限公司
经　　销 新华书店
开　　本 787 毫米 ×1092 毫米 1/16
字　　数 245 千字
印　　张 16
版　　次 2020 年 3 月第 1 版 2020 年 3 月第 1 次印刷
书　　号 ISBN 978 - 7 - 5109 - 2790 - 4
定　　价 44.00 元

卷首语

《人民检察院刑事诉讼规则》已经2019年12月2日最高人民检察院第十三届检察委员会第二十八次会议通过，2019年12月30日，最高人民检察院召开以“强化人权司法保障，准确适用刑事诉讼法”为主题的新闻发布会，发布了修订后的《人民检察院刑事诉讼规则》，通报了《人民检察院刑事诉讼规则》修订的相关情况，自公布之日即2019年12月30日起施行。《人民检察院刑事诉讼规则》共计六百八十四条，新修订的主要内容包括落实司法责任制、做好监察法与刑诉法规定的对接、完善人民检察院直接受理案件的办理程序、完善认罪认罚从宽制度和速裁程序、适应捕诉一体办案机制要求、完善人民检察院对刑事诉讼的监督、加强对诉讼参与人的诉讼权益保障等。

《刑事法律文件解读》2020年第1辑和第2辑为《人民检察院刑事诉讼规则专辑》，收录了《最高人民检察院党组成员、副检察长童建明通报〈人民检察院刑事诉讼规则〉修订的相关情况》《最高人民检察院有关负责人就修订后的〈人民检察院刑事诉讼规则〉答记者问》以及最高人民检察院相关人员撰写的多篇《人民检察院刑事诉讼规则》重点解读文章，便于读者在实践中学习适用。

《最新法律文件解读》丛书

编 辑 部

兰丽专 （010）67550626

姜　峤 （010）67550573

丁丽娜 （010）67550608

张　奎 （010）67550673

路建华 （010）67550660

执行编辑 姜　峤

邮　　箱 bj85250573@126.com

目录

人民检察院刑事诉讼规则专辑

人民检察院刑事诉讼规则

（2019年12月2日最高人民检察院第十三届检察委员会第二十八次会议通过　2019年12月30日最高人民检察院公告公布　自2019年12月30日起施行）

目　录

第一章　通　则

第一条　为保证人民检察院在刑事诉讼中严格依照法定程序办案，正确履行职权，实现惩罚犯罪与保障人权的统一，根据《中华人民共和国刑事诉讼法》《中华人民共和国人民检察院组织法》和有关法律规定，结合人民检察院工作实际，制定本规则。

第二条　人民检察院在刑事诉讼中的任务，是立案侦查直接受理的案件、审查逮捕、审查起诉和提起公诉、对刑事诉讼实行法律监督，保证准确、及时查明犯罪事实，正确应用法律，惩罚犯罪分子，保障无罪的人不受刑事追究，保障刑事法律的统一正确实施，维护社会主义法制，尊重和保障人权，保护公民的人身权利、财产权利、民主权利和其他权利，保障社会主义建设事业的顺利进行。

第三条　人民检察院办理刑事案件，应当严格遵守《中华人民共和国刑事诉讼法》以及其他法律的有关规定，秉持客观公正的立场，尊重和保障人权，既要追诉犯罪，也要保障无罪的人不受刑事追究。

第四条　人民检察院办理刑事案件，由检察官、检察长、检察委员会在各自职权范围内对办案事项作出决定，并依照规定承担相应司法责任。

检察官在检察长领导下开展工作。重大办案事项，由检察长决定。检察长可以根据案件情况，提交检察委员会讨论决定。其他办案事项，检察长可以自行决定，也可以委托检察官决定。

本规则对应当由检察长或者检察委员会决定的重大办案事项有明确规定的，依照本规则的规定。本规则没有明确规定的，省级人民检察院可以制定有关规定，报最高人民检察院批准。

以人民检察院名义制发的法律文书，由检察长签发；属于检察官职权范围内决定事项的，检察长可以授权检察官签发。

重大、疑难、复杂或者有社会影响的案件，应当向检察长报告。

第五条 人民检察院办理刑事案件，根据案件情况，可以由一名检察官独任办理，也可以由两名以上检察官组成办案组办理。由检察官办案组办理的，检察长应当指定一名检察官担任主办检察官，组织、指挥办案组办理案件。

检察官办理案件，可以根据需要配备检察官助理、书记员、司法警察、检察技术人员等检察辅助人员。检察辅助人员依照法律规定承担相应的检察辅助事务。

第六条 人民检察院根据检察工作需要设置业务机构，在刑事诉讼中按照分工履行职责。

业务机构负责人对本部门的办案活动进行监督管理。需要报请检察长决定的事项和需要向检察长报告的案件，应当先由业务机构负责人审核。业务机构负责人可以主持召开检察官联席会议进行讨论，也可以直接报请检察长决定或者向检察长报告。

第七条 检察长不同意检察官处理意见的，可以要求检察官复核，也可以直接作出决定，或者提请检察委员会讨论决定。

检察官执行检察长决定时，认为决定错误的，应当书面提出意见。检察长不改变原决定的，检察官应当执行。

第八条 对同一刑事案件的审查逮捕、审查起诉、出庭支持公诉和立案监督、侦查监督、审判监督等工作，由同一检察官或者检察官办案组负责，但是审查逮捕、审查起诉由不同人民检察院管辖，或者依照法律、有关规定应当另行指派检察官或者检察官办案组办理的除外。

人民检察院履行审查逮捕和审查起诉职责的办案部门，本规则中统称为负责捕诉的部门。

第九条 最高人民检察院领导地方各级人民检察院和专门人民检察院的工作，上级人民检察院领导下级人民检察院的工作。检察长统一领导人民检察院的工作。

上级人民检察院可以依法统一调用辖区的检察人员办理案件，调用的决定应当以书面形式作出。被调用的检察官可以代表办理案件的人民检察院履行出庭支持公诉等各项检察职责。

第十条 上级人民检察院对下级人民检察院作出的决定，有权予以撤销或者变更；发现下级人民检察院办理的案件有错误的，有权指令下级人民检察院予以纠正。

下级人民检察院对上级人民检察院的决定应当执行。如果认为有错误的，应当在执行的同时向上级人民检察院报告。

第十一条 犯罪嫌疑人、被告人自愿如实供述自己的罪行，承认指控的犯罪事实，愿意接受处罚的，可以依法从宽处理。

认罪认罚从宽制度适用于所有刑事案件。人民检察院办理刑事案件的各个诉讼环节，都应当做好认罪认罚的相关工作。

第十二条 人民检察院办理刑事案件的活动依照规定接受人民监督员监督。

第二章 管 辖

第十三条 人民检察院在对诉讼活动实行法律监督中发现的司法工作人员利用职权实施的非法拘禁、刑讯逼供、非法搜查等侵犯公民权利、损害司法公正的犯罪，可以由人民检察院立案侦查。

对于公安机关管辖的国家机关工作人员利用职权实施的重大犯罪案件，需要由人民检察院直接受理的，经省级以上人民检察院决定，可以由人民检察院立案侦查。

第十四条 人民检察院办理直接受理侦查的案件，由设区的市级人民检察院立案侦查。基层人民检察院发现犯罪线索的，应当报设区的市级人民检察院决定立案侦查。

设区的市级人民检察院根据案件情况也可以将案件交由基层人民检察院立案侦查，或者要求基层人民检察院协助侦查。对于刑事执行派出检察院辖区内与刑事执行活动有关的犯罪线索，可以交由刑事执行派出检察院立案侦查。

最高人民检察院、省级人民检察院发现犯罪线索的，可以自行立案侦查，也可以将犯罪线索交由指定的省级人民检察院或者设区的市级人民检察院立案侦查。

第十五条 对本规则第十三条第二款规定的案件，人民检察院需要直接立案侦查的，应当层报省级人民检察院决定。

报请省级人民检察院决定立案侦查的案件，应当制作提请批准直接受理书，写明案件情况以及需要由人民检察院立案侦查的理由，并附有关材料。

省级人民检察院应当在收到提请批准直接受理书后十日以内作出是否立案侦查的决定。省级人民检察院可以决定由设区的市级人民检察院立案侦查，也可以自行立案侦查。

第十六条 上级人民检察院在必要的时候，可以直接立案侦查或者组织、指挥、参与侦查下级人民检察院管辖的案件。下级人民检察院认为案情重大、复杂，需要由上级人民检察院立案侦查的案件，可以请求移送上级人民检察院立案侦查。

第十七条 人民检察院办理直接受理侦查的案件，发现犯罪嫌疑人同时涉嫌监察机关管辖的职务犯罪线索的，应当及时与同级监察机关沟通。

经沟通，认为全案由监察机关管辖更为适宜的，人民检察院应当将案件和相应职务犯罪线索一并移送监察机关；认为由监察机关和人民检察院分别管辖更为适宜的，人民检察院应当将监察机关管辖的相应职务犯罪线索移送监察机关，对依法由人民检察院管辖的犯罪案件继续侦查。

人民检察院应当及时将沟通情况报告上一级人民检察院。沟通期间不得停止对案件的侦查。

第十八条 人民检察院办理直接受理侦查的案件涉及公安机关管辖的刑事案件，应当将属于公安机关管辖的刑事案件移送公安机关。如果涉嫌的主罪属于公安机关管辖，由公安机关为主侦查，人民检察院予以配合；如果涉嫌的主罪属于人民检察院管辖，由人民检察院为主侦查，公安机关予以配合。

对于一人犯数罪、共同犯罪、共同犯罪的犯罪嫌疑人还实施其他犯罪、多个犯罪嫌疑人实施的犯罪存在关联，并案处理有利于查明案件事实和诉讼进行的，人民检察院可以在职责范围内对相关犯罪案件并案处理。

第十九条 本规则第十三条规定的案件，由犯罪嫌疑人工作单位所在地的人民检察院管辖。如果由其他人民检察院管辖更为适宜的，可以由其他人民检察院管辖。

第二十条 对管辖不明确的案件，可以由有关人民检察院协商确定管辖。

第二十一条 几个人民检察院都有权管辖的案件，由最初受理的人民检察院管辖。必要时，可以由主要犯罪地的人民检察院管辖。

第二十二条 对于下列案件，上级人民检察院可以指定管辖：

（一）管辖有争议的案件；

（二）需要改变管辖的案件；

（三）需要集中管辖的特定类型的案件；

（四）其他需要指定管辖的案件。

对前款案件的审查起诉指定管辖的，人民检察院应当与相应的人民法院协商一致。对前款第三项案件的审查逮捕指定管辖的，人民检察院应当与相应的公安机关协商一致。

第二十三条 军事检察院等专门人民检察院的管辖以及军队与地方互涉刑事案件的管辖，按照有关规定执行。

第三章　回　避

第二十四条　检察人员在受理举报和办理案件过程中，发现有刑事诉讼法第二十九条或者第三十条规定的情形之一的，应当自行提出回避；没有自行提出回避的，人民检察院应当决定其回避，当事人及其法定代理人有权要求其回避。

第二十五条　检察人员自行回避的，应当书面或者口头提出，并说明理由。口头提出的，应当记录在案。

第二十六条　人民检察院应当告知当事人及其法定代理人有依法申请回避的权利，并告知办理相关案件的检察人员、书记员等人员的姓名、职务等有关情况。

第二十七条　当事人及其法定代理人要求检察人员回避的，应当书面或者口头向人民检察院提出，并说明理由。口头提出的，应当记录在案。根据刑事诉讼法第三十条的规定要求检察人员回避的，应当提供有关证明材料。

人民检察院经过审查或者调查，认为检察人员符合回避条件的，应当作出回避决定；不符合回避条件的，应当驳回申请。

第二十八条　在开庭审理过程中，当事人及其法定代理人向法庭申请出庭的检察人员回避的，在收到人民法院通知后，人民检察院应当作出回避或者驳回申请的决定。不属于刑事诉讼法第二十九条、第三十条规定情形的回避申请，出席法庭的检察人员应当建议法庭当庭驳回。

第二十九条　检察长的回避，由检察委员会讨论决定。检察委员会讨论检察长回避问题时，由副检察长主持，检察长不得参加。

其他检察人员的回避，由检察长决定。

第三十条　当事人及其法定代理人要求公安机关负责人回避，向同级人民检察院提出，或者向公安机关提出后，公安机关移送同级人民检察院的，由检察长提交检察委员会讨论决定。

第三十一条 检察长应当回避，本人没有自行回避，当事人及其法定代理人也没有申请其回避的，检察委员会应当决定其回避。

其他检察人员有前款规定情形的，检察长应当决定其回避。

第三十二条 人民检察院作出驳回申请回避的决定后，应当告知当事人及其法定代理人如不服本决定，有权在收到驳回申请回避的决定书后五日以内向原决定机关申请复议一次。

第三十三条 当事人及其法定代理人对驳回申请回避的决定不服申请复议的，决定机关应当在三日以内作出复议决定并书面通知申请人。

第三十四条 对人民检察院直接受理的案件进行侦查的人员或者进行补充侦查的人员在回避决定作出以前和复议期间，不得停止对案件的侦查。

第三十五条 参加过同一案件侦查的人员，不得承办该案的审查逮捕、审查起诉、出庭支持公诉和诉讼监督工作，但在审查起诉阶段参加自行补充侦查的人员除外。

第三十六条 被决定回避的检察长在回避决定作出以前所取得的证据和进行的诉讼行为是否有效，由检察委员会根据案件具体情况决定。

被决定回避的其他检察人员在回避决定作出以前所取得的证据和进行的诉讼行为是否有效，由检察长根据案件具体情况决定。

被决定回避的公安机关负责人在回避决定作出以前所进行的诉讼行为是否有效，由作出决定的人民检察院检察委员会根据案件具体情况决定。

第三十七条 本规则关于回避的规定，适用于书记员、司法警察和人民检察院聘请或者指派的翻译人员、鉴定人。

书记员、司法警察和人民检察院聘请或者指派的翻译人员、鉴定人的回避由检察长决定。

辩护人、诉讼代理人可以依照刑事诉讼法及本规则关于回避的规定要求回避、申请复议。

第四章　辩护与代理

第三十八条　人民检察院在办案过程中，应当依法保障犯罪嫌疑人行使辩护权利。

第三十九条　辩护人、诉讼代理人向人民检察院提出有关申请、要求或者提交有关书面材料的，负责案件管理的部门应当接收并及时移送办案部门或者与办案部门联系，具体业务由办案部门负责办理，本规则另有规定的除外。

第四十条　人民检察院负责侦查的部门在第一次讯问犯罪嫌疑人或者对其采取强制措施时，应当告知犯罪嫌疑人有权委托辩护人，并告知其如果因经济困难或者其他原因没有委托辩护人的，可以申请法律援助。属于刑事诉讼法第三十五条规定情形的，应当告知犯罪嫌疑人有权获得法律援助。

人民检察院自收到移送起诉案卷材料之日起三日以内，应当告知犯罪嫌疑人有权委托辩护人，并告知其如果因经济困难或者其他原因没有委托辩护人的，可以申请法律援助。属于刑事诉讼法第三十五条规定情形的，应当告知犯罪嫌疑人有权获得法律援助。

当面口头告知的，应当记入笔录，由被告知人签名；电话告知的，应当记录在案；书面告知的，应当将送达回执入卷。

第四十一条　在押或者被指定居所监视居住的犯罪嫌疑人向人民检察院提出委托辩护人要求的，人民检察院应当及时向其监护人、近亲属或者其指定的人员转达要求，并记录在案。

第四十二条　人民检察院办理直接受理侦查案件和审查起诉案件，发现犯罪嫌疑人是盲、聋、哑人或者是尚未完全丧失辨认或者控制自己行为能力的精神病人，或者可能被判处无期徒刑、死刑，没有委托辩护人的，应当自发现之日起三日以内书面通知法律援助机构指派律师为其提供辩护。

第四十三条 人民检察院收到在押或者被指定居所监视居住的犯罪嫌疑人提出的法律援助申请，应当在二十四小时以内将申请材料转交法律援助机构，并通知犯罪嫌疑人的监护人、近亲属或者其委托的其他人员协助提供有关证件、证明等材料。

第四十四条 属于应当提供法律援助的情形，犯罪嫌疑人拒绝法律援助机构指派的律师作为辩护人的，人民检察院应当查明拒绝的原因。有正当理由的，予以准许，但犯罪嫌疑人需另行委托辩护人；犯罪嫌疑人未另行委托辩护人的，应当书面通知法律援助机构另行指派律师为其提供辩护。

第四十五条 辩护人接受委托后告知人民检察院，或者法律援助机构指派律师后通知人民检察院的，人民检察院负责案件管理的部门应当及时登记辩护人的相关信息，并将有关情况和材料及时通知、移交办案部门。

负责案件管理的部门对办理业务的辩护律师，应当查验其律师执业证书、律师事务所证明和授权委托书或者法律援助公函。对其他辩护人、诉讼代理人，应当查验其身份证明和授权委托书。

第四十六条 人民检察院负责案件管理的部门应当依照法律规定对辩护人、诉讼代理人的资格进行审查，办案部门应当予以协助。

第四十七条 自人民检察院对案件审查起诉之日起，应当允许辩护律师查阅、摘抄、复制本案的案卷材料。案卷材料包括案件的诉讼文书和证据材料。

人民检察院直接受理侦查案件移送起诉，审查起诉案件退回补充侦查、改变管辖、提起公诉的，应当及时告知辩护律师。

第四十八条 自人民检察院对案件审查起诉之日起，律师以外的辩护人向人民检察院申请查阅、摘抄、复制本案的案卷材料或者申请同在押、被监视居住的犯罪嫌疑人会见和通信的，由人民检察院负责捕诉的部门进行审查并作出是否许可的决定，在三日以内书面通知申请人。

人民检察院许可律师以外的辩护人同在押或者被监视居住的犯罪嫌疑人通信的，可以要求看守所或者公安机关将书信送交人民检察院进行检查。

律师以外的辩护人申请查阅、摘抄、复制案卷材料或者申请同在押、被监视居住的犯罪嫌疑人会见和通信，具有下列情形之一的，人民检察院可以不予许可：

（一）同案犯罪嫌疑人在逃的；

（二）案件事实不清，证据不足，或者遗漏罪行、遗漏同案犯罪嫌疑人需要补充侦查的；

（三）涉及国家秘密或者商业秘密的；

（四）有事实表明存在串供、毁灭、伪造证据或者危害证人人身安全可能的。

第四十九条 辩护律师或者经过许可的其他辩护人到人民检察院查阅、摘抄、复制本案的案卷材料，由负责案件管理的部门及时安排，由办案部门提供案卷材料。因办案部门工作等原因无法及时安排的，应当向辩护人说明，并自即日起三个工作日以内安排辩护人阅卷，办案部门应当予以配合。

人民检察院应当为辩护人查阅、摘抄、复制案卷材料设置专门的场所或者电子卷宗阅卷终端设备。必要时，人民检察院可以派员在场协助。

辩护人复制案卷材料可以采取复印、拍照、扫描、刻录等方式，人民检察院不收取费用。

第五十条 案件提请批准逮捕或者移送起诉后，辩护人认为公安机关在侦查期间收集的证明犯罪嫌疑人无罪或者罪轻的证据材料未提交，申请人民检察院向公安机关调取的，人民检察院负责捕诉的部门应当及时审查。经审查，认为辩护人申请调取的证据已收集并且与案件事实有联系的，应当予以调取；认为辩护人申请调取的证据未收集或者与案件事实没有联系的，应当决定不予调取并向辩护人说明理由。公安机关移送相关证据材料的，人民检察院应当在三日以内告知辩护人。

人民检察院办理直接受理侦查的案件，适用前款规定。

第五十一条 在人民检察院侦查、审查逮捕、审查起诉过程中，辩护人收集的有关犯罪嫌疑人不在犯罪现场、未达到刑事责任年龄、属于依法不负刑事责任的精神病人的证据，告知人民检察院的，人民检察院应当及时审查。

第五十二条 案件移送起诉后，辩护律师依据刑事诉讼法第四十三条第一款的规定申请人民检察院收集、调取证据的，人民检察院负责捕诉的部门应当及时审查。经审查，认为需要收集、调取证据的，应当决定收集、调取并制作笔录附卷；决定不予收集、调取的，应当书面说明理由。

人民检察院根据辩护律师的申请收集、调取证据时，辩护律师可以在场。

第五十三条 辩护律师申请人民检察院许可其向被害人或者其近亲属、被害人提供的证人收集与本案有关材料的，人民检察院负责捕诉的部门应当及时进行审查。人民检察院应当在五日以内作出是否许可的决定，通知辩护律师；不予许可的，应当书面说明理由。

第五十四条 在人民检察院侦查、审查逮捕、审查起诉过程中，辩护人要求听取其意见的，办案部门应当及时安排。辩护人提出书面意见的，办案部门应当接收并登记。

听取辩护人意见应当制作笔录或者记录在案，辩护人提出的书面意见应当附卷。

辩护人提交案件相关材料的，办案部门应当将辩护人提交材料的目的、来源及内容等情况记录在案，一并附卷。

第五十五条 人民检察院自收到移送起诉案卷材料之日起三日以内，应当告知被害人及其法定代理人或者其近亲属、附带民事诉讼的当事人及其法定代理人有权委托诉讼代理人。被害人及其法定代理人、近亲属因经济困难没有委托诉讼代理人的，应当告知其可以申请法律援助。

当面口头告知的，应当记入笔录，由被告知人签名；电话告知的，应当记录在案；书面告知的，应当将送达回执入卷。被害人众多或者不确定，无法以上述方式逐一告知的，可以公告告知。无法告知的，应当记录在案。

被害人有法定代理人的，应当告知其法定代理人；没有法定代理人的，应当告知其近亲属。

法定代理人或者近亲属为二人以上的，可以告知其中一人。告知时应当按照刑事诉讼法第一百零八条第三项、第六项列举的顺序择先进行。

当事人及其法定代理人、近亲属委托诉讼代理人的，参照刑事诉讼法第三十三条等法律规定执行。

第五十六条 经人民检察院许可，诉讼代理人查阅、摘抄、复制本案案卷材料的，参照本规则第四十九条的规定办理。

律师担任诉讼代理人，需要申请人民检察院收集、调取证据的，参照本规则第五十二条的规定办理。

第五十七条 辩护人、诉讼代理人认为公安机关、人民检察院、人民法院及其工作人员具有下列阻碍其依法行使诉讼权利行为之一，向同级或者上一级人民检察院申诉或者控告的，人民检察院负责控告申诉检察的部门应当接受并依法办理，其他办案部门应当予以配合：

（一）违反规定，对辩护人、诉讼代理人提出的回避要求不予受理或者对不予回避决定不服的复议申请不予受理的；

（二）未依法告知犯罪嫌疑人、被告人有权委托辩护人的；

（三）未转达在押或者被监视居住的犯罪嫌疑人、被告人委托辩护人的要求或者未转交其申请法律援助材料的；

（四）应当通知而不通知法律援助机构为符合条件的犯罪嫌疑人、被告人或者被申请强制医疗的人指派律师提供辩护或者法律援助的；

（五）在规定时间内不受理、不答复辩护人提出的变更强制措施申请或者解除强制措施要求的；

（六）未依法告知辩护律师犯罪嫌疑人涉嫌的罪名和案件有关情况的；

（七）违法限制辩护律师同在押、被监视居住的犯罪嫌疑人、被告人会见和通信的；

（八）违法不允许辩护律师查阅、摘抄、复制本案的案卷材料的；

（九）违法限制辩护律师收集、核实有关证据材料的；

（十）没有正当理由不同意辩护律师收集、调取证据或者通知证人出庭作证的申请，或者不答复、不说明理由的；

（十一）未依法提交证明犯罪嫌疑人、被告人无罪或者罪轻的证据材料的；

（十二）未依法听取辩护人、诉讼代理人意见的；

（十三）未依法将开庭的时间、地点及时通知辩护人、诉讼代理人的；

（十四）未依法向辩护人、诉讼代理人及时送达本案的法律文书或者及时告知案件移送情况的；

（十五）阻碍辩护人、诉讼代理人在法庭审理过程中依法行使诉讼权利的；

（十六）其他阻碍辩护人、诉讼代理人依法行使诉讼权利的。

对于直接向上一级人民检察院申诉或者控告的，上一级人民检察院可以交下级人民检察院办理，也可以直接办理。

辩护人、诉讼代理人认为看守所及其工作人员有阻碍其依法行使诉讼权利的行为，向人民检察院申诉或者控告的，由负责刑事执行检察的部门接受并依法办理；其他办案部门收到申诉或者控告的，应当及时移送负责刑事执行检察的部门。

第五十八条 辩护人、诉讼代理人认为其依法行使诉讼权利受到阻碍向人民检察院申诉或者控告的，人民检察院应当及时受理并调查核实，在十日以内办结并书面答复。情况属实的，通知有关机关或者本院有关部门、下级人民检察院予以纠正。

第五十九条 辩护律师告知人民检察院其委托人或者其他人员准备实

施、正在实施危害国家安全、危害公共安全以及严重危及他人人身安全犯罪的，人民检察院应当接受并立即移送有关机关依法处理。

人民检察院应当为反映情况的辩护律师保密。

第六十条 人民检察院发现辩护人有帮助犯罪嫌疑人、被告人隐匿、毁灭、伪造证据、串供，或者威胁、引诱证人作伪证以及其他干扰司法机关诉讼活动的行为，可能涉嫌犯罪的，应当将涉嫌犯罪的线索或者证据材料移送有管辖权的机关依法处理。

人民检察院发现辩护律师在刑事诉讼中违反法律、法规或者执业纪律的，应当及时向其所在的律师事务所、所属的律师协会以及司法行政机关通报。

第五章 证 据

第六十一条 人民检察院认定案件事实，应当以证据为根据。

公诉案件中被告人有罪的举证责任由人民检察院承担。人民检察院在提起公诉指控犯罪时，应当提出确实、充分的证据，并运用证据加以证明。

人民检察院提起公诉，应当秉持客观公正立场，对被告人有罪、罪重、罪轻的证据都应当向人民法院提出。

第六十二条 证据的审查认定，应当结合案件的具体情况，从证据与待证事实的关联程度、各证据之间的联系、是否依照法定程序收集等方面进行综合审查判断。

第六十三条 人民检察院侦查终结或者提起公诉的案件，证据应当确实、充分。证据确实、充分，应当符合以下条件：

（一）定罪量刑的事实都有证据证明；

（二）据以定案的证据均经法定程序查证属实；

（三）综合全案证据，对所认定事实已排除合理怀疑。

第六十四条 行政机关在行政执法和查办案件过程中收集的物证、书证、视听资料、电子数据等证据材料，经人民检察院审查符合法定要求的，可以作为证据使用。

行政机关在行政执法和查办案件过程中收集的鉴定意见、勘验、检查笔录，经人民检察院审查符合法定要求的，可以作为证据使用。

第六十五条 监察机关依照法律规定收集的物证、书证、证人证言、被调查人供述和辩解、视听资料、电子数据等证据材料，在刑事诉讼中可以作为证据使用。

第六十六条 对采用刑讯逼供等非法方法收集的犯罪嫌疑人供述和采用暴力、威胁等非法方法收集的证人证言、被害人陈述，应当依法排除，不得作为移送审查逮捕、批准或者决定逮捕、移送起诉以及提起公诉的依据。

第六十七条 对采用下列方法收集的犯罪嫌疑人供述，应当予以排除：

（一）采用殴打、违法使用戒具等暴力方法或者变相肉刑的恶劣手段，使犯罪嫌疑人遭受难以忍受的痛苦而违背意愿作出的供述；

（二）采用以暴力或者严重损害本人及其近亲属合法权益等进行威胁的方法，使犯罪嫌疑人遭受难以忍受的痛苦而违背意愿作出的供述；

（三）采用非法拘禁等非法限制人身自由的方法收集的供述。

第六十八条 对采用刑讯逼供方法使犯罪嫌疑人作出供述，之后犯罪嫌疑人受该刑讯逼供行为影响而作出的与该供述相同的重复性供述，应当一并排除，但下列情形除外：

（一）侦查期间，根据控告、举报或者自己发现等，公安机关确认或者不能排除以非法方法收集证据而更换侦查人员，其他侦查人员再次讯问时告知诉讼权利和认罪认罚的法律规定，犯罪嫌疑人自愿供述的；

（二）审查逮捕、审查起诉期间，检察人员讯问时告知诉讼权利和认罪认罚的法律规定，犯罪嫌疑人自愿供述的。

第六十九条 采用暴力、威胁以及非法限制人身自由等非法方法收集的证人证言、被害人陈述，应当予以排除。

第七十条 收集物证、书证不符合法定程序，可能严重影响司法公正的，人民检察院应当及时要求公安机关补正或者作出书面解释；不能补正或者无法作出合理解释的，对该证据应当予以排除。

对公安机关的补正或者解释，人民检察院应当予以审查。经补正或者作出合理解释的，可以作为批准或者决定逮捕、提起公诉的依据。

第七十一条 对重大案件，人民检察院驻看守所检察人员在侦查终结前应当对讯问合法性进行核查并全程同步录音、录像，核查情况应当及时通知本院负责捕诉的部门。

负责捕诉的部门认为确有刑讯逼供等非法取证情形的，应当要求公安机关依法排除非法证据，不得作为提请批准逮捕、移送起诉的依据。

第七十二条 人民检察院发现侦查人员以非法方法收集证据的，应当及时进行调查核实。

当事人及其辩护人或者值班律师、诉讼代理人报案、控告、举报侦查人员采用刑讯逼供等非法方法收集证据，并提供涉嫌非法取证的人员、时间、地点、方式和内容等材料或者线索的，人民检察院应当受理并进行审查。根据现有材料无法证明证据收集合法性的，应当及时进行调查核实。

上一级人民检察院接到对侦查人员采用刑讯逼供等非法方法收集证据的报案、控告、举报，可以直接进行调查核实，也可以交由下级人民检察院调查核实。交由下级人民检察院调查核实的，下级人民检察院应当及时将调查结果报告上一级人民检察院。

人民检察院决定调查核实的，应当及时通知公安机关。

第七十三条 人民检察院经审查认定存在非法取证行为的，对该证据应当予以排除，其他证据不能证明犯罪嫌疑人实施犯罪行为的，应当不批准或者决定逮捕。已经移送起诉的，可以依法将案件退回监察机关补充调查或者退回公安机关补充侦查，或者作出不起诉决定。被排除的非法证据应当随案移送，并写明为依法排除的非法证据。

对于侦查人员的非法取证行为，尚未构成犯罪的，应当依法向其所在机关提出纠正意见。对于需要补正或者作出合理解释的，应当提出明确要求。

对于非法取证行为涉嫌犯罪需要追究刑事责任的，应当依法立案侦查。

第七十四条 人民检察院认为可能存在以刑讯逼供等非法方法收集证据情形的，可以书面要求监察机关或者公安机关对证据收集的合法性作出说明。说明应当加盖单位公章，并由调查人员或者侦查人员签名。

第七十五条 对于公安机关立案侦查的案件，存在下列情形之一的，人民检察院在审查逮捕、审查起诉和审判阶段，可以调取公安机关讯问犯罪嫌疑人的录音、录像，对证据收集的合法性以及犯罪嫌疑人、被告人供述的真实性进行审查：

（一）认为讯问活动可能存在刑讯逼供等非法取证行为的；

（二）犯罪嫌疑人、被告人或者辩护人提出犯罪嫌疑人、被告人供述系非法取得，并提供相关线索或者材料的；

（三）犯罪嫌疑人、被告人提出讯问活动违反法定程序或者翻供，并提供相关线索或者材料的；

（四）犯罪嫌疑人、被告人或者辩护人提出讯问笔录内容不真实，并提供相关线索或者材料的；

（五）案情重大、疑难、复杂的。

人民检察院调取公安机关讯问犯罪嫌疑人的录音、录像，公安机关未提供，人民检察院经审查认为不能排除有刑讯逼供等非法取证行为的，相关供述不得作为批准逮捕、提起公诉的依据。

人民检察院直接受理侦查的案件，负责侦查的部门移送审查逮捕、移送起诉时，应当将讯问录音、录像连同案卷材料一并移送审查。

第七十六条 对于提起公诉的案件，被告人及其辩护人提出审前供述系非法取得，并提供相关线索或者材料的，人民检察院可以将讯问录音、录像连同案卷材料一并移送人民法院。

第七十七条 在法庭审理过程中，被告人或者辩护人对讯问活动合法性提出异议，公诉人可以要求被告人及其辩护人提供相关线索或者材料。必要时，公诉人可以提请法庭当庭播放相关时段的讯问录音、录像，对有关异议或者事实进行质证。

需要播放的讯问录音、录像中涉及国家秘密、商业秘密、个人隐私或者含有其他不宜公开内容的，公诉人应当建议在法庭组成人员、公诉人、侦查人员、被告人及其辩护人范围内播放。因涉及国家秘密、商业秘密、个人隐私或者其他犯罪线索等内容，人民检察院对讯问录音、录像的相关内容进行技术处理的，公诉人应当向法庭作出说明。

第七十八条 人民检察院认为第一审人民法院有关证据收集合法性的审查、调查结论导致第一审判决、裁定错误的，可以依照刑事诉讼法第二百二十八条的规定向人民法院提出抗诉。

第七十九条 人民检察院在办理危害国家安全犯罪、恐怖活动犯罪、黑社会性质的组织犯罪、毒品犯罪等案件过程中，证人、鉴定人、被害人因在诉讼中作证，本人或者其近亲属人身安全面临危险，向人民检察院请求保护的，人民检察院应当受理并及时进行审查。对于确实存在人身安全危险的，应当立即采取必要的保护措施。人民检察院发现存在上述情形的，应当主动采取保护措施。

人民检察院可以采取以下一项或者多项保护措施：

（一）不公开真实姓名、住址和工作单位等个人信息；

（二）建议法庭采取不暴露外貌、真实声音等出庭作证措施；

（三）禁止特定的人员接触证人、鉴定人、被害人及其近亲属；

（四）对人身和住宅采取专门性保护措施；

（五）其他必要的保护措施。

人民检察院依法决定不公开证人、鉴定人、被害人的真实姓名、住址和工作单位等个人信息的，可以在起诉书、询问笔录等法律文书、证据材料中使用化名。但是应当另行书面说明使用化名的情况并标明密级，单独成卷。

人民检察院依法采取保护措施，可以要求有关单位和个人予以配合。

对证人及其近亲属进行威胁、侮辱、殴打或者打击报复，构成犯罪或者应当给予治安管理处罚的，人民检察院应当移送公安机关处理；情节轻微的，予以批评教育、训诫。

第八十条 证人在人民检察院侦查、审查逮捕、审查起诉期间因履行作证义务而支出的交通、住宿、就餐等费用，人民检察院应当给予补助。

第六章 强制措施

第一节 拘 传

第八十一条 人民检察院根据案件情况，对犯罪嫌疑人可以拘传。

第八十二条 拘传时，应当向被拘传的犯罪嫌疑人出示拘传证。对抗拒拘传的，可以使用戒具，强制到案。

执行拘传的人员不得少于二人。

第八十三条 拘传的时间从犯罪嫌疑人到案时开始计算。犯罪嫌疑人到案后，应当责令其在拘传证上填写到案时间，签名或者盖章，并捺指印，然后立即讯问。拘传结束后，应当责令犯罪嫌疑人在拘传证上填写拘传结束时间。犯罪嫌疑人拒绝填写的，应当在拘传证上注明。

一次拘传持续的时间不得超过十二小时；案情特别重大、复杂，需要采取拘留、逮捕措施的，拘传持续的时间不得超过二十四小时。两次拘传间隔的时间一般不得少于十二小时，不得以连续拘传的方式变相拘禁犯罪嫌疑人。

拘传犯罪嫌疑人，应当保证犯罪嫌疑人的饮食和必要的休息时间。

第八十四条 人民检察院拘传犯罪嫌疑人，应当在犯罪嫌疑人所在市、县内的地点进行。

犯罪嫌疑人工作单位与居住地不在同一市、县的，拘传应当在犯罪嫌疑人工作单位所在的市、县内进行；特殊情况下，也可以在犯罪嫌疑人居住地所在的市、县内进行。

第八十五条 需要对被拘传的犯罪嫌疑人变更强制措施的，应当在拘传期限内办理变更手续。

在拘传期间决定不采取其他强制措施的，拘传期限届满，应当结束拘传。

第二节 取保候审

第八十六条 人民检察院对于具有下列情形之一的犯罪嫌疑人，可以取保候审：

（一）可能判处管制、拘役或者独立适用附加刑的；

（二）可能判处有期徒刑以上刑罚，采取取保候审不致发生社会危险性的；

（三）患有严重疾病、生活不能自理，怀孕或者正在哺乳自己婴儿的妇女，采取取保候审不致发生社会危险性的；

（四）羁押期限届满，案件尚未办结，需要采取取保候审的。

第八十七条 人民检察院对于严重危害社会治安的犯罪嫌疑人，以及其他犯罪性质恶劣、情节严重的犯罪嫌疑人不得取保候审。

第八十八条 被羁押或者监视居住的犯罪嫌疑人及其法定代理人、近亲属或者辩护人向人民检察院申请取保候审，人民检察院应当在三日以内作出是否同意的答复。经审查符合本规则第八十六条规定情形之一的，可以对被羁押或者监视居住的犯罪嫌疑人依法办理取保候审手续。经审查不符合取保候审条件的，应当告知申请人，并说明不同意取保候审的理由。

第八十九条 人民检察院决定对犯罪嫌疑人取保候审，应当责令犯罪嫌疑人提出保证人或者交纳保证金。

对同一犯罪嫌疑人决定取保候审，不得同时使用保证人保证和保证金保证方式。

对符合取保候审条件，具有下列情形之一的犯罪嫌疑人，人民检察院决定取保候审时，可以责令其提供一至二名保证人：

（一）无力交纳保证金的；

（二）系未成年人或者已满七十五周岁的人；

（三）其他不宜收取保证金的。

第九十条 采取保证人保证方式的，保证人应当符合刑事诉讼法第六十九条规定的条件，并经人民检察院审查同意。

第九十一条 人民检察院应当告知保证人履行以下义务：

（一）监督被保证人遵守刑事诉讼法第七十一条的规定；

（二）发现被保证人可能发生或者已经发生违反刑事诉讼法第七十一条规定的行为的，及时向执行机关报告。

保证人保证承担上述义务后，应当在取保候审保证书上签名或者盖章。

第九十二条 采取保证金保证方式的，人民检察院可以根据犯罪嫌疑人的社会危险性，案件的性质、情节，可能判处刑罚的轻重，犯罪嫌疑人的经济状况等，责令犯罪嫌疑人交纳一千元以上的保证金。对于未成年犯罪嫌疑人，可以责令交纳五百元以上的保证金。

第九十三条 人民检察院决定对犯罪嫌疑人取保候审的，应当制作取保候审决定书，载明取保候审开始的时间、保证方式、被取保候审人应当履行的义务和应当遵守的规定。

人民检察院作出取保候审决定时，可以根据犯罪嫌疑人涉嫌犯罪的性质、危害后果、社会影响，犯罪嫌疑人、被害人的具体情况等，有针对性地责令其遵守以下一项或者多项规定：

（一）不得进入特定的场所；

（二）不得与特定的人员会见或者通信；

（三）不得从事特定的活动；

（四）将护照等出入境证件、驾驶证件交执行机关保存。

第九十四条 人民检察院应当向取保候审的犯罪嫌疑人宣读取保候审决定书，由犯罪嫌疑人签名或者盖章，并捺指印，责令犯罪嫌疑人遵守刑事诉讼法第七十一条的规定，告知其违反规定应负的法律责任。以保证金方式保证的，应当同时告知犯罪嫌疑人一次性将保证金存入公安机关指定银行的专门账户。

第九十五条 向犯罪嫌疑人宣布取保候审决定后，人民检察院应当将执行取保候审通知书送达公安机关执行，并告知公安机关在执行期间拟批准犯罪嫌疑人离开所居住的市、县的，应当事先征得人民检察院同意。以保证人方式保证的，应当将取保候审保证书同时送交公安机关。

人民检察院核实保证金已经交纳到公安机关指定银行的凭证后，应当将银行出具的凭证及其他有关材料与执行取保候审通知书一并送交公安机关。

第九十六条 采取保证人保证方式的，如果保证人在取保候审期间不愿继续保证或者丧失保证条件的，人民检察院应当在收到保证人不愿继续保证的申请或者发现其丧失保证条件后三日以内，责令犯罪嫌疑人重新提出保证人或者交纳保证金，并将变更情况通知公安机关。

第九十七条 采取保证金保证方式的，被取保候审人拒绝交纳保证金或者交纳保证金不足决定数额时，人民检察院应当作出变更取保候审措施、变更保证方式或者变更保证金数额的决定，并将变更情况通知公安机关。

第九十八条 公安机关在执行取保候审期间向人民检察院征询是否同意批准犯罪嫌疑人离开所居住的市、县时，人民检察院应当根据案件的具体情况及时作出决定，并通知公安机关。

第九十九条 人民检察院发现保证人没有履行刑事诉讼法第七十条规

定的义务，应当通知公安机关，要求公安机关对保证人作出罚款决定。构成犯罪的，依法追究保证人的刑事责任。

第一百条 人民检察院发现犯罪嫌疑人违反刑事诉讼法第七十一条的规定，已交纳保证金的，应当书面通知公安机关没收部分或者全部保证金，并且根据案件的具体情况，责令犯罪嫌疑人具结悔过，重新交纳保证金、提出保证人，或者决定对其监视居住、予以逮捕。

公安机关发现犯罪嫌疑人违反刑事诉讼法第七十一条的规定，提出没收保证金或者变更强制措施意见的，人民检察院应当在收到意见后五日以内作出决定，并通知公安机关。

重新交纳保证金的程序适用本规则第九十二条的规定；提出保证人的程序适用本规则第九十条、第九十一条的规定。对犯罪嫌疑人继续取保候审的，取保候审的时间应当累计计算。

对犯罪嫌疑人决定监视居住的，应当办理监视居住手续。监视居住的期限应当自执行监视居住决定之日起计算并告知犯罪嫌疑人。

第一百零一条 犯罪嫌疑人有下列违反取保候审规定的行为，人民检察院应当对犯罪嫌疑人予以逮捕：

（一）故意实施新的犯罪；

（二）企图自杀、逃跑；

（三）实施毁灭、伪造证据，串供或者干扰证人作证，足以影响侦查、审查起诉工作正常进行；

（四）对被害人、证人、鉴定人、举报人、控告人及其他人员实施打击报复。

犯罪嫌疑人有下列违反取保候审规定的行为，人民检察院可以对犯罪嫌疑人予以逮捕：

（一）未经批准，擅自离开所居住的市、县，造成严重后果，或者两次未经批准，擅自离开所居住的市、县；

（二）经传讯不到案，造成严重后果，或者经两次传讯不到案；

（三）住址、工作单位和联系方式发生变动，未在二十四小时以内向公安机关报告，造成严重后果；

（四）违反规定进入特定场所、与特定人员会见或者通信、从事特定活动，严重妨碍诉讼程序正常进行。

有前两款情形，需要对犯罪嫌疑人予以逮捕的，可以先行拘留；已交纳保证金的，同时书面通知公安机关没收保证金。

第一百零二条 人民检察院决定对犯罪嫌疑人取保候审，最长不得超过十二个月。

第一百零三条 公安机关决定对犯罪嫌疑人取保候审，案件移送人民检察院审查起诉后，对于需要继续取保候审的，人民检察院应当依法重新作出取保候审决定，并对犯罪嫌疑人办理取保候审手续。取保候审的期限应当重新计算并告知犯罪嫌疑人。对继续采取保证金方式取保候审的，被取保候审人没有违反刑事诉讼法第七十一条规定的，不变更保证金数额，不再重新收取保证金。

第一百零四条 在取保候审期间，不得中断对案件的侦查、审查起诉。

第一百零五条 取保候审期限届满或者发现不应当追究犯罪嫌疑人的刑事责任的，应当及时解除或者撤销取保候审。

解除或者撤销取保候审的决定，应当及时通知执行机关，并将解除或者撤销取保候审的决定书送达犯罪嫌疑人；有保证人的，应当通知保证人解除保证义务。

第一百零六条 犯罪嫌疑人在取保候审期间没有违反刑事诉讼法第七十一条的规定，或者发现不应当追究犯罪嫌疑人刑事责任的，变更、解除或者撤销取保候审时，应当告知犯罪嫌疑人可以凭变更、解除或者撤销取保候审的通知或者有关法律文书到银行领取退还的保证金。

第三节 监视居住

第一百零七条 人民检察院对于符合逮捕条件，具有下列情形之一的犯罪嫌疑人，可以监视居住：

（一）患有严重疾病、生活不能自理的；

（二）怀孕或者正在哺乳自己婴儿的妇女；

（三）系生活不能自理的人的唯一扶养人；

（四）因为案件的特殊情况或者办理案件的需要，采取监视居住措施更为适宜的；

（五）羁押期限届满，案件尚未办结，需要采取监视居住措施的。

前款第三项中的扶养包括父母、祖父母、外祖父母对子女、孙子女、外孙子女的抚养和子女、孙子女、外孙子女对父母、祖父母、外祖父母的赡养以及配偶、兄弟姐妹之间的相互扶养。

对符合取保候审条件，但犯罪嫌疑人不能提出保证人，也不交纳保证金的，可以监视居住。

第一百零八条 人民检察院应当向被监视居住的犯罪嫌疑人宣读监视居住决定书，由犯罪嫌疑人签名或者盖章，并捺指印，责令犯罪嫌疑人遵守刑事诉讼法第七十七条的规定，告知其违反规定应负的法律责任。

指定居所监视居住的，不得要求被监视居住人支付费用。

第一百零九条 人民检察院核实犯罪嫌疑人住处或者为其指定居所后，应当制作监视居住执行通知书，将有关法律文书和案由、犯罪嫌疑人基本情况材料，送交监视居住地的公安机关执行，必要时人民检察院可以协助公安机关执行。

人民检察院应当告知公安机关在执行期间拟批准犯罪嫌疑人离开执行监视居住的处所、会见他人或者通信的，应当事先征得人民检察院同意。

第一百一十条 人民检察院可以根据案件的具体情况，商请公安机关对被监视居住的犯罪嫌疑人采取电子监控、不定期检查等监视方法，对其遵守监视居住规定的情况进行监督。

人民检察院办理直接受理侦查的案件对犯罪嫌疑人采取监视居住的，在侦查期间可以商请公安机关对其通信进行监控。

第一百一十一条 犯罪嫌疑人有下列违反监视居住规定的行为，人民检察院应当对犯罪嫌疑人予以逮捕：

（一）故意实施新的犯罪行为；

（二）企图自杀、逃跑；

（三）实施毁灭、伪造证据或者串供、干扰证人作证行为，足以影响侦查、审查起诉工作正常进行；

（四）对被害人、证人、鉴定人、举报人、控告人及其他人员实施打击报复。

犯罪嫌疑人有下列违反监视居住规定的行为，人民检察院可以对犯罪嫌疑人予以逮捕：

（一）未经批准，擅自离开执行监视居住的处所，造成严重后果，或者两次未经批准，擅自离开执行监视居住的处所；

（二）未经批准，擅自会见他人或者通信，造成严重后果，或者两次未经批准，擅自会见他人或者通信；

（三）经传讯不到案，造成严重后果，或者经两次传讯不到案。

有前两款情形，需要对犯罪嫌疑人予以逮捕的，可以先行拘留。

第一百一十二条 人民检察院决定对犯罪嫌疑人监视居住，最长不得超过六个月。

第一百一十三条 公安机关决定对犯罪嫌疑人监视居住，案件移送人民检察院审查起诉后，对于需要继续监视居住的，人民检察院应当依法重新作出监视居住决定，并对犯罪嫌疑人办理监视居住手续。监视居住的期限应当重新计算并告知犯罪嫌疑人。

第一百一十四条 在监视居住期间，不得中断对案件的侦查、审查起诉。

第一百一十五条 监视居住期限届满或者发现不应当追究犯罪嫌疑人刑事责任的，应当解除或者撤销监视居住。

解除或者撤销监视居住的决定应当通知执行机关，并将解除或者撤销监视居住的决定书送达犯罪嫌疑人。

第一百一十六条 监视居住应当在犯罪嫌疑人的住处执行。犯罪嫌疑人无固定住处的，可以在指定的居所执行。

固定住处是指犯罪嫌疑人在办案机关所在地的市、县内工作、生活的合法居所。

指定的居所应当符合下列条件：

（一）具备正常的生活、休息条件；

（二）便于监视、管理；

（三）能够保证安全。

采取指定居所监视居住，不得在看守所、拘留所、监狱等羁押、监管场所以及留置室、讯问室等专门的办案场所、办公区域执行。

第一百一十七条 在指定的居所执行监视居住，除无法通知的以外，人民检察院应当在执行监视居住后二十四小时以内，将指定居所监视居住的原因通知被监视居住人的家属。无法通知的，应当将原因写明附卷。无法通知的情形消除后，应当立即通知。

无法通知包括下列情形：

（一）被监视居住人无家属；

（二）与其家属无法取得联系；

（三）受自然灾害等不可抗力阻碍。

第一百一十八条 对于公安机关、人民法院决定指定居所监视居住的案件，由批准或者决定的公安机关、人民法院的同级人民检察院负责捕诉的部门对决定是否合法实行监督。

人民检察院决定指定居所监视居住的案件，由负责控告申诉检察的部门对决定是否合法实行监督。

第一百一十九条 被指定居所监视居住人及其法定代理人、近亲属或者辩护人认为指定居所监视居住决定存在违法情形，提出控告或者举报的，人民检察院应当受理。

人民检察院可以要求有关机关提供指定居所监视居住决定书和相关案卷材料。经审查，发现存在下列违法情形之一的，应当及时通知其纠正：

（一）不符合指定居所监视居住的适用条件的；

（二）未按法定程序履行批准手续的；

（三）在决定过程中有其他违反刑事诉讼法规定的行为的。

第一百二十条 对于公安机关、人民法院决定指定居所监视居住的案件，由人民检察院负责刑事执行检察的部门对指定居所监视居住的执行活动是否合法实行监督。发现存在下列违法情形之一的，应当及时提出纠正意见：

（一）执行机关收到指定居所监视居住决定书、执行通知书等法律文书后不派员执行或者不及时派员执行的；

（二）在执行指定居所监视居住后二十四小时以内没有通知被监视居住人的家属的；

（三）在羁押场所、专门的办案场所执行监视居住的；

（四）为被监视居住人通风报信、私自传递信件、物品的；

（五）违反规定安排辩护人同被监视居住人会见、通信，或者违法限制被监视居住人与辩护人会见、通信的；

（六）对被监视居住人刑讯逼供、体罚、虐待或者变相体罚、虐待的；

（七）有其他侵犯被监视居住人合法权利行为或者其他违法行为的。

被监视居住人及其法定代理人、近亲属或者辩护人认为执行机关或者执行人员存在上述违法情形，提出控告或者举报的，人民检察院应当受理。

人民检察院决定指定居所监视居住的案件，由负责控告申诉检察的部门对指定居所监视居住的执行活动是否合法实行监督。

第四节　拘　留

第一百二十一条 人民检察院对于具有下列情形之一的犯罪嫌疑人，

可以决定拘留：

（一）犯罪后企图自杀、逃跑或者在逃的；

（二）有毁灭、伪造证据或者串供可能的。

第一百二十二条 人民检察院作出拘留决定后，应当将有关法律文书和案由、犯罪嫌疑人基本情况的材料送交同级公安机关执行。必要时，人民检察院可以协助公安机关执行。

拘留后，应当立即将被拘留人送看守所羁押，至迟不得超过二十四小时。

第一百二十三条 对犯罪嫌疑人拘留后，除无法通知的以外，人民检察院应当在二十四小时以内，通知被拘留人的家属。

无法通知的，应当将原因写明附卷。无法通知的情形消除后，应当立即通知其家属。

第一百二十四条 对被拘留的犯罪嫌疑人，应当在拘留后二十四小时以内进行讯问。

第一百二十五条 对被拘留的犯罪嫌疑人，发现不应当拘留的，应当立即释放；依法可以取保候审或者监视居住的，按照本规则的有关规定办理取保候审或者监视居住手续。

对被拘留的犯罪嫌疑人，需要逮捕的，按照本规则的有关规定办理逮捕手续；决定不予逮捕的，应当及时变更强制措施。

第一百二十六条 人民检察院直接受理侦查的案件，拘留犯罪嫌疑人的羁押期限为十四日，特殊情况下可以延长一日至三日。

第一百二十七条 公民将正在实行犯罪或者在犯罪后即被发觉的、通缉在案的、越狱逃跑的、正在被追捕的犯罪嫌疑人或者犯罪人扭送到人民检察院的，人民检察院应当予以接受，并且根据具体情况决定是否采取相应的紧急措施。不属于自己管辖的，应当移送主管机关处理。

第五节　逮　捕

第一百二十八条 人民检察院对有证据证明有犯罪事实，可能判处徒刑以上刑罚的犯罪嫌疑人，采取取保候审尚不足以防止发生下列社会危险性的，应当批准或者决定逮捕：

（一）可能实施新的犯罪的；

（二）有危害国家安全、公共安全或者社会秩序的现实危险的；

（三）可能毁灭、伪造证据，干扰证人作证或者串供的；

（四）可能对被害人、举报人、控告人实施打击报复的；

（五）企图自杀或者逃跑的。

有证据证明有犯罪事实是指同时具备下列情形：

（一）有证据证明发生了犯罪事实；

（二）有证据证明该犯罪事实是犯罪嫌疑人实施的；

（三）证明犯罪嫌疑人实施犯罪行为的证据已经查证属实。

犯罪事实既可以是单一犯罪行为的事实，也可以是数个犯罪行为中任何一个犯罪行为的事实。

第一百二十九条 犯罪嫌疑人具有下列情形之一的，可以认定为“可能实施新的犯罪”：

（一）案发前或者案发后正在策划、组织或者预备实施新的犯罪的；

（二）扬言实施新的犯罪的；

（三）多次作案、连续作案、流窜作案的；

（四）一年内曾因故意实施同类违法行为受到行政处罚的；

（五）以犯罪所得为主要生活来源的；

（六）有吸毒、赌博等恶习的；

（七）其他可能实施新的犯罪的情形。

第一百三十条 犯罪嫌疑人具有下列情形之一的，可以认定为“有危害国家安全、公共安全或者社会秩序的现实危险”：

（一）案发前或者案发后正在积极策划、组织或者预备实施危害国家安全、公共安全或者社会秩序的重大违法犯罪行为的；

（二）曾因危害国家安全、公共安全或者社会秩序受到刑事处罚或者行政处罚的；

（三）在危害国家安全、黑恶势力、恐怖活动、毒品犯罪中起组织、策划、指挥作用或者积极参加的；

（四）其他有危害国家安全、公共安全或者社会秩序的现实危险的情形。

第一百三十一条 犯罪嫌疑人具有下列情形之一的，可以认定为“可能毁灭、伪造证据，干扰证人作证或者串供”：

（一）曾经或者企图毁灭、伪造、隐匿、转移证据的；

（二）曾经或者企图威逼、恐吓、利诱、收买证人，干扰证人作证的；

（三）有同案犯罪嫌疑人或者与其在事实上存在密切关联犯罪的犯罪嫌疑人在逃，重要证据尚未收集到位的；

（四）其他可能毁灭、伪造证据，干扰证人作证或者串供的情形。

第一百三十二条 犯罪嫌疑人具有下列情形之一的，可以认定为“可能对被害人、举报人、控告人实施打击报复”：

（一）扬言或者准备、策划对被害人、举报人、控告人实施打击报复的；

（二）曾经对被害人、举报人、控告人实施打击、要挟、迫害等行为的；

（三）采取其他方式滋扰被害人、举报人、控告人的正常生活、工作的；

（四）其他可能对被害人、举报人、控告人实施打击报复的情形。

第一百三十三条 犯罪嫌疑人具有下列情形之一的，可以认定为“企图自杀或者逃跑”：

（一）着手准备自杀、自残或者逃跑的；

（二）曾经自杀、自残或者逃跑的；

（三）有自杀、自残或者逃跑的意思表示的；

（四）曾经以暴力、威胁手段抗拒抓捕的；

（五）其他企图自杀或者逃跑的情形。

第一百三十四条 人民检察院办理审查逮捕案件，应当全面把握逮捕条件，对有证据证明有犯罪事实、可能判处徒刑以上刑罚的犯罪嫌疑人，除具有刑事诉讼法第八十一条第三款、第四款规定的情形外，应当严格审查是否具备社会危险性条件。

第一百三十五条 人民检察院审查认定犯罪嫌疑人是否具有社会危险性，应当以公安机关移送的社会危险性相关证据为依据，并结合案件具体情况综合认定。必要时，可以通过讯问犯罪嫌疑人、询问证人等诉讼参与人、听取辩护律师意见等方式，核实相关证据。

依据在案证据不能认定犯罪嫌疑人符合逮捕社会危险性条件的，人民检察院可以要求公安机关补充相关证据，公安机关没有补充移送的，应当作出不批准逮捕的决定。

第一百三十六条 对有证据证明有犯罪事实，可能判处十年有期徒刑以上刑罚的犯罪嫌疑人，应当批准或者决定逮捕。

对有证据证明有犯罪事实，可能判处徒刑以上刑罚，犯罪嫌疑人曾经故意犯罪或者不讲真实姓名、住址，身份不明的，应当批准或者决定逮捕。

第一百三十七条 人民检察院经审查认为被取保候审、监视居住的犯罪嫌疑人违反取保候审、监视居住规定，依照本规则第一百零一条、第一百一十一条的规定办理。

对于被取保候审、监视居住的可能判处徒刑以下刑罚的犯罪嫌疑人，违反取保候审、监视居住规定，严重影响诉讼活动正常进行的，可以予以逮捕。

第一百三十八条 对实施多个犯罪行为或者共同犯罪案件的犯罪嫌疑人，符合本规则第一百二十八条的规定，具有下列情形之一的，应当批准或者决定逮捕：

（一）有证据证明犯有数罪中的一罪的；

（二）有证据证明实施多次犯罪中的一次犯罪的；

（三）共同犯罪中，已有证据证明有犯罪事实的犯罪嫌疑人。

第一百三十九条 对具有下列情形之一的犯罪嫌疑人，人民检察院应当作出不批准逮捕或者不予逮捕的决定：

（一）不符合本规则规定的逮捕条件的；

（二）具有刑事诉讼法第十六条规定的情形之一的。

第一百四十条 犯罪嫌疑人涉嫌的罪行较轻，且没有其他重大犯罪嫌疑，具有下列情形之一的，可以作出不批准逮捕或者不予逮捕的决定：

（一）属于预备犯、中止犯，或者防卫过当、避险过当的；

（二）主观恶性较小的初犯，共同犯罪中的从犯、胁从犯，犯罪后自首、有立功表现或者积极退赃、赔偿损失、确有悔罪表现的；

（三）过失犯罪的犯罪嫌疑人，犯罪后有悔罪表现，有效控制损失或者积极赔偿损失的；

（四）犯罪嫌疑人与被害人双方根据刑事诉讼法的有关规定达成和解协议，经审查，认为和解系自愿、合法且已经履行或者提供担保的；

（五）犯罪嫌疑人认罪认罚的；

（六）犯罪嫌疑人系已满十四周岁未满十八周岁的未成年人或者在校学生，本人有悔罪表现，其家庭、学校或者所在社区、居民委员会、村民委员会具备监护、帮教条件的；

（七）犯罪嫌疑人系已满七十五周岁的人。

第一百四十一条 对符合刑事诉讼法第七十四条第一款规定的犯罪嫌疑人，人民检察院经审查认为不需要逮捕的，可以在作出不批准逮捕决定的同时，向公安机关提出采取监视居住措施的建议。

第六节 监察机关移送案件的强制措施

第一百四十二条 对于监察机关移送起诉的已采取留置措施的案件，人民检察院应当在受理案件后，及时对犯罪嫌疑人作出拘留决定，交公安机关执行。执行拘留后，留置措施自动解除。

第一百四十三条 人民检察院应当在执行拘留后十日以内，作出是否逮捕、取保候审或者监视居住的决定。特殊情况下，决定的时间可以延长一日至四日。

人民检察院决定采取强制措施的期间不计入审查起诉期限。

第一百四十四条 除无法通知的以外，人民检察院应当在公安机关执行拘留、逮捕后二十四小时以内，通知犯罪嫌疑人的家属。

第一百四十五条 人民检察院应当自收到移送起诉的案卷材料之日起三日以内告知犯罪嫌疑人有权委托辩护人。对已经采取留置措施的，应当在执行拘留时告知。

第一百四十六条 对于监察机关移送起诉的未采取留置措施的案件，人民检察院受理后，在审查起诉过程中根据案件情况，可以依照本规则相关规定决定是否采取逮捕、取保候审或者监视居住措施。

第一百四十七条 对于监察机关移送起诉案件的犯罪嫌疑人采取强制措施，本节未规定的，适用本规则相关规定。

第七节 其他规定

第一百四十八条 人民检察院对担任县级以上各级人民代表大会代表的犯罪嫌疑人决定采取拘传、取保候审、监视居住、拘留、逮捕强制措施的，应当报请该代表所属的人民代表大会主席团或者常务委员会许可。

人民检察院对担任本级人民代表大会代表的犯罪嫌疑人决定采取强制措施的，应当报请本级人民代表大会主席团或者常务委员会许可。

对担任上级人民代表大会代表的犯罪嫌疑人决定采取强制措施的，应当层报该代表所属的人民代表大会同级的人民检察院报请许可。

对担任下级人民代表大会代表的犯罪嫌疑人决定采取强制措施的，可以直接报请该代表所属的人民代表大会主席团或者常务委员会许可，也可以委托该代表所属的人民代表大会同级的人民检察院报请许可。

对担任两级以上的人民代表大会代表的犯罪嫌疑人决定采取强制措施的，分别依照本条第二、三、四款的规定报请许可。

对担任办案单位所在省、市、县（区）以外的其他地区人民代表大会代表的犯罪嫌疑人决定采取强制措施的，应当委托该代表所属的人民代表大会同级的人民检察院报请许可；担任两级以上人民代表大会代表的，应当分别委托该代表所属的人民代表大会同级的人民检察院报请许可。

对于公安机关提请人民检察院批准逮捕的案件，犯罪嫌疑人担任人民代表大会代表的，报请许可手续由公安机关负责办理。

担任县级以上人民代表大会代表的犯罪嫌疑人，经报请该代表所属人民代表大会主席团或者常务委员会许可后被刑事拘留的，适用逮捕措施时不需要再次报请许可。

第一百四十九条 担任县级以上人民代表大会代表的犯罪嫌疑人因现行犯被人民检察院拘留的，人民检察院应当立即向该代表所属的人民代表大会主席团或者常务委员会报告。报告的程序参照本规则第一百四十八条报请许可的程序规定。

对担任乡、民族乡、镇的人民代表大会代表的犯罪嫌疑人决定采取强制措施的，由县级人民检察院向乡、民族乡、镇的人民代表大会报告。

第一百五十条 犯罪嫌疑人及其法定代理人、近亲属或者辩护人认为人民检察院采取强制措施法定期限届满，要求解除、变更强制措施或者释放犯罪嫌疑人的，人民检察院应当在收到申请后三日以内作出决定。

经审查，认为法定期限届满的，应当决定解除、变更强制措施或者释放犯罪嫌疑人，并通知公安机关执行；认为法定期限未满的，书面答复申请人。

第一百五十一条 犯罪嫌疑人及其法定代理人、近亲属或者辩护人向人民检察院提出变更强制措施申请的，人民检察院应当在收到申请后三日以内作出决定。

经审查，同意变更强制措施的，应当在作出决定的同时通知公安机关执行；不同意变更强制措施的，应当书面告知申请人，并说明不同意的理由。

犯罪嫌疑人及其法定代理人、近亲属或者辩护人提出变更强制措施申请的，应当说明理由，有证据和其他材料的，应当附上相关材料。

第一百五十二条 人民检察院在侦查、审查起诉期间，对犯罪嫌疑人拘留、逮捕后发生依法延长侦查羁押期限、审查起诉期限，重新计算侦查羁押期限、审查起诉期限等期限改变的情形的，应当及时将变更后的期限书面通知看守所。

第一百五十三条 人民检察院决定对涉嫌犯罪的机关事业单位工作人员取保候审、监视居住、拘留、逮捕的，应当在采取或者解除强制措施后五日以内告知其所在单位；决定撤销案件或者不起诉的，应当在作出决定后十日以内告知其所在单位。

第一百五十四条 取保候审变更为监视居住，或者取保候审、监视居住变更为拘留、逮捕的，在变更的同时原强制措施自动解除，不再办理解除法律手续。

第一百五十五条 人民检察院已经对犯罪嫌疑人取保候审、监视居住，案件起诉至人民法院后，人民法院决定取保候审、监视居住或者变更强制措施的，原强制措施自动解除，不再办理解除法律手续。

第七章　案件受理

第一百五十六条 下列案件，由人民检察院负责案件管理的部门统一受理：

（一）公安机关提请批准逮捕、移送起诉、提请批准延长侦查羁押期限、要求复议、提请复核、申请复查、移送申请强制医疗、移送申请没收违法所得的案件；

（二）监察机关移送起诉、提请没收违法所得、对不起诉决定提请复议的案件；

（三）下级人民检察院提出或者提请抗诉、报请指定管辖、报请核准追诉、报请核准缺席审判或者提请死刑复核监督的案件；

（四）人民法院通知出席第二审法庭或者再审法庭的案件；

（五）其他依照规定由负责案件管理的部门受理的案件。

第一百五十七条 人民检察院负责案件管理的部门受理案件时，应当接收案卷材料，并立即审查下列内容：

（一）依据移送的法律文书载明的内容确定案件是否属于本院管辖；

（二）案卷材料是否齐备、规范，符合有关规定的要求；

（三）移送的款项或者物品与移送清单是否相符；

（四）犯罪嫌疑人是否在案以及采取强制措施的情况；

（五）是否在规定的期限内移送案件。

第一百五十八条 人民检察院负责案件管理的部门对接收的案卷材料审查后，认为具备受理条件的，应当及时进行登记，并立即将案卷材料和案件受理登记表移送办案部门办理。

经审查，认为案卷材料不齐备的，应当及时要求移送案件的单位补送相关材料。对于案卷装订不符合要求的，应当要求移送案件的单位重新装订后移送。

对于移送起诉的案件，犯罪嫌疑人在逃的，应当要求公安机关采取措施保证犯罪嫌疑人到案后再移送起诉。共同犯罪案件中部分犯罪嫌疑人在逃的，对在案犯罪嫌疑人的移送起诉应当受理。

第一百五十九条 对公安机关送达的执行情况回执和人民法院送达的判决书、裁定书等法律文书，人民检察院负责案件管理的部门应当接收，即时登记。

第一百六十条 人民检察院直接受理侦查的案件，移送审查逮捕、移送起诉的，按照本规则第一百五十六条至第一百五十八条的规定办理。

第一百六十一条 人民检察院负责控告申诉检察的部门统一接受报

案、控告、举报、申诉和犯罪嫌疑人投案自首，并依法审查，在七日以内作出以下处理：

（一）属于本院管辖且符合受理条件的，应当予以受理；

（二）不属于本院管辖的报案、控告、举报、自首，应当移送主管机关处理。必须采取紧急措施的，应当先采取紧急措施，然后移送主管机关。不属于本院管辖的申诉，应当告知其向有管辖权的机关提出；

（三）案件情况不明的，应当进行必要的调查核实，查明情况后依法作出处理。

负责控告申诉检察的部门可以向下级人民检察院交办控告、申诉、举报案件，并依照有关规定进行督办。

第一百六十二条 控告、申诉符合下列条件的，人民检察院应当受理：

（一）属于人民检察院受理案件范围；

（二）本院具有管辖权；

（三）申诉人是原案的当事人或者其法定代理人、近亲属；

（四）控告、申诉材料符合受理要求。

控告人、申诉人委托律师代理控告、申诉，符合上述条件的，应当受理。

控告、申诉材料不齐备的，应当告知控告人、申诉人补齐。受理时间从控告人、申诉人补齐相关材料之日起计算。

第一百六十三条 对于收到的群众来信，负责控告申诉检察的部门应当在七日以内进行程序性答复，办案部门应当在三个月以内将办理进展或者办理结果答复来信人。

第一百六十四条 负责控告申诉检察的部门对受理的刑事申诉案件应当根据事实、法律进行审查，必要时可以进行调查核实。认为原案处理可能错误的，应当移送相关办案部门办理；认为原案处理没有错误的，应当书面答复申诉人。

第一百六十五条 办案部门应当在规定期限内办结控告、申诉案件，制作相关法律文书，送达报案人、控告人、申诉人、举报人、自首人，并做好释法说理工作。

第八章 立 案

第一节 立案审查

第一百六十六条 人民检察院直接受理侦查案件的线索，由负责侦查的部门统一受理、登记和管理。负责控告申诉检察的部门接受的控告、举报，或者本院其他办案部门发现的案件线索，属于人民检察院直接受理侦查案件线索的，应当在七日以内移送负责侦查的部门。

负责侦查的部门对案件线索进行审查后，认为属于本院管辖，需要进一步调查核实的，应当报检察长决定。

第一百六十七条 对于人民检察院直接受理侦查案件的线索，上级人民检察院在必要时，可以直接调查核实或者组织、指挥、参与下级人民检察院的调查核实，可以将下级人民检察院管辖的案件线索指定辖区内其他人民检察院调查核实，也可以将本院管辖的案件线索交由下级人民检察院调查核实；下级人民检察院认为案件线索重大、复杂，需要由上级人民检察院调查核实的，可以提请移送上级人民检察院调查核实。

第一百六十八条 调查核实一般不得接触被调查对象。必须接触被调查对象的，应当经检察长批准。

第一百六十九条 进行调查核实，可以采取询问、查询、勘验、检查、鉴定、调取证据材料等不限制被调查对象人身、财产权利的措施。不得对被调查对象采取强制措施，不得查封、扣押、冻结被调查对象的财产，不得采取技术侦查措施。

第一百七十条 负责侦查的部门调查核实后，应当制作审查报告。

调查核实终结后，相关材料应当立卷归档。立案进入侦查程序的，对于作为诉讼证据以外的其他材料应当归入侦查内卷。

第二节 立案决定

第一百七十一条 人民检察院对于直接受理的案件，经审查认为有犯罪事实需要追究刑事责任的，应当制作立案报告书，经检察长批准后予以立案。

符合立案条件，但犯罪嫌疑人尚未确定的，可以依据已查明的犯罪事实作出立案决定。

对具有下列情形之一的，报请检察长决定不予立案：

（一）具有刑事诉讼法第十六条规定情形之一的；

（二）认为没有犯罪事实的；

（三）事实或者证据尚不符合立案条件的。

第一百七十二条 对于其他机关或者本院其他办案部门移送的案件线索，决定不予立案的，负责侦查的部门应当制作不立案通知书，写明案由和案件来源、决定不立案的原因和法律依据，自作出不立案决定之日起十日以内送达移送案件线索的机关或者部门。

第一百七十三条 对于控告和实名举报，决定不予立案的，应当制作不立案通知书，写明案由和案件来源、决定不立案的原因和法律依据，由负责侦查的部门在十五日以内送达控告人、举报人，同时告知本院负责控告申诉检察的部门。

控告人如果不服，可以在收到不立案通知书后十日以内向上一级人民检察院申请复议。不立案的复议，由上一级人民检察院负责侦查的部门审查办理。

人民检察院认为被控告人、被举报人的行为未构成犯罪，决定不予立案，但需要追究其党纪、政纪、违法责任的，应当移送有管辖权的主管机关处理。

第一百七十四条 错告对被控告人、被举报人造成不良影响的，人民检察院应当自作出不立案决定之日起一个月以内向其所在单位或者有关部门通报调查核实的结论，澄清事实。

属于诬告陷害的，应当移送有关机关处理。

第一百七十五条 人民检察院决定对人民代表大会代表立案，应当按照本规则第一百四十八条、第一百四十九条规定的程序向该代表所属的人民代表大会主席团或者常务委员会进行通报。

第九章 侦 查

第一节 一般规定

第一百七十六条 人民检察院办理直接受理侦查的案件，应当全面、客观地收集、调取犯罪嫌疑人有罪或者无罪、罪轻或者罪重的证据材料，并依法进行审查、核实。办案过程中必须重证据，重调查研究，不轻信口供。严禁刑讯逼供和以威胁、引诱、欺骗以及其他非法方法收集证据，不得强迫任何人证实自己有罪。

第一百七十七条 人民检察院办理直接受理侦查的案件，应当保障犯罪嫌疑人和其他诉讼参与人依法享有的辩护权和其他各项诉讼权利。

第一百七十八条 人民检察院办理直接受理侦查的案件，应当严格依照刑事诉讼法规定的程序，严格遵守刑事案件办案期限的规定，依法提请批准逮捕、移送起诉、不起诉或者撤销案件。

对犯罪嫌疑人采取强制措施，应当经检察长批准。

第一百七十九条 人民检察院办理直接受理侦查的案件，应当对侦查过程中知悉的国家秘密、商业秘密及个人隐私予以保密。

第一百八十条 办理案件的人民检察院需要派员到本辖区以外进行搜查，调取物证、书证等证据材料，或者查封、扣押财物和文件的，应当持相关法律文书和证明文件等与当地人民检察院联系，当地人民检察院应当予以协助。

需要到本辖区以外调取证据材料的，必要时，可以向证据所在地的人民检察院发函调取证据。调取证据的函件应当注明具体的取证对象、地址和内容。证据所在地的人民检察院应当在收到函件后一个月以内将取证结果送达办理案件的人民检察院。

被请求协助的人民检察院有异议的，可以与办理案件的人民检察院进行协商。必要时，报请共同的上级人民检察院决定。

第一百八十一条 人民检察院对于直接受理案件的侦查，可以适用刑事诉讼法第二编第二章规定的各项侦查措施。

刑事诉讼法规定进行侦查活动需要制作笔录的，应当制作笔录。必要时，可以对相关活动进行录音、录像。

第二节 讯问犯罪嫌疑人

第一百八十二条 讯问犯罪嫌疑人，由检察人员负责进行。讯问时，检察人员或者检察人员和书记员不得少于二人。

讯问同案的犯罪嫌疑人，应当个别进行。

第一百八十三条 对于不需要逮捕、拘留的犯罪嫌疑人，可以传唤到犯罪嫌疑人所在市、县内的指定地点或者到他的住处进行讯问。

传唤犯罪嫌疑人，应当出示传唤证和工作证件，并责令犯罪嫌疑人在传唤证上签名或者盖章，并捺指印。

犯罪嫌疑人到案后，应当由其在传唤证上填写到案时间。传唤结束时，应当由其在传唤证上填写传唤结束时间。拒绝填写的，应当在传唤证上注明。

对在现场发现的犯罪嫌疑人，经出示工作证件，可以口头传唤，并将传唤的原因和依据告知被传唤人。在讯问笔录中应当注明犯罪嫌疑人到案时间、到案经过和传唤结束时间。

本规则第八十四条第二款的规定适用于传唤犯罪嫌疑人。

第一百八十四条 传唤犯罪嫌疑人时，其家属在场的，应当当场将传唤的原因和处所口头告知其家属，并在讯问笔录中注明。其家属不在场的，应当及时将传唤的原因和处所通知被传唤人家属。无法通知的，应当在讯问笔录中注明。

第一百八十五条 传唤持续的时间不得超过十二小时。案情特别重大、复杂，需要采取拘留、逮捕措施的，传唤持续的时间不得超过二十四小时。两次传唤间隔的时间一般不得少于十二小时，不得以连续传唤的方式变相拘禁犯罪嫌疑人。

传唤犯罪嫌疑人，应当保证犯罪嫌疑人的饮食和必要的休息时间。

第一百八十六条 犯罪嫌疑人被送交看守所羁押后，检察人员对其进行讯问，应当填写提讯、提解证，在看守所讯问室进行。

因辨认、鉴定、侦查实验或者追缴犯罪有关财物的需要，经检察长批准，可以提押犯罪嫌疑人出所，并应当由两名以上司法警察押解。不得以讯问为目的将犯罪嫌疑人提押出所进行讯问。

第一百八十七条 讯问犯罪嫌疑人一般按照下列顺序进行：

（一）核实犯罪嫌疑人的基本情况，包括姓名、出生年月日、户籍地、公民身份号码、民族、职业、文化程度、工作单位及职务、住所、家庭情况、社会经历、是否属于人大代表、政协委员等；

（二）告知犯罪嫌疑人在侦查阶段的诉讼权利，有权自行辩护或者委托律师辩护，告知其如实供述自己罪行可以依法从宽处理和认罪认罚的法律规定；

（三）讯问犯罪嫌疑人是否有犯罪行为，让他陈述有罪的事实或者无罪的辩解，应当允许其连贯陈述。

犯罪嫌疑人对检察人员的提问，应当如实回答。但是对与本案无关的问题，有拒绝回答的权利。

讯问犯罪嫌疑人时，应当告知犯罪嫌疑人将对讯问进行全程同步录音、录像。告知情况应当在录音、录像中予以反映，并记明笔录。

讯问时，对犯罪嫌疑人提出的辩解要认真查核。严禁刑讯逼供和以威胁、引诱、欺骗以及其他非法的方法获取供述。

第一百八十八条 讯问犯罪嫌疑人，应当制作讯问笔录。讯问笔录应当忠实于原话，字迹清楚，详细具体，并交犯罪嫌疑人核对。犯罪嫌疑人没有阅读能力的，应当向他宣读。如果记载有遗漏或者差错，应当补充或者改正。犯罪嫌疑人认为讯问笔录没有错误的，由其在笔录上逐页签名或者盖章，并捺指印，在末页写明“以上笔录我看过（向我宣读过），和我说的相符”，同时签名或者盖章，并捺指印，注明日期。如果犯罪嫌疑人拒绝签名、盖章、捺指印的，应当在笔录上注明。讯问的检察人员、书记员也应当在笔录上签名。

第一百八十九条 犯罪嫌疑人请求自行书写供述的，检察人员应当准许。必要时，检察人员也可以要求犯罪嫌疑人亲笔书写供述。犯罪嫌疑人应当在亲笔供述的末页签名或者盖章，并捺指印，注明书写日期。检察人员收到后，应当在首页右上方写明“于某年某月某日收到”，并签名。

第一百九十条 人民检察院办理直接受理侦查的案件，应当在每次讯问犯罪嫌疑人时，对讯问过程实行全程录音、录像，并在讯问笔录中注明。

第三节 询问证人、被害人

第一百九十一条 人民检察院在侦查过程中，应当及时询问证人，并且告知证人履行作证的权利和义务。

人民检察院应当保证一切与案件有关或者了解案情的公民有客观充分地提供证据的条件，并为他们保守秘密。除特殊情况外，人民检察院可以吸收他们协助调查。

第一百九十二条 询问证人，应当由检察人员负责进行。询问时，检察人员或者检察人员和书记员不得少于二人。

第一百九十三条　询问证人，可以在现场进行，也可以到证人所在单位、住处或者证人提出的地点进行。必要时，也可以通知证人到人民检察院提供证言。到证人提出的地点进行询问的，应当在笔录中记明。

询问证人应当个别进行。

在现场询问证人，应当出示工作证件。到证人所在单位、住处或者证人提出的地点询问证人，应当出示人民检察院的证明文件。

第一百九十四条　询问证人，应当问明证人的基本情况以及与当事人的关系，并且告知证人应当如实提供证据、证言和故意作伪证或者隐匿罪证应当承担的法律责任，但是不得向证人泄露案情，不得采用拘禁、暴力、威胁、引诱、欺骗以及其他非法方法获取证言。

询问重大或者有社会影响的案件的重要证人，应当对询问过程实行全程录音、录像，并在询问笔录中注明。

第一百九十五条　询问被害人，适用询问证人的规定。

第四节　勘验、检查

第一百九十六条　检察人员对于与犯罪有关的场所、物品、人身、尸体应当进行勘验或者检查。必要时，可以指派检察技术人员或者聘请其他具有专门知识的人，在检察人员的主持下进行勘验、检查。

第一百九十七条　勘验时，人民检察院应当邀请两名与案件无关的见证人在场。

勘查现场，应当拍摄现场照片。勘查的情况应当写明笔录并制作现场图，由参加勘查的人和见证人签名。勘查重大案件的现场，应当录像。

第一百九十八条　人民检察院解剖死因不明的尸体，应当通知死者家属到场，并让其在解剖通知书上签名或者盖章。

死者家属无正当理由拒不到场或者拒绝签名、盖章的，不影响解剖的进行，但是应当在解剖通知书上记明。对于身份不明的尸体，无法通知死者家属的，应当记明笔录。

第一百九十九条 为了确定被害人、犯罪嫌疑人的某些特征、伤害情况或者生理状态，人民检察院可以对其人身进行检查，可以提取指纹信息，采集血液、尿液等生物样本。

必要时，可以指派、聘请法医或者医师进行人身检查。采集血液等生物样本应当由医师进行。

犯罪嫌疑人如果拒绝检查，检察人员认为必要时可以强制检查。

检查妇女的身体，应当由女工作人员或者医师进行。

人身检查不得采用损害被检查人生命、健康或者贬低其名誉、人格的方法。在人身检查过程中知悉的被检查人的个人隐私，检察人员应当予以保密。

第二百条 为了查明案情，必要时经检察长批准，可以进行侦查实验。

侦查实验，禁止一切足以造成危险、侮辱人格或者有伤风化的行为。

第二百零一条 侦查实验，必要时可以聘请有关专业人员参加，也可以要求犯罪嫌疑人、被害人、证人参加。

第五节 搜 查

第二百零二条 人民检察院有权要求有关单位和个人，交出能够证明犯罪嫌疑人有罪或者无罪以及犯罪情节轻重的证据。

第二百零三条 为了收集犯罪证据，查获犯罪人，经检察长批准，检察人员可以对犯罪嫌疑人以及可能隐藏罪犯或者犯罪证据的人的身体、物品、住处、工作地点和其他有关的地方进行搜查。

第二百零四条 搜查应当在检察人员的主持下进行，可以有司法警察参加。必要时，可以指派检察技术人员参加或者邀请当地公安机关、有关单位协助进行。

执行搜查的人员不得少于二人。

第二百零五条 搜查时，应当向被搜查人或者他的家属出示搜查证。

在执行逮捕、拘留的时候，遇有下列紧急情况之一，不另用搜查证也可以进行搜查：

（一）可能随身携带凶器的；

（二）可能隐藏爆炸、剧毒等危险物品的；

（三）可能隐匿、毁弃、转移犯罪证据的；

（四）可能隐匿其他犯罪嫌疑人的；

（五）其他紧急情况。

搜查结束后，搜查人员应当在二十四小时以内补办有关手续。

第二百零六条 搜查时，应当有被搜查人或者其家属、邻居或者其他见证人在场，并且对被搜查人或者其家属说明阻碍搜查、妨碍公务应负的法律责任。

搜查妇女的身体，应当由女工作人员进行。

第二百零七条 搜查时，如果遇到阻碍，可以强制进行搜查。对以暴力、威胁方法阻碍搜查的，应当予以制止，或者由司法警察将其带离现场。阻碍搜查构成犯罪的，应当依法追究刑事责任。

第六节 调取、查封、扣押、查询、冻结

第二百零八条 检察人员可以凭人民检察院的证明文件，向有关单位和个人调取能够证明犯罪嫌疑人有罪或者无罪以及犯罪情节轻重的证据材料，并且可以根据需要拍照、录像、复印和复制。

第二百零九条 调取物证应当调取原物。原物不便搬运、保存，或者依法应当返还被害人，或者因保密工作需要不能调取原物的，可以将原物封存，并拍照、录像。对原物拍照或者录像应当足以反映原物的外形、内容。

调取书证、视听资料应当调取原件。取得原件确有困难或者因保密需要不能调取原件的，可以调取副本或者复制件。

调取书证、视听资料的副本、复制件和物证的照片、录像的，应当书

面记明不能调取原件、原物的原因，制作过程和原件、原物存放地点，并由制作人员和原书证、视听资料、物证持有人签名或者盖章。

第二百一十条 在侦查活动中发现的可以证明犯罪嫌疑人有罪、无罪或者犯罪情节轻重的各种财物和文件，应当查封或者扣押；与案件无关的，不得查封或者扣押。查封或者扣押应当经检察长批准。

不能立即查明是否与案件有关的可疑的财物和文件，也可以查封或者扣押，但应当及时审查。经查明确实与案件无关的，应当在三日以内解除查封或者予以退还。

持有人拒绝交出应当查封、扣押的财物和文件的，可以强制查封、扣押。

对于犯罪嫌疑人、被告人到案时随身携带的物品需要扣押的，可以依照前款规定办理。对于与案件无关的个人用品，应当逐件登记，并随案移交或者退还其家属。

第二百一十一条 对犯罪嫌疑人使用违法所得与合法收入共同购置的不可分割的财产，可以先行查封、扣押、冻结。对无法分割退还的财产，应当在结案后予以拍卖、变卖，对不属于违法所得的部分予以退还。

第二百一十二条 人民检察院根据侦查犯罪的需要，可以依照规定查询、冻结犯罪嫌疑人的存款、汇款、债券、股票、基金份额等财产，并可以要求有关单位和个人配合。

查询、冻结前款规定的财产，应当制作查询、冻结财产通知书，通知银行或者其他金融机构、邮政部门执行。冻结财产的，应当经检察长批准。

第二百一十三条 犯罪嫌疑人的存款、汇款、债券、股票、基金份额等财产已冻结的，人民检察院不得重复冻结，可以轮候冻结。人民检察院应当要求有关银行或者其他金融机构、邮政部门在解除冻结或者作出处理前通知人民检察院。

第二百一十四条 扣押、冻结债券、股票、基金份额等财产，应当书面告知当事人或者其法定代理人、委托代理人有权申请出售。

对于被扣押、冻结的债券、股票、基金份额等财产，在扣押、冻结期间权利人申请出售，经审查认为不损害国家利益、被害人利益，不影响诉讼正常进行的，以及扣押、冻结的汇票、本票、支票的有效期即将届满的，经检察长批准，可以在案件办结前依法出售或者变现，所得价款由人民检察院指定的银行账户保管，并及时告知当事人或者其近亲属。

第二百一十五条 对于冻结的存款、汇款、债券、股票、基金份额等财产，经查明确实与案件无关的，应当在三日以内解除冻结，并通知财产所有人。

第二百一十六条 查询、冻结与案件有关的单位的存款、汇款、债券、股票、基金份额等财产的办法适用本规则第二百一十二条至第二百一十五条的规定。

第二百一十七条 对于扣押的款项和物品，应当在三日以内将款项存入唯一合规账户，将物品送负责案件管理的部门保管。法律或者有关规定另有规定的除外。

对于查封、扣押在人民检察院的物品、文件、邮件、电报，人民检察院应当妥善保管。经查明确实与案件无关的，应当在三日以内作出解除或者退还决定，并通知有关单位、当事人办理相关手续。

第七节 鉴定

第二百一十八条 人民检察院为了查明案情，解决案件中某些专门性的问题，可以进行鉴定。

鉴定由人民检察院有鉴定资格的人员进行。必要时，也可以聘请其他有鉴定资格的人员进行，但是应当征得鉴定人所在单位同意。

第二百一十九条 人民检察院应当为鉴定人提供必要条件，及时向鉴定人送交有关检材和对比样本等原始材料，介绍与鉴定有关的情况，并明确提出要求鉴定解决的问题，但是不得暗示或者强迫鉴定人作出某种鉴定意见。

第二百二十条 对于鉴定意见，检察人员应当进行审查，必要时可以进行补充鉴定或者重新鉴定。重新鉴定的，应当另行指派或者聘请鉴定人。

第二百二十一条 用作证据的鉴定意见，人民检察院办案部门应当告知犯罪嫌疑人、被害人；被害人死亡或者没有诉讼行为能力的，应当告知其法定代理人、近亲属或诉讼代理人。

犯罪嫌疑人、被害人或被害人的法定代理人、近亲属、诉讼代理人提出申请，可以补充鉴定或者重新鉴定，鉴定费用由请求方承担。但原鉴定违反法定程序的，由人民检察院承担。

犯罪嫌疑人的辩护人或者近亲属以犯罪嫌疑人有患精神病可能而申请对犯罪嫌疑人进行鉴定的，鉴定费用由申请方承担。

第二百二十二条 对犯罪嫌疑人作精神病鉴定的期间不计入羁押期限和办案期限。

第八节　辨　认

第二百二十三条 为了查明案情，必要时，检察人员可以让被害人、证人和犯罪嫌疑人对与犯罪有关的物品、文件、尸体或场所进行辨认；也可以让被害人、证人对犯罪嫌疑人进行辨认，或者让犯罪嫌疑人对其他犯罪嫌疑人进行辨认。

第二百二十四条 辨认应当在检察人员的主持下进行，执行辨认的人员不得少于二人。在辨认前，应当向辨认人详细询问被辨认对象的具体特征，避免辨认人见到被辨认对象，并应当告知辨认人有意作虚假辨认应负的法律责任。

第二百二十五条 几名辨认人对同一被辨认对象进行辨认时，应当由每名辨认人单独进行。必要时，可以有见证人在场。

第二百二十六条 辨认时，应当将辨认对象混杂在其他对象中。不得在辨认前向辨认人展示辨认对象及其影像资料，不得给辨认人任何暗示。

辨认犯罪嫌疑人时，被辨认的人数不得少于七人，照片不得少于十张。

辨认物品时，同类物品不得少于五件，照片不得少于五张。

对犯罪嫌疑人的辨认，辨认人不愿公开进行时，可以在不暴露辨认人的情况下进行，并应当为其保守秘密。

第九节　技术侦查措施

第二百二十七条　人民检察院在立案后，对于利用职权实施的严重侵犯公民人身权利的重大犯罪案件，经过严格的批准手续，可以采取技术侦查措施，交有关机关执行。

第二百二十八条　人民检察院办理直接受理侦查的案件，需要追捕被通缉或者决定逮捕的在逃犯罪嫌疑人、被告人的，经过批准，可以采取追捕所必需的技术侦查措施，不受本规则第二百二十七条规定的案件范围的限制。

第二百二十九条　人民检察院采取技术侦查措施应当根据侦查犯罪的需要，确定采取技术侦查措施的种类和适用对象，按照有关规定报请批准。批准决定自签发之日起三个月以内有效。对于不需要继续采取技术侦查措施的，应当及时解除；对于复杂、疑难案件，期限届满仍有必要继续采取技术侦查措施的，应当在期限届满前十日以内制作呈请延长技术侦查措施期限报告书，写明延长的期限及理由，经过原批准机关批准，有效期可以延长，每次不得超过三个月。

采取技术侦查措施收集的材料作为证据使用的，批准采取技术侦查措施的法律文书应当附卷，辩护律师可以依法查阅、摘抄、复制。

第二百三十条　采取技术侦查措施收集的物证、书证及其他证据材料，检察人员应当制作相应的说明材料，写明获取证据的时间、地点、数量、特征以及采取技术侦查措施的批准机关、种类等，并签名和盖章。

对于使用技术侦查措施获取的证据材料，如果可能危及特定人员的人身安全、涉及国家秘密或者公开后可能暴露侦查秘密或者严重损害商业秘密、个人隐私的，应当采取不暴露有关人员身份、技术方法等保护措施。必要时，可以建议不在法庭上质证，由审判人员在庭外对证据进行核实。

第二百三十一条 检察人员对采取技术侦查措施过程中知悉的国家秘密、商业秘密和个人隐私，应当保密；对采取技术侦查措施获取的与案件无关的材料，应当及时销毁，并对销毁情况制作记录。

采取技术侦查措施获取的证据、线索及其他有关材料，只能用于对犯罪的侦查、起诉和审判，不得用于其他用途。

第十节　通　缉

第二百三十二条 人民检察院办理直接受理侦查的案件，应当逮捕的犯罪嫌疑人在逃，或者已被逮捕的犯罪嫌疑人脱逃的，经检察长批准，可以通缉。

第二百三十三条 各级人民检察院需要在本辖区内通缉犯罪嫌疑人的，可以直接决定通缉；需要在本辖区外通缉犯罪嫌疑人的，由有决定权的上级人民检察院决定。

第二百三十四条 人民检察院应当将通缉通知书和通缉对象的照片、身份、特征、案情简况送达公安机关，由公安机关发布通缉令，追捕归案。

第二百三十五条 为防止犯罪嫌疑人等涉案人员逃往境外，需要在边防口岸采取边控措施的，人民检察院应当按照有关规定制作边控对象通知书，商请公安机关办理边控手续。

第二百三十六条 应当逮捕的犯罪嫌疑人潜逃出境的，可以按照有关规定层报最高人民检察院商请国际刑警组织中国国家中心局，请求有关方面协助，或者通过其他法律规定的途径进行追捕。

第十一节　侦查终结

第二百三十七条　人民检察院经过侦查，认为犯罪事实清楚，证据确实、充分，依法应当追究刑事责任的，应当写出侦查终结报告，并且制作起诉意见书。

犯罪嫌疑人自愿认罪的，应当记录在案，随案移送，并在起诉意见书中写明有关情况。

对于犯罪情节轻微，依照刑法规定不需要判处刑罚或者免除刑罚的案件，应当写出侦查终结报告，并且制作不起诉意见书。

侦查终结报告和起诉意见书或者不起诉意见书应当报请检察长批准。

第二百三十八条　负责侦查的部门应当将起诉意见书或者不起诉意见书，查封、扣押、冻结的犯罪嫌疑人的财物及其孳息、文件清单以及对查封、扣押、冻结的涉案财物的处理意见和其他案卷材料，一并移送本院负责捕诉的部门审查。国家或者集体财产遭受损失的，在提出提起公诉意见的同时，可以提出提起附带民事诉讼的意见。

第二百三十九条　在案件侦查过程中，犯罪嫌疑人委托辩护律师的，检察人员可以听取辩护律师的意见。

辩护律师要求当面提出意见的，检察人员应当听取意见，并制作笔录附卷。辩护律师提出书面意见的，应当附卷。

侦查终结前，犯罪嫌疑人提出无罪或者罪轻的辩解，辩护律师提出犯罪嫌疑人无罪或者依法不应当追究刑事责任意见的，人民检察院应当依法予以核实。

案件侦查终结移送起诉时，人民检察院应当同时将案件移送情况告知犯罪嫌疑人及其辩护律师。

第二百四十条　人民检察院侦查终结的案件，需要在异地起诉、审判的，应当在移送起诉前与人民法院协商指定管辖的相关事宜。

第二百四十一条　上级人民检察院侦查终结的案件，依照刑事诉讼法的规定应当由下级人民检察院提起公诉或者不起诉的，应当将有关决定、侦查终结报告连同案卷材料交由下级人民检察院审查。

下级人民检察院认为上级人民检察院的决定有错误的，可以向上级人民检察院报告。上级人民检察院维持原决定的，下级人民检察院应当执行。

第二百四十二条 人民检察院在侦查过程中或者侦查终结后，发现具有下列情形之一的，负责侦查的部门应当制作拟撤销案件意见书，报请检察长决定：

（一）具有刑事诉讼法第十六条规定情形之一的；

（二）没有犯罪事实的，或者依照刑法规定不负刑事责任或者不是犯罪的；

（三）虽有犯罪事实，但不是犯罪嫌疑人所为的。

对于共同犯罪的案件，如有符合本条规定情形的犯罪嫌疑人，应当撤销对该犯罪嫌疑人的立案。

第二百四十三条 地方各级人民检察院决定撤销案件的，负责侦查的部门应当将撤销案件意见书连同本案全部案卷材料，在法定期限届满七日前报上一级人民检察院审查；重大、复杂案件在法定期限届满十日前报上一级人民检察院审查。

对于共同犯罪案件，应当将处理同案犯罪嫌疑人的有关法律文书以及案件事实、证据材料复印件等，一并报送上一级人民检察院。

上一级人民检察院负责侦查的部门应当对案件事实、证据和适用法律进行全面审查。必要时，可以讯问犯罪嫌疑人。

上一级人民检察院负责侦查的部门审查后，应当提出是否同意撤销案件的意见，报请检察长决定。

人民检察院决定撤销案件的，应当告知控告人、举报人，听取其意见并记明笔录。

第二百四十四条 上一级人民检察院审查下级人民检察院报送的拟撤

销案件，应当在收到案件后七日以内批复；重大、复杂案件，应当在收到案件后十日以内批复。情况紧急或者因其他特殊原因不能按时送达的，可以先行通知下级人民检察院执行。

第二百四十五条 上一级人民检察院同意撤销案件的，下级人民检察院应当作出撤销案件决定，并制作撤销案件决定书。上一级人民检察院不同意撤销案件的，下级人民检察院应当执行上一级人民检察院的决定。

报请上一级人民检察院审查期间，犯罪嫌疑人羁押期限届满的，应当依法释放犯罪嫌疑人或者变更强制措施。

第二百四十六条 撤销案件的决定，应当分别送达犯罪嫌疑人所在单位和犯罪嫌疑人。犯罪嫌疑人死亡的，应当送达犯罪嫌疑人原所在单位。如果犯罪嫌疑人在押，应当制作决定释放通知书，通知公安机关依法释放。

第二百四十七条 人民检察院作出撤销案件决定的，应当在三十日以内报经检察长批准，对犯罪嫌疑人的违法所得作出处理。情况特殊的，可以延长三十日。

第二百四十八条 人民检察院撤销案件时，对犯罪嫌疑人的违法所得及其他涉案财产应当区分不同情形，作出相应处理：

（一）因犯罪嫌疑人死亡而撤销案件，依照刑法规定应当追缴其违法所得及其他涉案财产的，按照本规则第十二章第四节的规定办理。

（二）因其他原因撤销案件，对于查封、扣押、冻结的犯罪嫌疑人违法所得及其他涉案财产需要没收的，应当提出检察意见，移送有关主管机关处理。

（三）对于冻结的犯罪嫌疑人存款、汇款、债券、股票、基金份额等财产需要返还被害人的，可以通知金融机构、邮政部门返还被害人；对于查封、扣押的犯罪嫌疑人的违法所得及其他涉案财产需要返还被害人的，直接决定返还被害人。

人民检察院申请人民法院裁定处理犯罪嫌疑人涉案财产的，应当向人民法院移送有关案卷材料。

第二百四十九条 人民检察院撤销案件时，对查封、扣押、冻结的犯罪嫌疑人的涉案财物需要返还犯罪嫌疑人的，应当解除查封、扣押或者书面通知有关金融机构、邮政部门解除冻结，返还犯罪嫌疑人或者其合法继承人。

第二百五十条 查封、扣押、冻结的财物，除依法应当返还被害人或者经查明确实与案件无关的以外，不得在诉讼程序终结之前处理。法律或者有关规定另有规定的除外。

第二百五十一条 处理查封、扣押、冻结的涉案财物，应当由检察长决定。

第二百五十二条 人民检察院直接受理侦查的共同犯罪案件，如果同案犯罪嫌疑人在逃，但在案犯罪嫌疑人犯罪事实清楚，证据确实、充分的，对在案犯罪嫌疑人应当根据本规则第二百三十七条的规定分别移送起诉或者移送不起诉。

由于同案犯罪嫌疑人在逃，在案犯罪嫌疑人的犯罪事实无法查清的，对在案犯罪嫌疑人应当根据案件的不同情况分别报请延长侦查羁押期限、变更强制措施或者解除强制措施。

第二百五十三条 人民检察院直接受理侦查的案件，对犯罪嫌疑人没有采取取保候审、监视居住、拘留或者逮捕措施的，负责侦查的部门应当在立案后二年以内提出移送起诉、移送不起诉或者撤销案件的意见；对犯罪嫌疑人采取取保候审、监视居住、拘留或者逮捕措施的，负责侦查的部门应当在解除或者撤销强制措施后一年以内提出移送起诉、移送不起诉或者撤销案件的意见。

第二百五十四条 人民检察院直接受理侦查的案件，撤销案件以后，又发现新的事实或者证据，认为有犯罪事实需要追究刑事责任的，可以重新立案侦查。

第十章　审查逮捕和审查起诉

第一节　一般规定

第二百五十五条　人民检察院办理审查逮捕、审查起诉案件，应当全面审查证明犯罪嫌疑人有罪或者无罪、罪轻或者罪重的证据。

第二百五十六条　经公安机关商请或者人民检察院认为确有必要时，可以派员适时介入重大、疑难、复杂案件的侦查活动，参加公安机关对于重大案件的讨论，对案件性质、收集证据、适用法律等提出意见，监督侦查活动是否合法。

经监察机关商请，人民检察院可以派员介入监察机关办理的职务犯罪案件。

第二百五十七条　对于批准逮捕后要求公安机关继续侦查、不批准逮捕后要求公安机关补充侦查或者审查起诉阶段退回公安机关补充侦查的案件，人民检察院应当分别制作继续侦查提纲或者补充侦查提纲，写明需要继续侦查或者补充侦查的事项、理由、侦查方向、需补充收集的证据及其证明作用等，送交公安机关。

第二百五十八条　人民检察院讯问犯罪嫌疑人时，应当首先查明犯罪嫌疑人的基本情况，依法告知犯罪嫌疑人诉讼权利和义务，以及认罪认罚的法律规定，听取其供述和辩解。犯罪嫌疑人翻供的，应当讯问其原因。犯罪嫌疑人申请排除非法证据的，应当告知其提供相关线索或者材料。犯罪嫌疑人检举揭发他人犯罪的，应当予以记录，并依照有关规定移送有关机关、部门处理。

讯问犯罪嫌疑人应当制作讯问笔录，并交犯罪嫌疑人核对或者向其宣读。经核对无误后逐页签名或者盖章，并捺指印后附卷。犯罪嫌疑人请求自行书写供述的，应当准许，但不得以自行书写的供述代替讯问笔录。

犯罪嫌疑人被羁押的，讯问应当在看守所讯问室进行。

第二百五十九条 办理审查逮捕、审查起诉案件，可以询问证人、被害人、鉴定人等诉讼参与人，并制作笔录附卷。询问时，应当告知其诉讼权利和义务。

询问证人、被害人的地点按照刑事诉讼法第一百二十四条的规定执行。

第二百六十条 讯问犯罪嫌疑人，询问被害人、证人、鉴定人，听取辩护人、被害人及其诉讼代理人的意见，应当由检察人员负责进行。检察人员或者检察人员和书记员不得少于二人。

讯问犯罪嫌疑人，询问证人、鉴定人、被害人，应当个别进行。

第二百六十一条 办理审查逮捕案件，犯罪嫌疑人已经委托辩护律师的，可以听取辩护律师的意见。辩护律师提出要求的，应当听取辩护律师的意见。对辩护律师的意见应当制作笔录，辩护律师提出的书面意见应当附卷。

办理审查起诉案件，应当听取辩护人或者值班律师、被害人及其诉讼代理人的意见，并制作笔录。辩护人或者值班律师、被害人及其诉讼代理人提出书面意见的，应当附卷。

对于辩护律师在审查逮捕、审查起诉阶段多次提出意见的，均应如实记录。

辩护律师提出犯罪嫌疑人不构成犯罪、无社会危险性、不适宜羁押或者侦查活动有违法犯罪情形等书面意见的，检察人员应当审查，并在相关工作文书中说明是否采纳的情况和理由。

第二百六十二条 直接听取辩护人、被害人及其诉讼代理人的意见有困难的，可以通过电话、视频等方式听取意见并记录在案，或者通知辩护人、被害人及其诉讼代理人提出书面意见。无法通知或者在指定期限内未提出意见的，应当记录在案。

第二百六十三条 对于公安机关提请批准逮捕、移送起诉的案件，检察人员审查时发现存在本规则第七十五条第一款规定情形的，可以调取公安机关讯问犯罪嫌疑人的录音、录像并审查相关的录音、录像。对于重大、疑难、复杂的案件，必要时可以审查全部录音、录像。

对于监察机关移送起诉的案件，认为需要调取有关录音、录像的，可以商监察机关调取。

对于人民检察院直接受理侦查的案件，审查时发现负责侦查的部门未按照本规则第七十五条第三款的规定移送录音、录像或者移送不全的，应当要求其补充移送。对取证合法性或者讯问笔录真实性等产生疑问的，应当有针对性地审查相关的录音、录像。对于重大、疑难、复杂的案件，可以审查全部录音、录像。

第二百六十四条 经审查讯问犯罪嫌疑人录音、录像，发现公安机关、本院负责侦查的部门讯问不规范，讯问过程存在违法行为，录音、录像内容与讯问笔录不一致等情形的，应当逐一列明并向公安机关、本院负责侦查的部门书面提出，要求其予以纠正、补正或者书面作出合理解释。发现讯问笔录与讯问犯罪嫌疑人录音、录像内容有重大实质性差异的，或者公安机关、本院负责侦查的部门不能补正或者作出合理解释的，该讯问笔录不能作为批准或者决定逮捕、提起公诉的依据。

第二百六十五条 犯罪嫌疑人及其辩护人申请排除非法证据，并提供相关线索或者材料的，人民检察院应当调查核实。发现侦查人员以刑讯逼供等非法方法收集证据的，应当依法排除相关证据并提出纠正意见。

审查逮捕期限届满前，经审查无法确定存在非法取证的行为，但也不能排除非法取证可能的，该证据不作为批准逮捕的依据。检察官应当根据在案的其他证据认定案件事实和决定是否逮捕，并在作出批准或者不批准逮捕的决定后，继续对可能存在的非法取证行为进行调查核实。经调查核实确认存在以刑讯逼供等非法方法收集证据情形的，应当向公安机关提出纠正意见。以非法方法收集的证据，不得作为提起公诉的依据。

第二百六十六条 审查逮捕期间，犯罪嫌疑人申请排除非法证据，但未提交相关线索或者材料，人民检察院经全面审查案件事实、证据，未发现侦查人员存在以非法方法收集证据的情形，认为符合逮捕条件的，可以批准逮捕。

审查起诉期间，犯罪嫌疑人及其辩护人又提出新的线索或者证据，或者人民检察院发现新的证据，经调查核实认为侦查人员存在以刑讯逼供等非法方法收集证据情形的，应当依法排除非法证据，不得作为提起公诉的依据。

排除非法证据后，犯罪嫌疑人不再符合逮捕条件但案件需要继续审查起诉的，应当及时变更强制措施。案件不符合起诉条件的，应当作出不起诉决定。

第二节　认罪认罚从宽案件办理

第二百六十七条　人民检察院办理犯罪嫌疑人认罪认罚案件，应当保障犯罪嫌疑人获得有效法律帮助，确保其了解认罪认罚的性质和法律后果，自愿认罪认罚。

人民检察院受理案件后，应当向犯罪嫌疑人了解其委托辩护人的情况。犯罪嫌疑人自愿认罪认罚、没有辩护人的，在审查逮捕阶段，人民检察院应当要求公安机关通知值班律师为其提供法律帮助；在审查起诉阶段，人民检察院应当通知值班律师为其提供法律帮助。符合通知辩护条件的，应当依法通知法律援助机构指派律师为其提供辩护。

第二百六十八条　人民检察院应当商法律援助机构设立法律援助工作站派驻值班律师或者及时安排值班律师，为犯罪嫌疑人提供法律咨询、程序选择建议、申请变更强制措施、对案件处理提出意见等法律帮助。

人民检察院应当告知犯罪嫌疑人有权约见值班律师，并为其约见值班律师提供便利。

第二百六十九条　犯罪嫌疑人认罪认罚的，人民检察院应当告知其享有的诉讼权利和认罪认罚的法律规定，听取犯罪嫌疑人、辩护人或者值班律师、被害人及其诉讼代理人对下列事项的意见，并记录在案：

（一）涉嫌的犯罪事实、罪名及适用的法律规定；

（二）从轻、减轻或者免除处罚等从宽处罚的建议；

（三）认罪认罚后案件审理适用的程序；

（四）其他需要听取意见的事项。

依照前款规定听取值班律师意见的，应当提前为值班律师了解案件有关情况提供必要的便利。自人民检察院对案件审查起诉之日起，值班律师可以查阅案卷材料，了解案情。人民检察院应当为值班律师查阅案卷材料提供便利。

人民检察院不采纳辩护人或者值班律师所提意见的，应当向其说明理由。

第二百七十条 批准或者决定逮捕，应当将犯罪嫌疑人涉嫌犯罪的性质、情节，认罪认罚等情况，作为是否可能发生社会危险性的考虑因素。

已经逮捕的犯罪嫌疑人认罪认罚的，人民检察院应当及时对羁押必要性进行审查。经审查，认为没有继续羁押必要的，应当予以释放或者变更强制措施。

第二百七十一条 审查起诉阶段，对于在侦查阶段认罪认罚的案件，人民检察院应当重点审查以下内容：

（一）犯罪嫌疑人是否自愿认罪认罚，有无因受到暴力、威胁、引诱而违背意愿认罪认罚；

（二）犯罪嫌疑人认罪认罚时的认知能力和精神状态是否正常；

（三）犯罪嫌疑人是否理解认罪认罚的性质和可能导致的法律后果；

（四）公安机关是否告知犯罪嫌疑人享有的诉讼权利，如实供述自己罪行可以从宽处理和认罪认罚的法律规定，并听取意见；

（五）起诉意见书中是否写明犯罪嫌疑人认罪认罚情况；

（六）犯罪嫌疑人是否真诚悔罪，是否向被害人赔礼道歉。

经审查，犯罪嫌疑人违背意愿认罪认罚的，人民检察院可以重新开展认罪认罚工作。存在刑讯逼供等非法取证行为的，依照法律规定处理。

第二百七十二条 犯罪嫌疑人自愿认罪认罚，同意量刑建议和程序适用的，应当在辩护人或者值班律师在场的情况下签署认罪认罚具结书。具结书应当包括犯罪嫌疑人如实供述罪行、同意量刑建议和程序适用等内容，由犯罪嫌疑人及其辩护人、值班律师签名。

犯罪嫌疑人具有下列情形之一的，不需要签署认罪认罚具结书：

（一）犯罪嫌疑人是盲、聋、哑人，或者是尚未完全丧失辨认或者控制自己行为能力的精神病人的；

（二）未成年犯罪嫌疑人的法定代理人、辩护人对未成年人认罪认罚有异议的；

（三）其他不需要签署认罪认罚具结书的情形。

有前款情形，犯罪嫌疑人未签署认罪认罚具结书的，不影响认罪认罚从宽制度的适用。

第二百七十三条 犯罪嫌疑人认罪认罚，人民检察院经审查，认为符合速裁程序适用条件的，应当在十日以内作出是否提起公诉的决定，对可能判处的有期徒刑超过一年的，可以延长至十五日；认为不符合速裁程序适用条件的，应当在本规则第三百五十一条规定的期限以内作出是否提起公诉的决定。

对于公安机关建议适用速裁程序办理的案件，人民检察院负责案件管理的部门应当在受理案件的当日将案件移送负责捕诉的部门。

第二百七十四条 认罪认罚案件，人民检察院向人民法院提起公诉的，应当提出量刑建议，在起诉书中写明被告人认罪认罚情况，并移送认罪认罚具结书等材料。量刑建议可以另行制作文书，也可以在起诉书中写明。

第二百七十五条 犯罪嫌疑人认罪认罚的，人民检察院应当就主刑、附加刑、是否适用缓刑等提出量刑建议。量刑建议一般应当为确定刑。对新类型、不常见犯罪案件，量刑情节复杂的重罪案件等，也可以提出幅度刑量刑建议。

第二百七十六条 办理认罪认罚案件，人民检察院应当将犯罪嫌疑人是否与被害方达成和解或者调解协议，或者赔偿被害方损失，取得被害方谅解，或者自愿承担公益损害修复、赔偿责任，作为提出量刑建议的重要考虑因素。

犯罪嫌疑人自愿认罪并且愿意积极赔偿损失，但由于被害方赔偿请求明显不合理，未能达成和解或者调解协议的，一般不影响对犯罪嫌疑人从宽处理。

对于符合当事人和解程序适用条件的公诉案件，犯罪嫌疑人认罪认罚的，人民检察院应当积极促使当事人自愿达成和解。和解协议书和被害方出具的谅解意见应当随案移送。被害方符合司法救助条件的，人民检察院应当积极协调办理。

第二百七十七条 犯罪嫌疑人认罪认罚，人民检察院拟提出适用缓刑或者判处管制的量刑建议，可以委托犯罪嫌疑人居住地的社区矫正机构进行调查评估，也可以自行调查评估。

第二百七十八条 犯罪嫌疑人认罪认罚，人民检察院依照刑事诉讼法第一百七十七条第二款作出不起诉决定后，犯罪嫌疑人反悔的，人民检察院应当进行审查，并区分下列情形依法作出处理：

（一）发现犯罪嫌疑人没有犯罪事实，或者符合刑事诉讼法第十六条规定的情形之一的，应当撤销原不起诉决定，依照刑事诉讼法第一百七十七条第一款的规定重新作出不起诉决定；

（二）犯罪嫌疑人犯罪情节轻微，依照刑法不需要判处刑罚或者免除刑罚的，可以维持原不起诉决定；

（三）排除认罪认罚因素后，符合起诉条件的，应当根据案件具体情况撤销原不起诉决定，依法提起公诉。

第二百七十九条 犯罪嫌疑人自愿如实供述涉嫌犯罪的事实，有重大立功或者案件涉及国家重大利益的，经最高人民检察院核准，公安机关可以撤销案件，人民检察院可以作出不起诉决定，也可以对涉嫌数罪中的一项或者多项不起诉。

前款规定的不起诉，应当由检察长决定。决定不起诉的，人民检察院应当及时对查封、扣押、冻结的财物及其孳息作出处理。

第三节　审查批准逮捕

第二百八十条　人民检察院办理审查逮捕案件，可以讯问犯罪嫌疑人；具有下列情形之一的，应当讯问犯罪嫌疑人：

（一）对是否符合逮捕条件有疑问的；

（二）犯罪嫌疑人要求向检察人员当面陈述的；

（三）侦查活动可能有重大违法行为的；

（四）案情重大、疑难、复杂的；

（五）犯罪嫌疑人认罪认罚的；

（六）犯罪嫌疑人系未成年人的；

（七）犯罪嫌疑人是盲、聋、哑人或者是尚未完全丧失辨认或者控制自己行为能力的精神病人的。

讯问未被拘留的犯罪嫌疑人，讯问前应当听取公安机关的意见。

办理审查逮捕案件，对被拘留的犯罪嫌疑人不予讯问的，应当送达听取犯罪嫌疑人意见书，由犯罪嫌疑人填写后及时收回审查并附卷。经审查认为应当讯问犯罪嫌疑人的，应当及时讯问。

第二百八十一条　对有重大影响的案件，可以采取当面听取侦查人员、犯罪嫌疑人及其辩护人等意见的方式进行公开审查。

第二百八十二条　对公安机关提请批准逮捕的犯罪嫌疑人，已经被拘留的，人民检察院应当在收到提请批准逮捕书后七日以内作出是否批准逮捕的决定；未被拘留的，应当在收到提请批准逮捕书后十五日以内作出是否批准逮捕的决定，重大、复杂案件，不得超过二十日。

第二百八十三条　上级公安机关指定犯罪地或者犯罪嫌疑人居住地以

外的下级公安机关立案侦查的案件，需要逮捕犯罪嫌疑人的，由侦查该案件的公安机关提请同级人民检察院审查批准逮捕。人民检察院应当依法作出批准或者不批准逮捕的决定。

第二百八十四条 对公安机关提请批准逮捕的犯罪嫌疑人，人民检察院经审查认为符合本规则第一百二十八条、第一百三十六条、第一百三十八条规定情形，应当作出批准逮捕的决定，连同案卷材料送达公安机关执行，并可以制作继续侦查提纲，送交公安机关。

第二百八十五条 对公安机关提请批准逮捕的犯罪嫌疑人，具有本规则第一百三十九条至第一百四十一条规定情形，人民检察院作出不批准逮捕决定的，应当说明理由，连同案卷材料送达公安机关执行。需要补充侦查的，应当制作补充侦查提纲，送交公安机关。

人民检察院办理审查逮捕案件，不另行侦查，不得直接提出采取取保候审措施的意见。

对于因犯罪嫌疑人没有犯罪事实、具有刑事诉讼法第十六条规定的情形之一或者证据不足，人民检察院拟作出不批准逮捕决定的，应当经检察长批准。

第二百八十六条 人民检察院应当将批准逮捕的决定交公安机关立即执行，并要求公安机关将执行回执及时送达作出批准决定的人民检察院。如果未能执行，也应当要求其将回执及时送达人民检察院，并写明未能执行的原因。对于人民检察院不批准逮捕的，应当要求公安机关在收到不批准逮捕决定书后，立即释放在押的犯罪嫌疑人或者变更强制措施，并将执行回执在收到不批准逮捕决定书后三日以内送达作出不批准逮捕决定的人民检察院。

公安机关在收到不批准逮捕决定书后对在押的犯罪嫌疑人不立即释放或者变更强制措施的，人民检察院应当提出纠正意见。

第二百八十七条 对于没有犯罪事实或者犯罪嫌疑人具有刑事诉讼法第十六条规定情形之一，人民检察院作出不批准逮捕决定的，应当同时告知公安机关撤销案件。

对于有犯罪事实需要追究刑事责任，但不是被立案侦查的犯罪嫌疑人实施，或者共同犯罪案件中部分犯罪嫌疑人不负刑事责任，人民检察院作出不批准逮捕决定的，应当同时告知公安机关对有关犯罪嫌疑人终止侦查。

公安机关在收到不批准逮捕决定书后超过十五日未要求复议、提请复核，也不撤销案件或者终止侦查的，人民检察院应当发出纠正违法通知书。公安机关仍不纠正的，报上一级人民检察院协商同级公安机关处理。

第二百八十八条 人民检察院办理公安机关提请批准逮捕的案件，发现遗漏应当逮捕的犯罪嫌疑人的，应当经检察长批准，要求公安机关提请批准逮捕。公安机关不提请批准逮捕或者说明的不提请批准逮捕的理由不成立的，人民检察院可以直接作出逮捕决定，送达公安机关执行。

第二百八十九条 对已经作出的批准逮捕决定发现确有错误的，人民检察院应当撤销原批准逮捕决定，送达公安机关执行。

对已经作出的不批准逮捕决定发现确有错误，需要批准逮捕的，人民检察院应当撤销原不批准逮捕决定，并重新作出批准逮捕决定，送达公安机关执行。

对因撤销原批准逮捕决定而被释放的犯罪嫌疑人或者逮捕后公安机关变更为取保候审、监视居住的犯罪嫌疑人，又发现需要逮捕的，人民检察院应当重新办理逮捕手续。

第二百九十条 对不批准逮捕的案件，公安机关要求复议的，人民检察院负责捕诉的部门应当另行指派检察官或者检察官办案组进行审查，并在收到要求复议意见书和案卷材料后七日以内，经检察长批准，作出是否变更的决定，通知公安机关。

第二百九十一条 对不批准逮捕的案件，公安机关提请上一级人民检察院复核的，上一级人民检察院应当在收到提请复核意见书和案卷材料后十五日以内，经检察长批准，作出是否变更的决定，通知下级人民检察院和公安机关执行。需要改变原决定的，应当通知作出不批准逮捕决定的人民检察院撤销原不批准逮捕决定，另行制作批准逮捕决定书。必要时，上级人民检察院也可以直接作出批准逮捕决定，通知下级人民检察院送达公安机关执行。

对于经复议复核维持原不批准逮捕决定的，人民检察院向公安机关送达复议复核决定时应当说明理由。

第二百九十二条 人民检察院作出不批准逮捕决定，并且通知公安机关补充侦查的案件，公安机关在补充侦查后又要求复议的，人民检察院应当告知公安机关重新提请批准逮捕。公安机关坚持要求复议的，人民检察院不予受理。

对于公安机关补充侦查后应当提请批准逮捕而不提请批准逮捕的，按照本规则第二百八十八条的规定办理。

第二百九十三条 对公安机关提请批准逮捕的案件，负责捕诉的部门应当将批准、变更、撤销逮捕措施的情况书面通知本院负责刑事执行检察的部门。

第二百九十四条 外国人、无国籍人涉嫌危害国家安全犯罪的案件或者涉及国与国之间政治、外交关系的案件以及在适用法律上确有疑难的案件，需要逮捕犯罪嫌疑人的，按照刑事诉讼法关于管辖的规定，分别由基层人民检察院或者设区的市级人民检察院审查并提出意见，层报最高人民检察院审查。最高人民检察院认为需要逮捕的，经征求外交部的意见后，作出批准逮捕的批复；认为不需要逮捕的，作出不批准逮捕的批复。基层人民检察院或者设区的市级人民检察院根据最高人民检察院的批复，依法作出批准或者不批准逮捕的决定。层报过程中，上级人民检察院认为不需要逮捕的，应当作出不批准逮捕的批复。报送的人民检察院根据批复依法作出不批准逮捕的决定。

基层人民检察院或者设区的市级人民检察院认为不需要逮捕的，可以直接依法作出不批准逮捕的决定。

外国人、无国籍人涉嫌本条第一款规定以外的其他犯罪案件，决定批准逮捕的人民检察院应当在作出批准逮捕决定后四十八小时以内报上一级人民检察院备案，同时向同级人民政府外事部门通报。上一级人民检察院经审查发现批准逮捕决定错误的，应当依法及时纠正。

第二百九十五条 人民检察院办理审查逮捕的危害国家安全犯罪案件，应当报上一级人民检察院备案。

上一级人民检察院经审查发现错误的，应当依法及时纠正。

第四节 审查决定逮捕

第二百九十六条 人民检察院办理直接受理侦查的案件，需要逮捕犯罪嫌疑人的，由负责侦查的部门制作逮捕犯罪嫌疑人意见书，连同案卷材料、讯问犯罪嫌疑人录音、录像一并移送本院负责捕诉的部门审查。犯罪嫌疑人已被拘留的，负责侦查的部门应当在拘留后七日以内将案件移送本院负责捕诉的部门审查。

第二百九十七条 对本院负责侦查的部门移送审查逮捕的案件，犯罪嫌疑人已被拘留的，负责捕诉的部门应当在收到逮捕犯罪嫌疑人意见书后七日以内，报请检察长决定是否逮捕，特殊情况下，决定逮捕的时间可以延长一日至三日；犯罪嫌疑人未被拘留的，负责捕诉的部门应当在收到逮捕犯罪嫌疑人意见书后十五日以内，报请检察长决定是否逮捕，重大、复杂案件，不得超过二十日。

第二百九十八条 对犯罪嫌疑人决定逮捕的，负责捕诉的部门应当将逮捕决定书连同案卷材料、讯问犯罪嫌疑人录音、录像移交负责侦查的部门，并可以对收集证据、适用法律提出意见。由负责侦查的部门通知公安机关执行，必要时可以协助执行。

第二百九十九条 对犯罪嫌疑人决定不予逮捕的，负责捕诉的部门应当将不予逮捕的决定连同案卷材料、讯问犯罪嫌疑人录音、录像移交负责侦查的部门，并说明理由。需要补充侦查的，应当制作补充侦查提纲。犯罪嫌疑人已被拘留的，负责侦查的部门应当通知公安机关立即释放。

第三百条 对应当逮捕而本院负责侦查的部门未移送审查逮捕的犯罪嫌疑人，负责捕诉的部门应当向负责侦查的部门提出移送审查逮捕犯罪嫌疑人的建议。建议不被采纳的，应当报请检察长决定。

第三百零一条 逮捕犯罪嫌疑人后，应当立即送看守所羁押。除无法通知的以外，负责侦查的部门应当把逮捕的原因和羁押的处所，在二十四小时以内通知其家属。对于无法通知的，在无法通知的情形消除后，应当立即通知其家属。

第三百零二条 对被逮捕的犯罪嫌疑人，应当在逮捕后二十四小时以内进行讯问。

发现不应当逮捕的，应当经检察长批准，撤销逮捕决定或者变更为其他强制措施，并通知公安机关执行，同时通知负责捕诉的部门。

对按照前款规定被释放或者变更强制措施的犯罪嫌疑人，又发现需要逮捕的，应当重新移送审查逮捕。

第三百零三条 已经作出不予逮捕的决定，又发现需要逮捕犯罪嫌疑人的，应当重新办理逮捕手续。

第三百零四条 犯罪嫌疑人在异地羁押的，负责侦查的部门应当将决定、变更、撤销逮捕措施的情况书面通知羁押地人民检察院负责刑事执行检察的部门。

第五节 延长侦查羁押期限和重新计算侦查羁押期限

第三百零五条 人民检察院办理直接受理侦查的案件，对犯罪嫌疑人逮捕后的侦查羁押期限不得超过二个月。案情复杂、期限届满不能终结的案件，可以经上一级人民检察院批准延长一个月。

第三百零六条 设区的市级人民检察院和基层人民检察院办理直接受理侦查的案件，符合刑事诉讼法第一百五十八条规定，在本规则第三百零五条规定的期限届满前不能侦查终结的，经省级人民检察院批准，可以延长二个月。

省级人民检察院直接受理侦查的案件，有前款情形的，可以直接决定延长二个月。

第三百零七条 设区的市级人民检察院和基层人民检察院办理直接受理侦查的案件，对犯罪嫌疑人可能判处十年有期徒刑以上刑罚，依照本规则第三百零六条的规定依法延长羁押期限届满，仍不能侦查终结的，经省级人民检察院批准，可以再延长二个月。

省级人民检察院办理直接受理侦查的案件，有前款情形的，可以直接决定再延长二个月。

第三百零八条 最高人民检察院办理直接受理侦查的案件，依照刑事诉讼法的规定需要延长侦查羁押期限的，直接决定延长侦查羁押期限。

第三百零九条 公安机关需要延长侦查羁押期限的，人民检察院应当要求其在侦查羁押期限届满七日前提请批准延长侦查羁押期限。

人民检察院办理直接受理侦查的案件，负责侦查的部门认为需要延长侦查羁押期限的，应当按照前款规定向本院负责捕诉的部门移送延长侦查羁押期限意见书及有关材料。

对于超过法定羁押期限提请延长侦查羁押期限的，不予受理。

第三百一十条 人民检察院审查批准或者决定延长侦查羁押期限，由负责捕诉的部门办理。

受理案件的人民检察院对延长侦查羁押期限的意见审查后，应当提出是否同意延长侦查羁押期限的意见，将公安机关延长侦查羁押期限的意见和本院的审查意见层报有决定权的人民检察院审查决定。

第三百一十一条 对于同时具备下列条件的案件，人民检察院应当作出批准延长侦查羁押期限一个月的决定：

（一）符合刑事诉讼法第一百五十六条的规定；

（二）符合逮捕条件；

（三）犯罪嫌疑人有继续羁押的必要。

第三百一十二条 犯罪嫌疑人虽然符合逮捕条件，但经审查，公安机关在对犯罪嫌疑人执行逮捕后二个月以内未有效开展侦查工作或者侦查取证工作没有实质进展的，人民检察院可以作出不批准延长侦查羁押期限的决定。

犯罪嫌疑人不符合逮捕条件，需要撤销下级人民检察院逮捕决定的，上级人民检察院在作出不批准延长侦查羁押期限决定的同时，应当作出撤销逮捕的决定，或者通知下级人民检察院撤销逮捕决定。

第三百一十三条 有决定权的人民检察院作出批准延长侦查羁押期限或者不批准延长侦查羁押期限的决定后，应当将决定书交由最初受理案件的人民检察院送达公安机关。

最初受理案件的人民检察院负责捕诉的部门收到批准延长侦查羁押期限决定书或者不批准延长侦查羁押期限决定书，应当书面告知本院负责刑事执行检察的部门。

第三百一十四条 因为特殊原因，在较长时间内不宜交付审判的特别重大复杂的案件，由最高人民检察院报请全国人民代表大会常务委员会批准延期审理。

第三百一十五条 人民检察院在侦查期间发现犯罪嫌疑人另有重要罪行的，自发现之日起依照本规则第三百零五条的规定重新计算侦查羁押期限。

另有重要罪行是指与逮捕时的罪行不同种的重大犯罪或者同种的影响罪名认定、量刑档次的重大犯罪。

第三百一十六条 人民检察院重新计算侦查羁押期限，应当由负责侦查的部门提出重新计算侦查羁押期限的意见，移送本院负责捕诉的部门审查。负责捕诉的部门审查后应当提出是否同意重新计算侦查羁押期限的意见，报检察长决定。

第三百一十七条 对公安机关重新计算侦查羁押期限的备案，由负责捕诉的部门审查。负责捕诉的部门认为公安机关重新计算侦查羁押期限不当的，应当提出纠正意见。

第三百一十八条 人民检察院直接受理侦查的案件，不能在法定侦查羁押期限内侦查终结的，应当依法释放犯罪嫌疑人或者变更强制措施。

第三百一十九条 负责捕诉的部门审查延长侦查羁押期限、审查重新计算侦查羁押期限，可以讯问犯罪嫌疑人，听取辩护律师和侦查人员的意见，调取案卷及相关材料等。

第六节 核准追诉

第三百二十条 法定最高刑为无期徒刑、死刑的犯罪，已过二十年追诉期限的，不再追诉。如果认为必须追诉的，须报请最高人民检察院核准。

第三百二十一条 须报请最高人民检察院核准追诉的案件，公安机关在核准之前可以依法对犯罪嫌疑人采取强制措施。

公安机关报请核准追诉并提请逮捕犯罪嫌疑人，人民检察院经审查认为必须追诉而且符合法定逮捕条件的，可以依法批准逮捕，同时要求公安机关在报请核准追诉期间不得停止对案件的侦查。

未经最高人民检察院核准，不得对案件提起公诉。

第三百二十二条 报请核准追诉的案件应当同时符合下列条件：

（一）有证据证明存在犯罪事实，且犯罪事实是犯罪嫌疑人实施的；

（二）涉嫌犯罪的行为应当适用的法定量刑幅度的最高刑为无期徒刑或者死刑；

（三）涉嫌犯罪的性质、情节和后果特别严重，虽然已过二十年追诉期限，但社会危害性和影响依然存在，不追诉会严重影响社会稳定或者产生其他严重后果，而必须追诉的；

（四）犯罪嫌疑人能够及时到案接受追诉。

第三百二十三条 公安机关报请核准追诉的案件，由同级人民检察院受理并层报最高人民检察院审查决定。

第三百二十四条 地方各级人民检察院对公安机关报请核准追诉的案件，应当及时进行审查并开展必要的调查。经检察委员会审议提出是否同意核准追诉的意见，制作报请核准追诉案件报告书，连同案卷材料一并层报最高人民检察院。

第三百二十五条 最高人民检察院收到省级人民检察院报送的报请核准追诉案件报告书及案卷材料后，应当及时审查，必要时指派检察人员到案发地了解案件有关情况。经检察长批准，作出是否核准追诉的决定，并制作核准追诉决定书或者不予核准追诉决定书，逐级下达至最初受理案件的人民检察院，由其送达报请核准追诉的公安机关。

第三百二十六条 对已经采取强制措施的案件，强制措施期限届满不能作出是否核准追诉决定的，应当对犯罪嫌疑人变更强制措施或者延长侦查羁押期限。

第三百二十七条 最高人民检察院决定核准追诉的案件，最初受理案件的人民检察院应当监督公安机关的侦查工作。

最高人民检察院决定不予核准追诉，公安机关未及时撤销案件的，同级人民检察院应当提出纠正意见。犯罪嫌疑人在押的，应当立即释放。

第七节　审查起诉

第三百二十八条 各级人民检察院提起公诉，应当与人民法院审判管辖相适应。负责捕诉的部门收到移送起诉的案件后，经审查认为不属于本院管辖的，应当在发现之日起五日以内经由负责案件管理的部门移送有管辖权的人民检察院。

属于上级人民法院管辖的第一审案件，应当报送上级人民检察院，同时通知移送起诉的公安机关；属于同级其他人民法院管辖的第一审案件，应当移送有管辖权的人民检察院或者报送共同的上级人民检察院指定管辖，同时通知移送起诉的公安机关。

上级人民检察院受理同级公安机关移送起诉的案件，认为属于下级人民法院管辖的，可以交下级人民检察院审查，由下级人民检察院向同级人民法院提起公诉，同时通知移送起诉的公安机关。

一人犯数罪、共同犯罪和其他需要并案审理的案件，只要其中一人或者一罪属于上级人民检察院管辖的，全案由上级人民检察院审查起诉。

公安机关移送起诉的案件，需要依照刑事诉讼法的规定指定审判管辖的，人民检察院应当在公安机关移送起诉前协商同级人民法院办理指定管辖有关事宜。

第三百二十九条 监察机关移送起诉的案件，需要依照刑事诉讼法的规定指定审判管辖的，人民检察院应当在监察机关移送起诉二十日前协商同级人民法院办理指定管辖有关事宜。

第三百三十条 人民检察院审查移送起诉的案件，应当查明：

（一）犯罪嫌疑人身份状况是否清楚，包括姓名、性别、国籍、出生年月日、职业和单位等；单位犯罪的，单位的相关情况是否清楚；

（二）犯罪事实、情节是否清楚；实施犯罪的时间、地点、手段、危害后果是否明确；

（三）认定犯罪性质和罪名的意见是否正确；有无法定的从重、从轻、减轻或者免除处罚情节及酌定从重、从轻情节；共同犯罪案件的犯罪嫌疑人在犯罪活动中的责任认定是否恰当；

（四）犯罪嫌疑人是否认罪认罚；

（五）证明犯罪事实的证据材料是否随案移送；证明相关财产系违法所得的证据材料是否随案移送；不宜移送的证据的清单、复制件、照片或者其他证明文件是否随案移送；

（六）证据是否确实、充分，是否依法收集，有无应当排除非法证据的情形；

（七）采取侦查措施包括技术侦查措施的法律手续和诉讼文书是否完备；

（八）有无遗漏罪行和其他应当追究刑事责任的人；

（九）是否属于不应当追究刑事责任的；

（十）有无附带民事诉讼；对于国家财产、集体财产遭受损失的，是否需要由人民检察院提起附带民事诉讼；对于破坏生态环境和资源保护，食品药品安全领域侵害众多消费者合法权益，侵害英雄烈士的姓名、肖像、名誉、荣誉等损害社会公共利益的行为，是否需要由人民检察院提起附带民事公益诉讼；

（十一）采取的强制措施是否适当，对于已经逮捕的犯罪嫌疑人，有无继续羁押的必要；

（十二）侦查活动是否合法；

（十三）涉案财物是否查封、扣押、冻结并妥善保管，清单是否齐备；对被害人合法财产的返还和对违禁品或者不宜长期保存的物品的处理是否妥当，移送的证明文件是否完备。

第三百三十一条 人民检察院办理审查起诉案件应当讯问犯罪嫌疑人。

第三百三十二条 人民检察院认为需要对案件中某些专门性问题进行鉴定而监察机关或者公安机关没有鉴定的，应当要求监察机关或者公安机关进行鉴定。必要时，也可以由人民检察院进行鉴定，或者由人民检察院聘请有鉴定资格的人进行鉴定。

人民检察院自行进行鉴定的，可以商请监察机关或者公安机关派员参加，必要时可以聘请有鉴定资格或者有专门知识的人参加。

第三百三十三条 在审查起诉中，发现犯罪嫌疑人可能患有精神病的，人民检察院应当依照本规则的有关规定对犯罪嫌疑人进行鉴定。

犯罪嫌疑人的辩护人或者近亲属以犯罪嫌疑人可能患有精神病而申请对犯罪嫌疑人进行鉴定的，人民检察院也可以依照本规则的有关规定对犯罪嫌疑人进行鉴定。鉴定费用由申请方承担。

第三百三十四条 人民检察院对鉴定意见有疑问的，可以询问鉴定人或者有专门知识的人并制作笔录附卷，也可以指派有鉴定资格的检察技术人员或者聘请其他有鉴定资格的人进行补充鉴定或者重新鉴定。

人民检察院对鉴定意见等技术性证据材料需要进行专门审查的，按照有关规定交检察技术人员或者其他有专门知识的人进行审查并出具审查意见。

第三百三十五条 人民检察院审查案件时，对监察机关或者公安机关的勘验、检查，认为需要复验、复查的，应当要求其复验、复查，人民检察院可以派员参加；也可以自行复验、复查，商请监察机关或者公安机关派员参加，必要时也可以指派检察技术人员或者聘请其他有专门知识的人参加。

第三百三十六条 人民检察院对物证、书证、视听资料、电子数据及勘验、检查、辨认、侦查实验等笔录存在疑问的，可以要求调查人员或者侦查人员提供获取、制作的有关情况，必要时也可以询问提供相关证据材料的人员和见证人并制作笔录附卷，对物证、书证、视听资料、电子数据进行鉴定。

第三百三十七条 人民检察院在审查起诉阶段认为需要逮捕犯罪嫌疑人的，应当经检察长决定。

第三百三十八条 对于人民检察院正在审查起诉的案件，被逮捕的犯罪嫌疑人及其法定代理人、近亲属或者辩护人认为羁押期限届满，向人民检察院提出释放犯罪嫌疑人或者变更强制措施要求的，人民检察院应当在三日以内审查决定。经审查，认为法定期限届满的，应当决定释放或者依法变更强制措施，并通知公安机关执行；认为法定期限未满的，书面答复申请人。

第三百三十九条 人民检察院对案件进行审查后，应当依法作出起诉或者不起诉以及是否提起附带民事诉讼、附带民事公益诉讼的决定。

第三百四十条 人民检察院对监察机关或者公安机关移送的案件进行审查后，在人民法院作出生效判决之前，认为需要补充提供证据材料的，可以书面要求监察机关或者公安机关提供。

第三百四十一条　人民检察院在审查起诉中发现有应当排除的非法证据，应当依法排除，同时可以要求监察机关或者公安机关另行指派调查人员或者侦查人员重新取证。必要时，人民检察院也可以自行调查取证。

第三百四十二条　人民检察院认为犯罪事实不清、证据不足或者存在遗漏罪行、遗漏同案犯罪嫌疑人等情形需要补充侦查的，应当制作补充侦查提纲，连同案卷材料一并退回公安机关补充侦查。人民检察院也可以自行侦查，必要时可以要求公安机关提供协助。

第三百四十三条　人民检察院对于监察机关移送起诉的案件，认为需要补充调查的，应当退回监察机关补充调查。必要时，可以自行补充侦查。

需要退回补充调查的案件，人民检察院应当出具补充调查决定书、补充调查提纲，写明补充调查的事项、理由、调查方向、需补充收集的证据及其证明作用等，连同案卷材料一并送交监察机关。

人民检察院决定退回补充调查的案件，犯罪嫌疑人已被采取强制措施的，应当将退回补充调查情况书面通知强制措施执行机关。监察机关需要讯问的，人民检察院应当予以配合。

第三百四十四条　对于监察机关移送起诉的案件，具有下列情形之一的，人民检察院可以自行补充侦查：

（一）证人证言、犯罪嫌疑人供述和辩解、被害人陈述的内容主要情节一致，个别情节不一致的；

（二）物证、书证等证据材料需要补充鉴定的；

（三）其他由人民检察院查证更为便利、更有效率、更有利于查清案件事实的情形。

自行补充侦查完毕后，应当将相关证据材料入卷，同时抄送监察机关。人民检察院自行补充侦查的，可以商请监察机关提供协助。

第三百四十五条　人民检察院负责捕诉的部门对本院负责侦查的部门移送起诉的案件进行审查后，认为犯罪事实不清、证据不足或者存在遗漏罪行、遗漏同案犯罪嫌疑人等情形需要补充侦查的，应当制作补充侦查提纲，连同案卷材料一并退回负责侦查的部门补充侦查。必要时，也可以自行侦查，可以要求负责侦查的部门予以协助。

第三百四十六条 退回监察机关补充调查、退回公安机关补充侦查的案件，均应当在一个月以内补充调查、补充侦查完毕。

补充调查、补充侦查以二次为限。

补充调查、补充侦查完毕移送起诉后，人民检察院重新计算审查起诉期限。

人民检察院负责捕诉的部门退回本院负责侦查的部门补充侦查的期限、次数按照本条第一款至第三款的规定执行。

第三百四十七条 补充侦查期限届满，公安机关未将案件重新移送起诉的，人民检察院应当要求公安机关说明理由。

人民检察院发现公安机关违反法律规定撤销案件的，应当提出纠正意见。

第三百四十八条 人民检察院在审查起诉中决定自行侦查的，应当在审查起诉期限内侦查完毕。

第三百四十九条 人民检察院对已经退回监察机关二次补充调查或者退回公安机关二次补充侦查的案件，在审查起诉中又发现新的犯罪事实，应当将线索移送监察机关或者公安机关。对已经查清的犯罪事实，应当依法提起公诉。

第三百五十条 对于在审查起诉期间改变管辖的案件，改变后的人民检察院对于符合刑事诉讼法第一百七十五条第二款规定的案件，可以经原受理案件的人民检察院协助，直接退回原侦查案件的公安机关补充侦查，也可以自行侦查。改变管辖前后退回补充侦查的次数总共不得超过二次。

第三百五十一条 人民检察院对于移送起诉的案件，应当在一个月以内作出决定；重大、复杂的案件，一个月以内不能作出决定的，可以延长十五日。

人民检察院审查起诉的案件，改变管辖的，从改变后的人民检察院收到案件之日起计算审查起诉期限。

第三百五十二条 追缴的财物中，属于被害人的合法财产，不需要在法庭出示的，应当及时返还被害人，并由被害人在发还款物清单上签名或者盖章，注明返还的理由，并将清单、照片附卷。

第三百五十三条 追缴的财物中，属于违禁品或者不宜长期保存的物品，应当依照国家有关规定处理，并将清单、照片、处理结果附卷。

第三百五十四条 人民检察院在审查起诉阶段，可以适用本规则规定的侦查措施和程序。

第八节 起　诉

第三百五十五条 人民检察院认为犯罪嫌疑人的犯罪事实已经查清，证据确实、充分，依法应当追究刑事责任的，应当作出起诉决定。

具有下列情形之一的，可以认为犯罪事实已经查清：

（一）属于单一罪行的案件，查清的事实足以定罪量刑或者与定罪量刑有关的事实已经查清，不影响定罪量刑的事实无法查清的；

（二）属于数个罪行的案件，部分罪行已经查清并符合起诉条件，其他罪行无法查清的；

（三）无法查清作案工具、赃物去向，但有其他证据足以对被告人定罪量刑的；

（四）证人证言、犯罪嫌疑人供述和辩解、被害人陈述的内容主要情节一致，个别情节不一致，但不影响定罪的。

对于符合前款第二项情形的，应当以已经查清的罪行起诉。

第三百五十六条 人民检察院在办理公安机关移送起诉的案件中，发现遗漏罪行或者有依法应当移送起诉的同案犯罪嫌疑人未移送起诉的，应当要求公安机关补充侦查或者补充移送起诉。对于犯罪事实清楚，证据确实、充分的，也可以直接提起公诉。

第三百五十七条 人民检察院立案侦查时认为属于直接受理侦查的案件，在审查起诉阶段发现属于监察机关管辖的，应当及时商监察机关办理。属于公安机关管辖，案件事实清楚，证据确实、充分，符合起诉条件的，可以直接起诉；事实不清、证据不足的，应当及时移送有管辖权的机关办理。

在审查起诉阶段，发现公安机关移送起诉的案件属于监察机关管辖，或者监察机关移送起诉的案件属于公安机关管辖，但案件事实清楚，证据确实、充分，符合起诉条件的，经征求监察机关、公安机关意见后，没有不同意见的，可以直接起诉；提出不同意见，或者事实不清、证据不足的，应当将案件退回移送案件的机关并说明理由，建议其移送有管辖权的机关办理。

第三百五十八条 人民检察院决定起诉的，应当制作起诉书。

起诉书的主要内容包括：

（一）被告人的基本情况，包括姓名、性别、出生年月日、出生地和户籍地、公民身份号码、民族、文化程度、职业、工作单位及职务、住址，是否受过刑事处分及处分的种类和时间，采取强制措施的情况等；如果是单位犯罪，应当写明犯罪单位的名称和组织机构代码、所在地址、联系方式，法定代表人和诉讼代表人的姓名、职务、联系方式；如果还有应当负刑事责任的直接负责的主管人员或其他直接责任人员，应当按上述被告人基本情况的内容叙写；

（二）案由和案件来源；

（三）案件事实，包括犯罪的时间、地点、经过、手段、动机、目的、危害后果等与定罪量刑有关的事实要素。起诉书叙述的指控犯罪事实的必备要素应当明晰、准确。被告人被控有多项犯罪事实的，应当逐一列举，对于犯罪手段相同的同一犯罪可以概括叙写；

（四）起诉的根据和理由，包括被告人触犯的刑法条款、犯罪的性质及认定的罪名、处罚条款、法定从轻、减轻或者从重处罚的情节，共同犯罪各被告人应负的罪责等；

（五）被告人认罪认罚情况，包括认罪认罚的内容、具结书签署情况等。

被告人真实姓名、住址无法查清的，可以按其绰号或者自报的姓名、住址制作起诉书，并在起诉书中注明。被告人自报的姓名可能造成损害他人名誉、败坏道德风俗等不良影响的，可以对被告人编号并按编号制作起诉书，附具被告人的照片，记明足以确定被告人面貌、体格、指纹以及其他反映被告人特征的事项。

起诉书应当附有被告人现在处所，证人、鉴定人、需要出庭的有专门知识的人的名单，需要保护的被害人、证人、鉴定人的化名名单，查封、扣押、冻结的财物及孳息的清单，附带民事诉讼、附带民事公益诉讼情况以及其他需要附注的情况。

证人、鉴定人、有专门知识的人的名单应当列明姓名、性别、年龄、职业、住址、联系方式，并注明证人、鉴定人是否出庭。

第三百五十九条 人民检察院提起公诉的案件，应当向人民法院移送起诉书、案卷材料、证据和认罪认罚具结书等材料。

起诉书应当一式八份，每增加一名被告人增加起诉书五份。

关于被害人姓名、住址、联系方式、被告人被采取强制措施的种类、是否在案及羁押处所等问题，人民检察院应当在起诉书中列明，不再单独移送材料；对于涉及被害人隐私或者为保护证人、鉴定人、被害人人身安全，而不宜公开证人、鉴定人、被害人姓名、住址、工作单位和联系方式等个人信息的，可以在起诉书中使用化名。但是应当另行书面说明使用化名的情况并标明密级，单独成卷。

第三百六十条 人民检察院对于犯罪嫌疑人、被告人或者证人等翻供、翻证的材料以及对犯罪嫌疑人、被告人有利的其他证据材料，应当移送人民法院。

第三百六十一条 人民法院向人民检察院提出书面意见要求补充移送

材料，人民检察院认为有必要移送的，应当自收到通知之日起三日以内补送。

第三百六十二条 对提起公诉后，在人民法院宣告判决前补充收集的证据材料，人民检察院应当及时移送人民法院。

第三百六十三条 在审查起诉期间，人民检察院可以根据辩护人的申请，向监察机关、公安机关调取在调查、侦查期间收集的证明犯罪嫌疑人、被告人无罪或者罪轻的证据材料。

第三百六十四条 人民检察院提起公诉的案件，可以向人民法院提出量刑建议。除有减轻处罚或者免除处罚情节外，量刑建议应当在法定量刑幅度内提出。建议判处有期徒刑、管制、拘役的，可以具有一定的幅度，也可以提出具体确定的建议。

提出量刑建议的，可以制作量刑建议书，与起诉书一并移送人民法院。量刑建议书的主要内容应当包括被告人所犯罪行的法定刑、量刑情节、建议人民法院对被告人判处刑罚的种类、刑罚幅度、可以适用的刑罚执行方式以及提出量刑建议的依据和理由等。

认罪认罚案件的量刑建议，按照本章第二节的规定办理。

第九节　不起诉

第三百六十五条 人民检察院对于监察机关或者公安机关移送起诉的案件，发现犯罪嫌疑人没有犯罪事实，或者符合刑事诉讼法第十六条规定的情形之一的，经检察长批准，应当作出不起诉决定。

对于犯罪事实并非犯罪嫌疑人所为，需要重新调查或者侦查的，应当在作出不起诉决定后书面说明理由，将案卷材料退回监察机关或者公安机关并建议重新调查或者侦查。

第三百六十六条 负责捕诉的部门对于本院负责侦查的部门移送起诉的案件，发现具有本规则第三百六十五条第一款规定情形的，应当退回本院负责侦查的部门，建议撤销案件。

第三百六十七条 人民检察院对于二次退回补充调查或者补充侦查的案件，仍然认为证据不足，不符合起诉条件的，经检察长批准，依法作出不起诉决定。

人民检察院对于经过一次退回补充调查或者补充侦查的案件，认为证据不足，不符合起诉条件，且没有再次退回补充调查或者补充侦查必要的，经检察长批准，可以作出不起诉决定。

第三百六十八条 具有下列情形之一，不能确定犯罪嫌疑人构成犯罪和需要追究刑事责任的，属于证据不足，不符合起诉条件：

（一）犯罪构成要件事实缺乏必要的证据予以证明的；

（二）据以定罪的证据存在疑问，无法查证属实的；

（三）据以定罪的证据之间、证据与案件事实之间的矛盾不能合理排除的；

（四）根据证据得出的结论具有其他可能性，不能排除合理怀疑的；

（五）根据证据认定案件事实不符合逻辑和经验法则，得出的结论明显不符合常理的。

第三百六十九条 人民检察院根据刑事诉讼法第一百七十五条第四款规定决定不起诉的，在发现新的证据，符合起诉条件时，可以提起公诉。

第三百七十条 人民检察院对于犯罪情节轻微，依照刑法规定不需要判处刑罚或者免除刑罚的，经检察长批准，可以作出不起诉决定。

第三百七十一条 人民检察院直接受理侦查的案件，以及监察机关移送起诉的案件，拟作不起诉决定的，应当报请上一级人民检察院批准。

第三百七十二条 人民检察院决定不起诉的，应当制作不起诉决定书。

不起诉决定书的主要内容包括：

（一）被不起诉人的基本情况，包括姓名、性别、出生年月日、出生地和户籍地、公民身份号码、民族、文化程度、职业、工作单位及职务、住址，是否受过刑事处分，采取强制措施的情况以及羁押处所等；如果是单位犯罪，应当写明犯罪单位的名称和组织机构代码、所在地址、联系方式，法定代表人和诉讼代表人的姓名、职务、联系方式；

（二）案由和案件来源；

（三）案件事实，包括否定或者指控被不起诉人构成犯罪的事实以及作为不起诉决定根据的事实；

（四）不起诉的法律根据和理由，写明作出不起诉决定适用的法律条款；

（五）查封、扣押、冻结的涉案财物的处理情况；

（六）有关告知事项。

第三百七十三条 人民检察院决定不起诉的案件，可以根据案件的不同情况，对被不起诉人予以训诫或者责令具结悔过、赔礼道歉、赔偿损失。

对被不起诉人需要给予行政处罚、政务处分或者其他处分的，经检察长批准，人民检察院应当提出检察意见，连同不起诉决定书一并移送有关主管机关处理，并要求有关主管机关及时通报处理情况。

第三百七十四条 人民检察院决定不起诉的案件，应当同时书面通知作出查封、扣押、冻结决定的机关或者执行查封、扣押、冻结决定的机关解除查封、扣押、冻结。

第三百七十五条 人民检察院决定不起诉的案件，需要没收违法所得的，经检察长批准，应当提出检察意见，移送有关主管机关处理，并要求有关主管机关及时通报处理情况。具体程序可以参照本规则第二百四十八条的规定办理。

第三百七十六条 不起诉的决定，由人民检察院公开宣布。公开宣布不起诉决定的活动应当记录在案。

不起诉决定书自公开宣布之日起生效。

被不起诉人在押的，应当立即释放；被采取其他强制措施的，应当通知执行机关解除。

第三百七十七条 不起诉决定书应当送达被害人或者其近亲属及其诉讼代理人、被不起诉人及其辩护人以及被不起诉人所在单位。送达时，应当告知被害人或者其近亲属及其诉讼代理人，如果对不起诉决定不服，可以自收到不起诉决定书后七日以内向上一级人民检察院申诉；也可以不经申诉，直接向人民法院起诉。依照刑事诉讼法第一百七十七条第二款作出不起诉决定的，应当告知被不起诉人，如果对不起诉决定不服，可以自收到不起诉决定书后七日以内向人民检察院申诉。

第三百七十八条 对于监察机关或者公安机关移送起诉的案件，人民检察院决定不起诉的，应当将不起诉决定书送达监察机关或者公安机关。

第三百七十九条 监察机关认为不起诉的决定有错误，向上一级人民检察院提请复议的，上一级人民检察院应当在收到提请复议意见书后三十日以内，经检察长批准，作出复议决定，通知监察机关。

公安机关认为不起诉决定有错误要求复议的，人民检察院负责捕诉的部门应当另行指派检察官或者检察官办案组进行审查，并在收到要求复议意见书后三十日以内，经检察长批准，作出复议决定，通知公安机关。

第三百八十条 公安机关对不起诉决定提请复核的，上一级人民检察院应当在收到提请复核意见书后三十日以内，经检察长批准，作出复核决定，通知提请复核的公安机关和下级人民检察院。经复核认为下级人民检察院不起诉决定错误的，应当指令下级人民检察院纠正，或者撤销、变更下级人民检察院作出的不起诉决定。

第三百八十一条 被害人不服不起诉决定，在收到不起诉决定书后七日以内提出申诉的，由作出不起诉决定的人民检察院的上一级人民检察院负责捕诉的部门进行复查。

被害人向作出不起诉决定的人民检察院提出申诉的，作出决定的人民检察院应当将申诉材料连同案卷一并报送上一级人民检察院。

第三百八十二条 被害人不服不起诉决定，在收到不起诉决定书七日以后提出申诉的，由作出不起诉决定的人民检察院负责控告申诉检察的部门进行审查。经审查，认为不起诉决定正确的，出具审查结论直接答复申诉人，并做好释法说理工作；认为不起诉决定可能存在错误的，移送负责捕诉的部门进行复查。

第三百八十三条 人民检察院应当将复查决定书送达被害人、被不起诉人和作出不起诉决定的人民检察院。

上级人民检察院经复查作出起诉决定的，应当撤销下级人民检察院的不起诉决定，交由下级人民检察院提起公诉，并将复查决定抄送移送起诉的监察机关或者公安机关。

第三百八十四条 人民检察院收到人民法院受理被害人对被不起诉人起诉的通知后，应当终止复查，将作出不起诉决定所依据的有关案卷材料移送人民法院。

第三百八十五条 对于人民检察院依照刑事诉讼法第一百七十七条第二款规定作出的不起诉决定，被不起诉人不服，在收到不起诉决定书后七日以内提出申诉的，应当由作出决定的人民检察院负责捕诉的部门进行复查；被不起诉人在收到不起诉决定书七日以后提出申诉的，由负责控告申诉检察的部门进行审查。经审查，认为不起诉决定正确的，出具审查结论直接答复申诉人，并做好释法说理工作；认为不起诉决定可能存在错误的，移送负责捕诉的部门复查。

人民检察院应当将复查决定书送达被不起诉人、被害人。复查后，撤销不起诉决定，变更不起诉的事实或者法律依据的，应当同时将复查决定书抄送移送起诉的监察机关或者公安机关。

第三百八十六条 人民检察院复查不服不起诉决定的申诉，应当在立案后三个月以内报经检察长批准作出复查决定。案情复杂的，不得超过六个月。

第三百八十七条 被害人、被不起诉人对不起诉决定不服提出申诉的，应当递交申诉书，写明申诉理由。没有书写能力的，也可以口头提出申诉。人民检察院应当根据其口头提出的申诉制作笔录。

第三百八十八条 人民检察院发现不起诉决定确有错误，符合起诉条件的，应当撤销不起诉决定，提起公诉。

第三百八十九条 最高人民检察院对地方各级人民检察院的起诉、不起诉决定，上级人民检察院对下级人民检察院的起诉、不起诉决定，发现确有错误的，应当予以撤销或者指令下级人民检察院纠正。

第十一章 出席法庭

第一节 出席第一审法庭

第三百九十条 提起公诉的案件，人民检察院应当派员以国家公诉人的身份出席第一审法庭，支持公诉。

公诉人应当由检察官担任。检察官助理可以协助检察官出庭。根据需要可以配备书记员担任记录。

第三百九十一条 对于提起公诉后人民法院改变管辖的案件，提起公诉的人民检察院参照本规则第三百二十八条的规定将案件移送与审判管辖相对应的人民检察院。

接受移送的人民检察院重新对案件进行审查的，根据刑事诉讼法第一百七十二条第二款的规定自收到案件之日起计算审查起诉期限。

第三百九十二条 人民法院决定开庭审判的，公诉人应当做好以下准备工作：

（一）进一步熟悉案情，掌握证据情况；

（二）深入研究与本案有关的法律政策问题；

（三）充实审判中可能涉及的专业知识；

（四）拟定讯问被告人、询问证人、鉴定人、有专门知识的人和宣读、出示、播放证据的计划并制定质证方案；

（五）对可能出现证据合法性争议的，拟定证明证据合法性的提纲并准备相关材料；

（六）拟定公诉意见，准备辩论提纲；

（七）需要对出庭证人等的保护向人民法院提出建议或者配合工作的，做好相关准备。

第三百九十三条 人民检察院在开庭审理前收到人民法院或者被告人及其辩护人、被害人、证人等送交的反映证据系非法取得的书面材料的，应当进行审查。对于审查逮捕、审查起诉期间已经提出并经查证不存在非法取证行为的，应当通知人民法院、有关当事人和辩护人，并按照查证的情况做好庭审准备。对于新的材料或者线索，可以要求监察机关、公安机关对证据收集的合法性进行说明或者提供相关证明材料。

第三百九十四条 人民法院通知人民检察院派员参加庭前会议的，由出席法庭的公诉人参加。检察官助理可以协助。根据需要可以配备书记员担任记录。

人民检察院认为有必要召开庭前会议的，可以建议人民法院召开庭前会议。

第三百九十五条 在庭前会议中，公诉人可以对案件管辖、回避、出庭证人、鉴定人、有专门知识的人的名单、辩护人提供的无罪证据、非法证据排除、不公开审理、延期审理、适用简易程序或者速裁程序、庭审方案等与审判相关的问题提出和交换意见，了解辩护人收集的证据等情况。

对辩护人收集的证据有异议的，应当提出，并简要说明理由。

公诉人通过参加庭前会议，了解案件事实、证据和法律适用的争议和不同意见，解决有关程序问题，为参加法庭审理做好准备。

第三百九十六条 当事人、辩护人、诉讼代理人在庭前会议中提出证据系非法取得，人民法院认为可能存在以非法方法收集证据情形的，人民检察院应当对证据收集的合法性进行说明。需要调查核实的，在开庭审理前进行。

第三百九十七条 人民检察院向人民法院移送全部案卷材料后，在法庭审理过程中，公诉人需要出示、宣读、播放有关证据的，可以申请法庭出示、宣读、播放。

人民检察院基于出庭准备和庭审举证工作的需要，可以取回有关案卷材料和证据。

取回案卷材料和证据后，辩护律师要求查阅案卷材料的，应当允许辩护律师在人民检察院查阅、摘抄、复制案卷材料。

第三百九十八条 公诉人在法庭上应当依法进行下列活动：

（一）宣读起诉书，代表国家指控犯罪，提请人民法院对被告人依法审判；

（二）讯问被告人；

（三）询问证人、被害人、鉴定人；

（四）申请法庭出示物证，宣读书证、未到庭证人的证言笔录、鉴定人的鉴定意见、勘验、检查、辨认、侦查实验等笔录和其他作为证据的文书，播放作为证据的视听资料、电子数据等；

（五）对证据采信、法律适用和案件情况发表意见，提出量刑建议及理由，针对被告人、辩护人的辩护意见进行答辩，全面阐述公诉意见；

（六）维护诉讼参与人的合法权利；

（七）对法庭审理案件有无违反法律规定诉讼程序的情况记明笔录；

（八）依法从事其他诉讼活动。

第三百九十九条 在法庭审理中，公诉人应当客观、全面、公正地向法庭出示与定罪、量刑有关的证明被告人有罪、罪重或者罪轻的证据。

按照审判长要求，或者经审判长同意，公诉人可以按照以下方式举证、质证：

（一）对于可能影响定罪量刑的关键证据和控辩双方存在争议的证据，一般应当单独举证、质证；

（二）对于不影响定罪量刑且控辩双方无异议的证据，可以仅就证据的名称及其证明的事项、内容作出说明；

（三）对于证明方向一致、证明内容相近或者证据种类相同，存在内在逻辑关系的证据，可以归纳、分组示证、质证。

公诉人出示证据时，可以借助多媒体设备等方式出示、播放或者演示证据内容。

定罪证据与量刑证据需要分开的，应当分别出示。

第四百条 公诉人讯问被告人，询问证人、被害人、鉴定人，出示物证，宣读书证、未出庭证人的证言笔录等应当围绕下列事实进行：

（一）被告人的身份；

（二）指控的犯罪事实是否存在，是否为被告人所实施；

（三）实施犯罪行为的时间、地点、方法、手段、结果，被告人犯罪后的表现等；

（四）犯罪集团或者其他共同犯罪案件中参与犯罪人员的各自地位和应负的责任；

（五）被告人有无刑事责任能力，有无故意或者过失，行为的动机、目的；

（六）有无依法不应当追究刑事责任的情况，有无法定的从重或者从轻、减轻以及免除处罚的情节；

（七）犯罪对象、作案工具的主要特征，与犯罪有关的财物的来源、数量以及去向；

（八）被告人全部或者部分否认起诉书指控的犯罪事实的，否认的根据和理由能否成立；

（九）与定罪、量刑有关的其他事实。

第四百零一条 在法庭审理中，下列事实不必提出证据进行证明：

（一）为一般人共同知晓的常识性事实；

（二）人民法院生效裁判所确认并且未依审判监督程序重新审理的事实；

（三）法律、法规的内容以及适用等属于审判人员履行职务所应当知晓的事实；

（四）在法庭审理中不存在异议的程序事实；

（五）法律规定的推定事实；

（六）自然规律或者定律。

第四百零二条 讯问被告人、询问证人不得采取可能影响陈述或者证言客观真实的诱导性发问以及其他不当发问方式。

辩护人向被告人或者证人进行诱导性发问以及其他不当发问可能影响陈述或者证言的客观真实的，公诉人可以要求审判长制止或者要求对该项陈述或者证言不予采纳。

讯问共同犯罪案件的被告人、询问证人应当个别进行。

被告人、证人、被害人对同一事实的陈述存在矛盾的，公诉人可以建议法庭传唤有关被告人、通知有关证人同时到庭对质，必要时可以建议法庭询问被害人。

第四百零三条 被告人在庭审中的陈述与在侦查、审查起诉中的供述一致或者不一致的内容不影响定罪量刑的，可以不宣读被告人供述笔录。

被告人在庭审中的陈述与在侦查、审查起诉中的供述不一致，足以影响定罪量刑的，可以宣读被告人供述笔录，并针对笔录中被告人的供述内容对被告人进行讯问，或者提出其他证据进行证明。

第四百零四条 公诉人对证人证言有异议，且该证人证言对案件定罪量刑有重大影响的，可以申请人民法院通知证人出庭作证。

人民警察就其执行职务时目击的犯罪情况作为证人出庭作证，适用前款规定。

公诉人对鉴定意见有异议的，可以申请人民法院通知鉴定人出庭作证。经人民法院通知，鉴定人拒不出庭作证的，公诉人可以建议法庭不予采纳该鉴定意见作为定案的根据，也可以申请法庭重新通知鉴定人出庭作证或者申请重新鉴定。

必要时，公诉人可以申请法庭通知有专门知识的人出庭，就鉴定人作出的鉴定意见提出意见。

当事人或者辩护人、诉讼代理人对证人证言、鉴定意见有异议的，公诉人认为必要时，可以申请人民法院通知证人、鉴定人出庭作证。

第四百零五条 证人应当由人民法院通知并负责安排出庭作证。

对于经人民法院通知而未到庭的证人或者出庭后拒绝作证的证人的证言笔录，公诉人应当当庭宣读。

对于经人民法院通知而未到庭的证人的证言笔录存在疑问，确实需要证人出庭作证，且可以强制其到庭的，公诉人应当建议人民法院强制证人到庭作证和接受质证。

第四百零六条 证人在法庭上提供证言，公诉人应当按照审判长确定的顺序向证人发问。可以要求证人就其所了解的与案件有关的事实进行陈述，也可以直接发问。

证人不能连贯陈述的，公诉人可以直接发问。

向证人发问，应当针对证言中有遗漏、矛盾、模糊不清和有争议的内容，并着重围绕与定罪量刑紧密相关的事实进行。

发问采取一问一答形式，提问应当简洁、清楚。

证人进行虚假陈述的，应当通过发问澄清事实，必要时可以宣读在侦查、审查起诉阶段制作的该证人的证言笔录或者出示、宣读其他证据。

当事人和辩护人、诉讼代理人向证人发问后，公诉人可以根据证人回答的情况，经审判长许可，再次向证人发问。

询问鉴定人、有专门知识的人参照上述规定进行。

第四百零七条 必要时，公诉人可以建议法庭采取不暴露证人、鉴定人、被害人外貌、真实声音等出庭作证保护措施，或者建议法庭根据刑事诉讼法第一百五十四条的规定在庭外对证据进行核实。

第四百零八条 对于鉴定意见、勘验、检查、辨认、侦查实验等笔录和其他作为证据的文书以及经人民法院通知而未到庭的被害人的陈述笔录，公诉人应当当庭宣读。

第四百零九条 公诉人向法庭出示物证，一般应当出示原物，原物不易搬运、不易保存或者已返还被害人的，可以出示反映原物外形和特征的照片、录像、复制品，并向法庭说明情况及与原物的同一性。

公诉人向法庭出示书证，一般应当出示原件。获取书证原件确有困难的，可以出示书证副本或者复制件，并向法庭说明情况及与原件的同一性。

公诉人向法庭出示物证、书证，应当对该物证、书证所要证明的内容、获取情况作出说明，并向当事人、证人等问明物证的主要特征，让其辨认。对该物证、书证进行鉴定的，应当宣读鉴定意见。

第四百一十条 在法庭审理过程中，被告人及其辩护人提出被告人庭前供述系非法取得，审判人员认为需要进行法庭调查的，公诉人可以通过出示讯问笔录、提讯登记、体检记录、采取强制措施或者侦查措施的法律文书、侦查终结前对讯问合法性进行核查的材料等证据材料，有针对性地播放讯问录音、录像，提请法庭通知调查人员、侦查人员或者其他人员出庭说明情况等方式，对证据收集的合法性加以证明。

审判人员认为可能存在刑事诉讼法第五十六条规定的以非法方法收集其他证据的情形，需要进行法庭调查的，公诉人可以参照前款规定对证据收集的合法性进行证明。

公诉人不能当庭证明证据收集的合法性，需要调查核实的，可以建议法庭休庭或者延期审理。

在法庭审理期间，人民检察院可以要求监察机关或者公安机关对证据收集的合法性进行说明或者提供相关证明材料。必要时，可以自行调查核实。

第四百一十一条 公诉人对证据收集的合法性进行证明后，法庭仍有疑问的，可以建议法庭休庭，由人民法院对相关证据进行调查核实。人民法院调查核实证据，通知人民检察院派员到场的，人民检察院可以派员到场。

第四百一十二条 在法庭审理过程中，对证据合法性以外的其他程序事实存在争议的，公诉人应当出示、宣读有关诉讼文书、侦查或者审查起诉活动笔录。

第四百一十三条 对于搜查、查封、扣押、冻结、勘验、检查、辨认、侦查实验等活动中形成的笔录存在争议，需要调查人员、侦查人员以及上述活动的见证人出庭陈述有关情况的，公诉人可以建议合议庭通知其出庭。

第四百一十四条 在法庭审理过程中，合议庭对证据有疑问或者人民法院根据辩护人、被告人的申请，向人民检察院调取在侦查、审查起诉中收集的有关被告人无罪或者罪轻的证据材料的，人民检察院应当自收到人民法院要求调取证据材料决定书后三日以内移交。没有上述材料的，应当向人民法院说明情况。

第四百一十五条 在法庭审理过程中，合议庭对证据有疑问并在休庭后进行勘验、检查、查封、扣押、鉴定和查询、冻结的，人民检察院应当依法进行监督，发现上述活动有违法情况的，应当提出纠正意见。

第四百一十六条 人民法院根据申请收集、调取的证据或者在合议庭休庭后自行调查取得的证据，应当经过庭审出示、质证才能决定是否作为判决的依据。未经庭审出示、质证直接采纳为判决依据的，人民检察院应当提出纠正意见。

第四百一十七条 在法庭审理过程中，经审判长许可，公诉人可以逐一对正在调查的证据和案件情况发表意见，并同被告人、辩护人进行辩论。证据调查结束时，公诉人应当发表总结性意见。

在法庭辩论中，公诉人与被害人、诉讼代理人意见不一致的，公诉人应当认真听取被害人、诉讼代理人的意见，阐明自己的意见和理由。

第四百一十八条 人民检察院向人民法院提出量刑建议的，公诉人应当在发表公诉意见时提出。

对认罪认罚案件，人民法院经审理认为人民检察院的量刑建议明显不当向人民检察院提出的，或者被告人、辩护人对量刑建议提出异议的，人民检察院可以调整量刑建议。

第四百一十九条 适用普通程序审理的认罪认罚案件，公诉人可以建议适当简化法庭调查、辩论程序。

第四百二十条 在法庭审判过程中，遇有下列情形之一的，公诉人可以建议法庭延期审理：

（一）发现事实不清、证据不足，或者遗漏罪行、遗漏同案犯罪嫌疑人，需要补充侦查或者补充提供证据的；

（二）被告人揭发他人犯罪行为或者提供重要线索，需要补充侦查进行查证的；

（三）发现遗漏罪行或者遗漏同案犯罪嫌疑人，虽不需要补充侦查和补充提供证据，但需要补充、追加起诉的；

（四）申请人民法院通知证人、鉴定人出庭作证或者有专门知识的人出庭提出意见的；

（五）需要调取新的证据，重新鉴定或者勘验的；

（六）公诉人出示、宣读开庭前移送人民法院的证据以外的证据，或者补充、追加、变更起诉，需要给予被告人、辩护人必要时间进行辩护准备的；

（七）被告人、辩护人向法庭出示公诉人不掌握的与定罪量刑有关的证据，需要调查核实的；

（八）公诉人对证据收集的合法性进行证明，需要调查核实的。

在人民法院开庭审理前发现具有前款情形之一的，人民检察院可以建议人民法院延期审理。

第四百二十一条 法庭宣布延期审理后，人民检察院应当在补充侦查期限内提请人民法院恢复法庭审理或者撤回起诉。

公诉人在法庭审理过程中建议延期审理的次数不得超过两次，每次不得超过一个月。

第四百二十二条 在审判过程中，对于需要补充提供法庭审判所必需的证据或者补充侦查的，人民检察院应当自行收集证据和进行侦查，必要时可以要求监察机关或者公安机关提供协助；也可以书面要求监察机关或者公安机关补充提供证据。

人民检察院补充侦查，适用本规则第六章、第九章、第十章的规定。

补充侦查不得超过一个月。

第四百二十三条 人民法院宣告判决前，人民检察院发现被告人的真实身份或者犯罪事实与起诉书中叙述的身份或者指控犯罪事实不符的，或者事实、证据没有变化，但罪名、适用法律与起诉书不一致的，可以变更起诉。发现遗漏同案犯罪嫌疑人或者罪行的，应当要求公安机关补充移送起诉或者补充侦查；对于犯罪事实清楚，证据确实、充分的，可以直接追加、补充起诉。

第四百二十四条 人民法院宣告判决前，人民检察院发现具有下列情形之一的，经检察长批准，可以撤回起诉：

（一）不存在犯罪事实的；

（二）犯罪事实并非被告人所为的；

（三）情节显著轻微、危害不大，不认为是犯罪的；

（四）证据不足或证据发生变化，不符合起诉条件的；

（五）被告人因未达到刑事责任年龄，不负刑事责任的；

（六）法律、司法解释发生变化导致不应当追究被告人刑事责任的；

（七）其他不应当追究被告人刑事责任的。

对于撤回起诉的案件，人民检察院应当在撤回起诉后三十日以内作出不起诉决定。需要重新调查或者侦查的，应当在作出不起诉决定后将案卷材料退回监察机关或者公安机关，建议监察机关或者公安机关重新调查或者侦查，并书面说明理由。

对于撤回起诉的案件，没有新的事实或者新的证据，人民检察院不得再行起诉。

新的事实是指原起诉书中未指控的犯罪事实。该犯罪事实触犯的罪名既可以是原指控罪名的同一罪名，也可以是其他罪名。

新的证据是指撤回起诉后收集、调取的足以证明原指控犯罪事实的证据。

第四百二十五条 在法庭审理过程中，人民法院建议人民检察院补充侦查、补充起诉、追加起诉或者变更起诉的，人民检察院应当审查有关理由，并作出是否补充侦查、补充起诉、追加起诉或者变更起诉的决定。人民检察院不同意的，可以要求人民法院就起诉指控的犯罪事实依法作出裁判。

第四百二十六条 变更、追加、补充或者撤回起诉应当以书面方式在判决宣告前向人民法院提出。

第四百二十七条 出庭的书记员应当制作出庭笔录，详细记载庭审的时间、地点、参加人员、公诉人出庭执行任务情况和法庭调查、法庭辩论的主要内容以及法庭判决结果，由公诉人和书记员签名。

第四百二十八条 人民检察院应当当庭向人民法院移交取回的案卷材料和证据。在审判长宣布休庭后，公诉人应当与审判人员办理交接手续。无法当庭移交的，应当在休庭后三日以内移交。

第四百二十九条 人民检察院对查封、扣押、冻结的被告人财物及其孳息，应当根据不同情况作以下处理：

（一）对作为证据使用的实物，应当依法随案移送；对不宜移送的，应当将其清单、照片或者其他证明文件随案移送。

（二）冻结在金融机构、邮政部门的违法所得及其他涉案财产，应当向人民法院随案移送该金融机构、邮政部门出具的证明文件。待人民法院作出生效判决、裁定后，由人民法院通知该金融机构上缴国库。

（三）查封、扣押的涉案财物，对依法不移送的，应当随案移送清单、照片或者其他证明文件。待人民法院作出生效判决、裁定后，由人民检察院根据人民法院的通知上缴国库，并向人民法院送交执行回单。

（四）对于被扣押、冻结的债券、股票、基金份额等财产，在扣押、冻结期间权利人申请出售的，参照本规则第二百一十四条的规定办理。

第二节　简易程序

第四百三十条　人民检察院对于基层人民法院管辖的案件，符合下列条件的，可以建议人民法院适用简易程序审理：

（一）案件事实清楚、证据充分的；

（二）被告人承认自己所犯罪行，对指控的犯罪事实没有异议的；

（三）被告人对适用简易程序没有异议的。

第四百三十一条　具有下列情形之一的，人民检察院不得建议人民法院适用简易程序：

（一）被告人是盲、聋、哑人，或者是尚未完全丧失辨认或者控制自己行为能力的精神病人的；

（二）有重大社会影响的；

（三）共同犯罪案件中部分被告人不认罪或者对适用简易程序有异议的；

（四）比较复杂的共同犯罪案件；

（五）辩护人作无罪辩护或者对主要犯罪事实有异议的；

（六）其他不宜适用简易程序的。

人民法院决定适用简易程序审理的案件，人民检察院认为具有刑事诉讼法第二百一十五条规定情形之一的，应当向人民法院提出纠正意见；具有其他不宜适用简易程序情形的，人民检察院可以建议人民法院不适用简易程序。

第四百三十二条　基层人民检察院审查案件，认为案件事实清楚、证据充分的，应当在讯问犯罪嫌疑人时，了解其是否承认自己所犯罪行，对指控的犯罪事实有无异议，告知其适用简易程序的法律规定，确认其是否同意适用简易程序。

第四百三十三条 适用简易程序审理的公诉案件，人民检察院应当派员出席法庭。

第四百三十四条 公诉人出席简易程序法庭时，应当主要围绕量刑以及其他有争议的问题进行法庭调查和法庭辩论。在确认被告人庭前收到起诉书并对起诉书指控的犯罪事实没有异议后，可以简化宣读起诉书，根据案件情况决定是否讯问被告人，询问证人、鉴定人和出示证据。

根据案件情况，公诉人可以建议法庭简化法庭调查和法庭辩论程序。

第四百三十五条 适用简易程序审理的公诉案件，公诉人发现不宜适用简易程序审理的，应当建议法庭按照第一审普通程序重新审理。

第四百三十六条 转为普通程序审理的案件，公诉人需要为出席法庭进行准备的，可以建议人民法院延期审理。

第三节　速裁程序

第四百三十七条 人民检察院对基层人民法院管辖的案件，符合下列条件的，在提起公诉时，可以建议人民法院适用速裁程序审理：

（一）可能判处三年有期徒刑以下刑罚；

（二）案件事实清楚，证据确实、充分；

（三）被告人认罪认罚、同意适用速裁程序。

第四百三十八条 具有下列情形之一的，人民检察院不得建议人民法院适用速裁程序：

（一）被告人是盲、聋、哑人，或者是尚未完全丧失辨认或者控制自己行为能力的精神病人的；

（二）被告人是未成年人的；

（三）案件有重大社会影响的；

（四）共同犯罪案件中部分被告人对指控的犯罪事实、罪名、量刑建议或者适用速裁程序有异议的；

（五）被告人与被害人或者其法定代理人没有就附带民事诉讼赔偿等

事项达成调解或者和解协议的；

（六）其他不宜适用速裁程序审理的。

第四百三十九条 公安机关、犯罪嫌疑人及其辩护人建议适用速裁程序，人民检察院经审查认为符合条件的，可以建议人民法院适用速裁程序审理。

公安机关、辩护人未建议适用速裁程序，人民检察院经审查认为符合速裁程序适用条件，且犯罪嫌疑人同意适用的，可以建议人民法院适用速裁程序审理。

第四百四十条 人民检察院建议人民法院适用速裁程序的案件，起诉书内容可以适当简化，重点写明指控的事实和适用的法律。

第四百四十一条 人民法院适用速裁程序审理的案件，人民检察院应当派员出席法庭。

第四百四十二条 公诉人出席速裁程序法庭时，可以简要宣读起诉书指控的犯罪事实、证据、适用法律及量刑建议，一般不再讯问被告人。

第四百四十三条 适用速裁程序审理的案件，人民检察院发现有不宜适用速裁程序审理情形的，应当建议人民法院转为普通程序或者简易程序重新审理。

第四百四十四条 转为普通程序审理的案件，公诉人需要为出席法庭进行准备的，可以建议人民法院延期审理。

第四节 出席第二审法庭

第四百四十五条 对提出抗诉的案件或者公诉案件中人民法院决定开庭审理的上诉案件，同级人民检察院应当指派检察官出席第二审法庭。检察官助理可以协助检察官出庭。根据需要可以配备书记员担任记录。

第四百四十六条 检察官出席第二审法庭的任务是：

（一）支持抗诉或者听取上诉意见，对原审人民法院作出的错误判决或者裁定提出纠正意见；

（二）维护原审人民法院正确的判决或者裁定，建议法庭维持原判；

（三）维护诉讼参与人的合法权利；

（四）对法庭审理案件有无违反法律规定诉讼程序的情况记明笔录；

（五）依法从事其他诉讼活动。

第四百四十七条 对抗诉和上诉案件，第二审人民法院的同级人民检察院可以调取下级人民检察院与案件有关的材料。

人民检察院在接到第二审人民法院决定开庭、查阅案卷通知后，可以查阅或者调阅案卷材料。查阅或者调阅案卷材料应当在接到人民法院的通知之日起一个月以内完成。在一个月以内无法完成的，可以商请人民法院延期审理。

第四百四十八条 检察人员应当客观全面地审查原审案卷材料，不受上诉或者抗诉范围的限制。应当审查原审判决认定案件事实、适用法律是否正确，证据是否确实、充分，量刑是否适当，审判活动是否合法，并应当审查下级人民检察院的抗诉书或者上诉人的上诉状，了解抗诉或者上诉的理由是否正确、充分，重点审查有争议的案件事实、证据和法律适用问题，有针对性地做好庭审准备工作。

第四百四十九条 检察人员在审查第一审案卷材料时，应当复核主要证据，可以讯问原审被告人。必要时，可以补充收集证据、重新鉴定或者补充鉴定。需要原侦查案件的公安机关补充收集证据的，可以要求其补充收集。

被告人、辩护人提出被告人自首、立功等可能影响定罪量刑的材料和线索的，可以移交公安机关调查核实，也可以自行调查核实。发现遗漏罪行或者同案犯罪嫌疑人的，应当建议公安机关侦查。

对于下列原审被告人，应当进行讯问：

（一）提出上诉的；

（二）人民检察院提出抗诉的；

（三）被判处无期徒刑以上刑罚的。

第四百五十条 人民检察院办理死刑上诉、抗诉案件，应当进行下列工作：

（一）讯问原审被告人，听取原审被告人的上诉理由或者辩解；

（二）听取辩护人的意见；

（三）复核主要证据，必要时询问证人；

（四）必要时补充收集证据；

（五）对鉴定意见有疑问的，可以重新鉴定或者补充鉴定；

（六）根据案件情况，可以听取被害人的意见。

第四百五十一条 出席第二审法庭前，检察人员应当制作讯问原审被告人、询问被害人、证人、鉴定人和出示、宣读、播放证据计划，拟写答辩提纲，并制作出庭意见。

第四百五十二条 在法庭审理中，检察官应当针对原审判决或者裁定认定事实或适用法律、量刑等方面的问题，围绕抗诉或者上诉理由以及辩护人的辩护意见，讯问原审被告人，询问被害人、证人、鉴定人，出示和宣读证据，并提出意见和进行辩论。

第四百五十三条 需要出示、宣读、播放第一审期间已移交人民法院的证据的，出庭的检察官可以申请法庭出示、宣读、播放。

在第二审法庭宣布休庭后需要移交证据材料的，参照本规则第四百二十八条的规定办理。

第五节　出席再审法庭

第四百五十四条 人民法院开庭审理再审案件，同级人民检察院应当派员出席法庭。

第四百五十五条 人民检察院对于人民法院按照审判监督程序重新审判的案件，应当对原判决、裁定认定的事实、证据、适用法律进行全面审查，重点审查有争议的案件事实、证据和法律适用问题。

第四百五十六条 人民检察院派员出席再审法庭，如果再审案件按照第一审程序审理，参照本章第一节有关规定执行；如果再审案件按照第二审程序审理，参照本章第四节有关规定执行。

第十二章　特别程序

第一节　未成年人刑事案件诉讼程序

第四百五十七条　人民检察院办理未成年人刑事案件，应当贯彻“教育、感化、挽救”方针和“教育为主、惩罚为辅”的原则，坚持优先保护、特殊保护、双向保护，以帮助教育和预防重新犯罪为目的。

人民检察院可以借助社会力量开展帮助教育未成年人的工作。

第四百五十八条　人民检察院应当指定熟悉未成年人身心特点的检察人员办理未成年人刑事案件。

第四百五十九条　人民检察院办理未成年人与成年人共同犯罪案件，一般应当对未成年人与成年人分案办理、分别起诉。不宜分案处理的，应当对未成年人采取隐私保护、快速办理等特殊保护措施。

第四百六十条　人民检察院受理案件后，应当向未成年犯罪嫌疑人及其法定代理人了解其委托辩护人的情况，并告知其有权委托辩护人。

未成年犯罪嫌疑人没有委托辩护人的，人民检察院应当书面通知法律援助机构指派律师为其提供辩护。

对于公安机关未通知法律援助机构指派律师为未成年犯罪嫌疑人提供辩护的，人民检察院应当提出纠正意见。

第四百六十一条　人民检察院根据情况可以对未成年犯罪嫌疑人的成长经历、犯罪原因、监护教育等情况进行调查，并制作社会调查报告，作为办案和教育的参考。

人民检察院开展社会调查，可以委托有关组织和机构进行。开展社会调查应当尊重和保护未成年人隐私，不得向不知情人员泄露未成年犯罪嫌疑人的涉案信息。

人民检察院应当对公安机关移送的社会调查报告进行审查。必要时，可以进行补充调查。

人民检察院制作的社会调查报告应当随案移送人民法院。

第四百六十二条 人民检察院对未成年犯罪嫌疑人审查逮捕，应当根据未成年犯罪嫌疑人涉嫌犯罪的性质、情节、主观恶性、有无监护与社会帮教条件、认罪认罚等情况，综合衡量其社会危险性，严格限制适用逮捕措施。

第四百六十三条 对于罪行较轻，具备有效监护条件或者社会帮教措施，没有社会危险性或者社会危险性较小的未成年犯罪嫌疑人，应当不批准逮捕。

对于罪行比较严重，但主观恶性不大，有悔罪表现，具备有效监护条件或者社会帮教措施，具有下列情形之一，不逮捕不致发生社会危险性的未成年犯罪嫌疑人，可以不批准逮捕：

（一）初次犯罪、过失犯罪的；

（二）犯罪预备、中止、未遂的；

（三）防卫过当、避险过当的；

（四）有自首或者立功表现的；

（五）犯罪后认罪认罚，或者积极退赃，尽力减少和赔偿损失，被害人谅解的；

（六）不属于共同犯罪的主犯或者集团犯罪中的首要分子的；

（七）属于已满十四周岁不满十六周岁的未成年人或者系在校学生的；

（八）其他可以不批准逮捕的情形。

对于没有固定住所、无法提供保证人的未成年犯罪嫌疑人适用取保候审的，可以指定合适的成年人作为保证人。

第四百六十四条 审查逮捕未成年犯罪嫌疑人，应当重点查清其是否已满十四、十六、十八周岁。

对犯罪嫌疑人实际年龄难以判断，影响对该犯罪嫌疑人是否应当负刑事责任认定的，应当不批准逮捕。需要补充侦查的，同时通知公安机关。

第四百六十五条 在审查逮捕、审查起诉中，人民检察院应当讯问未成年犯罪嫌疑人，听取辩护人的意见，并制作笔录附卷。辩护人提出书面意见的，应当附卷。对于辩护人提出犯罪嫌疑人无罪、罪轻或者减轻、免除刑事责任、不适宜羁押或者侦查活动有违法情形等意见的，检察人员应当进行审查，并在相关工作文书中叙明辩护人提出的意见，说明是否采纳的情况和理由。

讯问未成年犯罪嫌疑人，应当通知其法定代理人到场，告知法定代理人依法享有的诉讼权利和应当履行的义务。到场的法定代理人可以代为行使未成年犯罪嫌疑人的诉讼权利，代为行使权利时不得损害未成年犯罪嫌疑人的合法权益。

无法通知、法定代理人不能到场或者法定代理人是共犯的，也可以通知未成年犯罪嫌疑人的其他成年亲属，所在学校、单位或者居住地的村民委员会、居民委员会、未成年人保护组织的代表到场，并将有关情况记录在案。未成年犯罪嫌疑人明确拒绝法定代理人以外的合适成年人到场，且有正当理由的，人民检察院可以准许，但应当在征求其意见后通知其他合适成年人到场。

到场的法定代理人或者其他人员认为检察人员在讯问中侵犯未成年犯罪嫌疑人合法权益提出意见的，人民检察院应当记录在案。对合理意见，应当接受并纠正。讯问笔录应当交由到场的法定代理人或者其他人员阅读或者向其宣读，并由其在笔录上签名或者盖章，并捺指印。

讯问女性未成年犯罪嫌疑人，应当有女性检察人员参加。

询问未成年被害人、证人，适用本条第二款至第五款的规定。询问应当以一次为原则，避免反复询问。

第四百六十六条 讯问未成年犯罪嫌疑人应当保护其人格尊严。

讯问未成年犯罪嫌疑人一般不得使用戒具。对于确有人身危险性必须使用戒具的，在现实危险消除后应当立即停止使用。

第四百六十七条 未成年犯罪嫌疑人认罪认罚的，人民检察院应当告知本人及其法定代理人享有的诉讼权利和认罪认罚的法律规定，并依照刑事诉讼法第一百七十三条的规定，听取、记录未成年犯罪嫌疑人及其法定代理人、辩护人、被害人及其诉讼代理人的意见。

第四百六十八条 未成年犯罪嫌疑人认罪认罚的，应当在法定代理人、辩护人在场的情况下签署认罪认罚具结书。法定代理人、辩护人对认罪认罚有异议的，不需要签署具结书。

因未成年犯罪嫌疑人的法定代理人、辩护人对其认罪认罚有异议而不签署具结书的，人民检察院应当对未成年人认罪认罚情况，法定代理人、辩护人的异议情况如实记录。提起公诉的，应当将该材料与其他案卷材料一并移送人民法院。

未成年犯罪嫌疑人的法定代理人、辩护人对认罪认罚有异议而不签署具结书的，不影响从宽处理。

法定代理人无法到场的，合适成年人可以代为行使到场权、知情权、异议权等。法定代理人未到场的原因以及听取合适成年人意见等情况应当记录在案。

第四百六十九条 对于符合刑事诉讼法第二百八十二条第一款规定条件的未成年人刑事案件，人民检察院可以作出附条件不起诉的决定。

人民检察院在作出附条件不起诉的决定以前，应当听取公安机关、被害人、未成年犯罪嫌疑人及其法定代理人、辩护人的意见，并制作笔录附卷。

第四百七十条 未成年犯罪嫌疑人及其法定代理人对拟作出附条件不起诉决定提出异议的，人民检察院应当提起公诉。但是，未成年犯罪嫌疑人及其法定代理人提出无罪辩解，人民检察院经审查认为无罪辩解理由成立的，应当按照本规则第三百六十五条的规定作出不起诉决定。

未成年犯罪嫌疑人及其法定代理人对案件作附条件不起诉处理没有异

议，仅对所附条件及考验期有异议的，人民检察院可以依法采纳其合理的意见，对考察的内容、方式、时间等进行调整；其意见不利于对未成年犯罪嫌疑人帮教，人民检察院不采纳的，应当进行释法说理。

人民检察院作出起诉决定前，未成年犯罪嫌疑人及其法定代理人撤回异议的，人民检察院可以依法作出附条件不起诉决定。

第四百七十一条 人民检察院作出附条件不起诉的决定后，应当制作附条件不起诉决定书，并在三日以内送达公安机关、被害人或者其近亲属及其诉讼代理人、未成年犯罪嫌疑人及其法定代理人、辩护人。

人民检察院应当当面向未成年犯罪嫌疑人及其法定代理人宣布附条件不起诉决定，告知考验期限、在考验期内应当遵守的规定以及违反规定应负的法律责任，并制作笔录附卷。

第四百七十二条 对附条件不起诉的决定，公安机关要求复议、提请复核或者被害人提出申诉的，具体程序参照本规则第三百七十九条至第三百八十三条的规定。被害人不服附条件不起诉决定的，应当告知其不适用刑事诉讼法第一百八十条关于被害人可以向人民法院起诉的规定，并做好释法说理工作。

前款规定的复议、复核、申诉由相应人民检察院负责未成年人检察的部门进行审查。

第四百七十三条 人民检察院作出附条件不起诉决定的，应当确定考验期。考验期为六个月以上一年以下，从人民检察院作出附条件不起诉的决定之日起计算。

第四百七十四条 在附条件不起诉的考验期内，由人民检察院对被附条件不起诉的未成年犯罪嫌疑人进行监督考察。人民检察院应当要求未成年犯罪嫌疑人的监护人对未成年犯罪嫌疑人加强管教，配合人民检察院做好监督考察工作。

人民检察院可以会同未成年犯罪嫌疑人的监护人、所在学校、单位、居住地的村民委员会、居民委员会、未成年人保护组织等的有关人员，定期对未成年犯罪嫌疑人进行考察、教育，实施跟踪帮教。

第四百七十五条 人民检察院对于被附条件不起诉的未成年犯罪嫌疑人，应当监督考察其是否遵守下列规定：

（一）遵守法律法规，服从监督；

（二）按照规定报告自己的活动情况；

（三）离开所居住的市、县或者迁居，应当报经批准；

（四）按照要求接受矫治和教育。

第四百七十六条 人民检察院可以要求被附条件不起诉的未成年犯罪嫌疑人接受下列矫治和教育：

（一）完成戒瘾治疗、心理辅导或者其他适当的处遇措施；

（二）向社区或者公益团体提供公益劳动；

（三）不得进入特定场所，与特定的人员会见或者通信，从事特定的活动；

（四）向被害人赔偿损失、赔礼道歉等；

（五）接受相关教育；

（六）遵守其他保护被害人安全以及预防再犯的禁止性规定。

第四百七十七条 考验期届满，检察人员应当制作附条件不起诉考察意见书，提出起诉或者不起诉的意见，报请检察长决定。

考验期满作出不起诉的决定以前，应当听取被害人意见。

第四百七十八条 考验期满作出不起诉决定，被害人提出申诉的，依照本规则第四百七十二条规定办理。

第四百七十九条 被附条件不起诉的未成年犯罪嫌疑人，在考验期内具有下列情形之一的，人民检察院应当撤销附条件不起诉的决定，提起公诉：

（一）实施新的犯罪的；

（二）发现决定附条件不起诉以前还有其他犯罪需要追诉的；

（三）违反治安管理规定，造成严重后果，或者多次违反治安管理规定的；

（四）违反有关附条件不起诉的监督管理规定，造成严重后果，或者多次违反有关附条件不起诉的监督管理规定的。

第四百八十条 被附条件不起诉的未成年犯罪嫌疑人，在考验期内没有本规则第四百七十九条规定的情形，考验期满的，人民检察院应当作出不起诉的决定。

第四百八十一条 人民检察院办理未成年人刑事案件过程中，应当对涉案未成年人的资料予以保密，不得公开或者传播涉案未成年人的姓名、住所、照片、图像及可能推断出该未成年人的其他资料。

第四百八十二条 犯罪的时候不满十八周岁，被判处五年有期徒刑以下刑罚的，人民检察院应当在收到人民法院生效判决、裁定后，对犯罪记录予以封存。

生效判决、裁定由第二审人民法院作出的，同级人民检察院依照前款规定封存犯罪记录时，应当通知下级人民检察院对相关犯罪记录予以封存。

第四百八十三条 人民检察院应当将拟封存的未成年人犯罪记录、案卷等相关材料装订成册，加密保存，不予公开，并建立专门的未成年人犯罪档案库，执行严格的保管制度。

第四百八十四条 除司法机关为办案需要或者有关单位根据国家规定进行查询的以外，人民检察院不得向任何单位和个人提供封存的犯罪记录，并不得提供未成年人有犯罪记录的证明。

司法机关或者有关单位需要查询犯罪记录的，应当向封存犯罪记录的人民检察院提出书面申请。人民检察院应当在七日以内作出是否许可的决定。

第四百八十五条 未成年人犯罪记录封存后，没有法定事由、未经法定程序不得解封。

对被封存犯罪记录的未成年人，符合下列条件之一的，应当对其犯罪记录解除封存：

（一）实施新的犯罪，且新罪与封存记录之罪数罪并罚后被决定执行五年有期徒刑以上刑罚的；

（二）发现漏罪，且漏罪与封存记录之罪数罪并罚后被决定执行五年有期徒刑以上刑罚的。

第四百八十六条 人民检察院对未成年犯罪嫌疑人作出不起诉决定后，应当对相关记录予以封存。除司法机关为办案需要进行查询外，不得向任何单位和个人提供。封存的具体程序参照本规则第四百八十三条至第四百八十五条的规定。

第四百八十七条 被封存犯罪记录的未成年人或者其法定代理人申请出具无犯罪记录证明的，人民检察院应当出具。需要协调公安机关、人民法院为其出具无犯罪记录证明的，人民检察院应当予以协助。

第四百八十八条 负责未成年人检察的部门应当依法对看守所、未成年犯管教所监管未成年人的活动实行监督，配合做好对未成年人的教育。发现没有对未成年犯罪嫌疑人、被告人与成年犯罪嫌疑人、被告人分别关押、管理或者违反规定对未成年犯留所执行刑罚的，应当依法提出纠正意见。

负责未成年人检察的部门发现社区矫正机构违反未成年人社区矫正相关规定的，应当依法提出纠正意见。

第四百八十九条 本节所称未成年人刑事案件，是指犯罪嫌疑人实施涉嫌犯罪行为时已满十四周岁、未满十八周岁的刑事案件。

本节第四百六十条、第四百六十五条、第四百六十六条、第四百六十七条、第四百六十八条所称的未成年犯罪嫌疑人，是指在诉讼过程中未满十八周岁的人。犯罪嫌疑人实施涉嫌犯罪行为时未满十八周岁，在诉讼过程中已满十八周岁的，人民检察院可以根据案件的具体情况适用上述规定。

第四百九十条 人民检察院办理侵害未成年人犯罪案件，应当采取适合未成年被害人身心特点的方法，充分保护未成年被害人的合法权益。

第四百九十一条 办理未成年人刑事案件，除本节已有规定的以外，按照刑事诉讼法和其他有关规定进行。

第二节 当事人和解的公诉案件诉讼程序

第四百九十二条 下列公诉案件，双方当事人可以和解：

（一）因民间纠纷引起，涉嫌刑法分则第四章、第五章规定的犯罪案件，可能判处三年有期徒刑以下刑罚的；

（二）除渎职犯罪以外的可能判处七年有期徒刑以下刑罚的过失犯罪案件。

当事人和解的公诉案件应当同时符合下列条件：

（一）犯罪嫌疑人真诚悔罪，向被害人赔偿损失、赔礼道歉等；

（二）被害人明确表示对犯罪嫌疑人予以谅解；

（三）双方当事人自愿和解，符合有关法律规定；

（四）属于侵害特定被害人的故意犯罪或者有直接被害人的过失犯罪；

（五）案件事实清楚，证据确实、充分。

犯罪嫌疑人在五年以内曾经故意犯罪的，不适用本节规定的程序。

犯罪嫌疑人在犯刑事诉讼法第二百八十八条第一款规定的犯罪前五年内曾经故意犯罪，无论该故意犯罪是否已经追究，均应当认定为前款规定的五年以内曾经故意犯罪。

第四百九十三条 被害人死亡的，其法定代理人、近亲属可以与犯罪嫌疑人和解。

被害人系无行为能力或者限制行为能力人的，其法定代理人可以代为和解。

第四百九十四条 犯罪嫌疑人系限制行为能力人的，其法定代理人可以代为和解。

犯罪嫌疑人在押的，经犯罪嫌疑人同意，其法定代理人、近亲属可以代为和解。

第四百九十五条 双方当事人可以就赔偿损失、赔礼道歉等民事责任事项进行和解，并且可以就被害人及其法定代理人或者近亲属是否要求或者同意公安机关、人民检察院、人民法院对犯罪嫌疑人依法从宽处理进行协商，但不得对案件的事实认定、证据采信、法律适用和定罪量刑等依法属于公安机关、人民检察院、人民法院职权范围的事宜进行协商。

第四百九十六条 双方当事人可以自行达成和解，也可以经人民调解委员会、村民委员会、居民委员会、当事人所在单位或者同事、亲友等组织或者个人调解后达成和解。

人民检察院对于本规则第四百九十二条规定的公诉案件，可以建议当事人进行和解，并告知相应的权利义务，必要时可以提供法律咨询。

第四百九十七条 人民检察院应当对和解的自愿性、合法性进行审查，重点审查以下内容：

（一）双方当事人是否自愿和解；

（二）犯罪嫌疑人是否真诚悔罪，是否向被害人赔礼道歉，赔偿数额与其所造成的损害和赔偿能力是否相适应；

（三）被害人及其法定代理人或者近亲属是否明确表示对犯罪嫌疑人予以谅解；

（四）是否符合法律规定；

（五）是否损害国家、集体和社会公共利益或者他人的合法权益；

（六）是否符合社会公德。

审查时，应当听取双方当事人和其他有关人员对和解的意见，告知刑事案件可能从宽处理的法律后果和双方的权利义务，并制作笔录附卷。

第四百九十八条 经审查认为双方自愿和解，内容合法，且符合本规则第四百九十二条规定的范围和条件的，人民检察院应当主持制作和解协议书。

和解协议书的主要内容包括：

（一）双方当事人的基本情况；

（二）案件的主要事实；

（三）犯罪嫌疑人真诚悔罪，承认自己所犯罪行，对指控的犯罪没有异议，向被害人赔偿损失、赔礼道歉等。赔偿损失的，应当写明赔偿的数额、履行的方式、期限等；

（四）被害人及其法定代理人或者近亲属对犯罪嫌疑人予以谅解，并要求或者同意公安机关、人民检察院、人民法院对犯罪嫌疑人依法从宽处理。

和解协议书应当由双方当事人签字，可以写明和解协议书系在人民检察院主持下制作。检察人员不在当事人和解协议书上签字，也不加盖人民检察院印章。

和解协议书一式三份，双方当事人各持一份，另一份交人民检察院附卷备查。

第四百九十九条 和解协议书约定的赔偿损失内容，应当在双方签署协议后立即履行，至迟在人民检察院作出从宽处理决定前履行。确实难以一次性履行的，在提供有效担保并且被害人同意的情况下，也可以分期履行。

第五百条 双方当事人在侦查阶段达成和解协议，公安机关向人民检察院提出从宽处理建议的，人民检察院在审查逮捕和审查起诉时应当充分考虑公安机关的建议。

第五百零一条 人民检察院对于公安机关提请批准逮捕的案件，双方当事人达成和解协议的，可以作为有无社会危险性或者社会危险性大小的因素予以考虑。经审查认为不需要逮捕的，可以作出不批准逮捕的决定；在审查起诉阶段可以依法变更强制措施。

第五百零二条 人民检察院对于公安机关移送起诉的案件，双方当事人达成和解协议的，可以作为是否需要判处刑罚或者免除刑罚的因素予以考虑。符合法律规定的不起诉条件的，可以决定不起诉。

对于依法应当提起公诉的，人民检察院可以向人民法院提出从宽处罚的量刑建议。

第五百零三条 人民检察院拟对当事人达成和解的公诉案件作出不起诉决定的，应当听取双方当事人对和解的意见，并且查明犯罪嫌疑人是否已经切实履行和解协议、不能即时履行的是否已经提供有效担保，将其作为是否决定不起诉的因素予以考虑。

当事人在不起诉决定作出之前反悔的，可以另行达成和解。不能另行达成和解的，人民检察院应当依法作出起诉或者不起诉决定。

当事人在不起诉决定作出之后反悔的，人民检察院不撤销原决定，但有证据证明和解违反自愿、合法原则的除外。

第五百零四条 犯罪嫌疑人或者其亲友等以暴力、威胁、欺骗或者其他非法方法强迫、引诱被害人和解，或者在协议履行完毕之后威胁、报复被害人的，应当认定和解协议无效。已经作出不批准逮捕或者不起诉决定的，人民检察院根据案件情况可以撤销原决定，对犯罪嫌疑人批准逮捕或者提起公诉。

第三节 缺席审判程序

第五百零五条 对于监察机关移送起诉的贪污贿赂犯罪案件，犯罪嫌疑人、被告人在境外，人民检察院认为犯罪事实已经查清，证据确实、充分，依法应当追究刑事责任的，可以向人民法院提起公诉。

对于公安机关移送起诉的需要及时进行审判的严重危害国家安全犯罪、恐怖活动犯罪案件，犯罪嫌疑人、被告人在境外，人民检察院认为犯罪事实已经查清，证据确实、充分，依法应当追究刑事责任的，经最高人民检察院核准，可以向人民法院提起公诉。

前两款规定的案件，由有管辖权的中级人民法院的同级人民检察院提起公诉。

人民检察院提起公诉的，应当向人民法院提交被告人已出境的证据。

第五百零六条 人民检察院对公安机关移送起诉的需要报请最高人民检察院核准的案件，经检察委员会讨论提出提起公诉意见的，应当层报最高人民检察院核准。报送材料包括起诉意见书、案件审查报告、报请核准的报告及案件证据材料。

第五百零七条 最高人民检察院收到下级人民检察院报请核准提起公诉的案卷材料后，应当及时指派检察官对案卷材料进行审查，提出核准或者不予核准的意见，报检察长决定。

第五百零八条 报请核准的人民检察院收到最高人民检察院核准决定书后，应当提起公诉，起诉书中应当载明经最高人民检察院核准的内容。

第五百零九条 审查起诉期间，犯罪嫌疑人自动投案或者被抓获的，人民检察院应当重新审查。

对严重危害国家安全犯罪、恐怖活动犯罪案件报请核准期间，犯罪嫌疑人自动投案或者被抓获的，报请核准的人民检察院应当及时撤回报请，重新审查案件。

第五百一十条 提起公诉后被告人到案，人民法院拟重新审理的，人民检察院应当商人民法院将案件撤回并重新审查。

第五百一十一条 因被告人患有严重疾病无法出庭，中止审理超过六个月，被告人仍无法出庭，被告人及其法定代理人、近亲属申请或者同意恢复审理的，人民检察院可以建议人民法院适用缺席审判程序审理。

第四节 犯罪嫌疑人、被告人逃匿、死亡案件违法所得的没收程序

第五百一十二条 对于贪污贿赂犯罪、恐怖活动犯罪等重大犯罪案件，犯罪嫌疑人、被告人逃匿，在通缉一年后不能到案，依照刑法规定应当追缴其违法所得及其他涉案财产的，人民检察院可以向人民法院提出没收违法所得的申请。

对于犯罪嫌疑人、被告人死亡，依照刑法规定应当追缴其违法所得及其他涉案财产的，人民检察院也可以向人民法院提出没收违法所得的

申请。

第五百一十三条 犯罪嫌疑人、被告人为逃避侦查和刑事追究潜逃、隐匿，或者在刑事诉讼过程中脱逃的，应当认定为“逃匿”。

犯罪嫌疑人、被告人因意外事故下落不明满二年，或者因意外事故下落不明，经有关机关证明其不可能生存的，按照前款规定处理。

第五百一十四条 公安机关发布通缉令或者公安部通过国际刑警组织发布红色国际通报，应当认定为“通缉”。

第五百一十五条 犯罪嫌疑人、被告人通过实施犯罪直接或者间接产生、获得的任何财产，应当认定为“违法所得”。

违法所得已经部分或者全部转变、转化为其他财产的，转变、转化后的财产应当视为前款规定的“违法所得”。

来自违法所得转变、转化后的财产收益，或者来自已经与违法所得相混合财产中违法所得相应部分的收益，也应当视为第一款规定的违法所得。

第五百一十六条 犯罪嫌疑人、被告人非法持有的违禁品、供犯罪所用的本人财物，应当认定为“其他涉案财产”。

第五百一十七条 刑事诉讼法第二百九十九条第三款规定的“利害关系人”包括犯罪嫌疑人、被告人的近亲属和其他对申请没收的财产主张权利的自然人和单位。

刑事诉讼法第二百九十九条第二款、第三百条第二款规定的“其他利害关系人”是指前款规定的“其他对申请没收的财产主张权利的自然人和单位”。

第五百一十八条 人民检察院审查监察机关或者公安机关移送的没收违法所得意见书，向人民法院提出没收违法所得的申请以及对违法所得没收程序中调查活动、审判活动的监督，由负责捕诉的部门办理。

第五百一十九条 没收违法所得的申请，应当由有管辖权的中级人民法院的同级人民检察院提出。

第五百二十条 人民检察院向人民法院提出没收违法所得的申请，应当制作没收违法所得申请书。没收违法所得申请书应当载明以下内容：

（一）犯罪嫌疑人、被告人的基本情况，包括姓名、性别、出生年月日、出生地、户籍地、公民身份号码、民族、文化程度、职业、工作单位及职务、住址等；

（二）案由及案件来源；

（三）犯罪嫌疑人、被告人的犯罪事实及相关证据材料；

（四）犯罪嫌疑人、被告人逃匿、被通缉或者死亡的情况；

（五）申请没收的财产种类、数量、价值、所在地以及查封、扣押、冻结财产清单和相关法律手续；

（六）申请没收的财产属于违法所得及其他涉案财产的相关事实及证据材料；

（七）提出没收违法所得申请的理由和法律依据；

（八）有无近亲属和其他利害关系人以及利害关系人的姓名、身份、住址、联系方式；

（九）其他应当写明的内容。

上述材料需要翻译件的，人民检察院应当随没收违法所得申请书一并移送人民法院。

第五百二十一条 监察机关或者公安机关向人民检察院移送没收违法所得意见书，应当由有管辖权的人民检察院的同级监察机关或者公安机关移送。

第五百二十二条 人民检察院审查监察机关或者公安机关移送的没收违法所得意见书，应当审查下列内容：

（一）是否属于本院管辖；

（二）是否符合刑事诉讼法第二百九十八条第一款规定的条件；

（三）犯罪嫌疑人基本情况，包括姓名、性别、国籍、出生年月日、职业和单位等；

（四）犯罪嫌疑人涉嫌犯罪的事实和相关证据材料；

（五）犯罪嫌疑人逃匿、下落不明、被通缉或者死亡的情况，通缉令或者死亡证明是否随案移送；

（六）违法所得及其他涉案财产的种类、数量、所在地以及查封、扣押、冻结的情况，查封、扣押、冻结的财产清单和相关法律手续是否随案移送；

（七）违法所得及其他涉案财产的相关事实和证据材料；

（八）有无近亲属和其他利害关系人以及利害关系人的姓名、身份、住址、联系方式。

对于与犯罪事实、违法所得及其他涉案财产相关的证据材料，不宜移送的，应当审查证据的清单、复制件、照片或者其他证明文件是否随案移送。

第五百二十三条　人民检察院应当在接到监察机关或者公安机关移送的没收违法所得意见书后三十日以内作出是否提出没收违法所得申请的决定。三十日以内不能作出决定的，可以延长十五日。

对于监察机关或者公安机关移送的没收违法所得案件，经审查认为不符合刑事诉讼法第二百九十八条第一款规定条件的，应当作出不提出没收违法所得申请的决定，并向监察机关或者公安机关书面说明理由；认为需要补充证据的，应当书面要求监察机关或者公安机关补充证据，必要时也可以自行调查。

监察机关或者公安机关补充证据的时间不计入人民检察院办案期限。

第五百二十四条　人民检察院发现公安机关应当启动违法所得没收程序而不启动的，可以要求公安机关在七日以内书面说明不启动的理由。

经审查，认为公安机关不启动理由不能成立的，应当通知公安机关启动程序。

第五百二十五条　人民检察院发现公安机关在违法所得没收程序的调查活动中有违法情形的，应当向公安机关提出纠正意见。

第五百二十六条 在审查监察机关或者公安机关移送的没收违法所得意见书的过程中，在逃的犯罪嫌疑人、被告人自动投案或者被抓获的，人民检察院应当终止审查，并将案卷退回监察机关或者公安机关处理。

第五百二十七条 人民检察院直接受理侦查的案件，犯罪嫌疑人死亡而撤销案件，符合刑事诉讼法第二百九十八条第一款规定条件的，负责侦查的部门应当启动违法所得没收程序进行调查。

负责侦查的部门进行调查应当查明犯罪嫌疑人涉嫌的犯罪事实，犯罪嫌疑人死亡的情况，以及犯罪嫌疑人的违法所得及其他涉案财产的情况，并可以对违法所得及其他涉案财产依法进行查封、扣押、查询、冻结。

负责侦查的部门认为符合刑事诉讼法第二百九十八条第一款规定条件的，应当写出没收违法所得意见书，连同案卷材料一并移送有管辖权的人民检察院负责侦查的部门，并由有管辖权的人民检察院负责侦查的部门移送本院负责捕诉的部门。

负责捕诉的部门对没收违法所得意见书进行审查，作出是否提出没收违法所得申请的决定，具体程序按照本规则第五百二十二条、第五百二十三条的规定办理。

第五百二十八条 在人民检察院审查起诉过程中，犯罪嫌疑人死亡，或者贪污贿赂犯罪、恐怖活动犯罪等重大犯罪案件的犯罪嫌疑人逃匿，在通缉一年后不能到案，依照刑法规定应当追缴其违法所得及其他涉案财产的，人民检察院可以直接提出没收违法所得的申请。

在人民法院审理案件过程中，被告人死亡而裁定终止审理，或者被告人脱逃而裁定中止审理，人民检察院可以依法另行向人民法院提出没收违法所得的申请。

第五百二十九条 人民法院对没收违法所得的申请进行审理，人民检察院应当承担举证责任。

人民法院对没收违法所得的申请开庭审理的，人民检察院应当派员出席法庭。

第五百三十条 出席法庭的检察官应当宣读没收违法所得申请书，并在法庭调查阶段就申请没收的财产属于违法所得及其他涉案财产等相关事实出示、宣读证据。

第五百三十一条 人民检察院发现人民法院或者审判人员审理没收违法所得案件违反法律规定的诉讼程序，应当向人民法院提出纠正意见。

人民检察院认为同级人民法院按照违法所得没收程序所作的第一审裁定确有错误的，应当在五日以内向上一级人民法院提出抗诉。

最高人民检察院、省级人民检察院认为下级人民法院按照违法所得没收程序所作的已经发生法律效力的裁定确有错误的，应当按照审判监督程序向同级人民法院提出抗诉。

第五百三十二条 在审理案件过程中，在逃的犯罪嫌疑人、被告人自动投案或者被抓获，人民法院按照刑事诉讼法第三百零一条第一款的规定终止审理的，人民检察院应当将案卷退回监察机关或者公安机关处理。

第五百三十三条 对于刑事诉讼法第二百九十八条第一款规定以外需要没收违法所得的，按照有关规定执行。

第五节 依法不负刑事责任的精神病人的强制医疗程序

第五百三十四条 对于实施暴力行为，危害公共安全或者严重危害公民人身安全，已经达到犯罪程度，经法定程序鉴定依法不负刑事责任的精神病人，有继续危害社会可能的，人民检察院应当向人民法院提出强制医疗的申请。

提出强制医疗的申请以及对强制医疗决定的监督，由负责捕诉的部门办理。

第五百三十五条 强制医疗的申请由被申请人实施暴力行为所在地的基层人民检察院提出；由被申请人居住地的人民检察院提出更为适宜的，可以由被申请人居住地的基层人民检察院提出。

第五百三十六条 人民检察院向人民法院提出强制医疗的申请，应当制作强制医疗申请书。强制医疗申请书的主要内容包括：

（一）涉案精神病人的基本情况，包括姓名、性别、出生年月日、出生地、户籍地、公民身份号码、民族、文化程度、职业、工作单位及职务、住址，采取临时保护性约束措施的情况及处所等；

（二）涉案精神病人的法定代理人的基本情况，包括姓名、住址、联系方式等；

（三）案由及案件来源；

（四）涉案精神病人实施危害公共安全或者严重危害公民人身安全的暴力行为的事实，包括实施暴力行为的时间、地点、手段、后果等及相关证据情况；

（五）涉案精神病人不负刑事责任的依据，包括有关鉴定意见和其他证据材料；

（六）涉案精神病人继续危害社会的可能；

（七）提出强制医疗申请的理由和法律依据。

第五百三十七条 人民检察院审查公安机关移送的强制医疗意见书，应当查明：

（一）是否属于本院管辖；

（二）涉案精神病人身份状况是否清楚，包括姓名、性别、国籍、出生年月日、职业和单位等；

（三）涉案精神病人实施危害公共安全或者严重危害公民人身安全的暴力行为的事实；

（四）公安机关对涉案精神病人进行鉴定的程序是否合法，涉案精神病人是否依法不负刑事责任；

（五）涉案精神病人是否有继续危害社会的可能；

（六）证据材料是否随案移送，不宜移送的证据的清单、复制件、照片或者其他证明文件是否随案移送；

（七）证据是否确实、充分；

（八）采取的临时保护性约束措施是否适当。

第五百三十八条 人民检察院办理公安机关移送的强制医疗案件，可以采取以下方式开展调查，调查情况应当记录并附卷：

（一）会见涉案精神病人，听取涉案精神病人的法定代理人、诉讼代理人意见；

（二）询问办案人员、鉴定人；

（三）向被害人及其法定代理人、近亲属了解情况；

（四）向涉案精神病人的主治医生、近亲属、邻居、其他知情人员或者基层组织等了解情况；

（五）就有关专门性技术问题委托具有法定资质的鉴定机构、鉴定人进行鉴定。

第五百三十九条 人民检察院应当在接到公安机关移送的强制医疗意见书后三十日以内作出是否提出强制医疗申请的决定。

对于公安机关移送的强制医疗案件，经审查认为不符合刑事诉讼法第三百零二条规定条件的，应当作出不提出强制医疗申请的决定，并向公安机关书面说明理由。认为需要补充证据的，应当书面要求公安机关补充证据，必要时也可以自行调查。

公安机关补充证据的时间不计入人民检察院办案期限。

第五百四十条 人民检察院发现公安机关应当启动强制医疗程序而不启动的，可以要求公安机关在七日以内书面说明不启动的理由。

经审查，认为公安机关不启动理由不能成立的，应当通知公安机关启动强制医疗程序。

公安机关收到启动强制医疗程序通知书后，未按要求启动强制医疗程序的，人民检察院应当提出纠正意见。

第五百四十一条 人民检察院对公安机关移送的强制医疗案件，发现公安机关对涉案精神病人进行鉴定违反法律规定，具有下列情形之一的，应当依法提出纠正意见：

（一）鉴定机构不具备法定资质的；

（二）鉴定人不具备法定资质或者违反回避规定的；

（三）鉴定程序违反法律或者有关规定，鉴定的过程和方法违反相关专业规范要求的；

（四）鉴定文书不符合法定形式要件的；

（五）鉴定意见没有依法及时告知相关人员的；

（六）鉴定人故意作虚假鉴定的；

（七）其他违反法律规定的情形。

人民检察院对精神病鉴定程序进行监督，可以要求公安机关补充鉴定或者重新鉴定。必要时，可以询问鉴定人并制作笔录，或者委托具有法定资质的鉴定机构进行补充鉴定或者重新鉴定。

第五百四十二条 人民检察院发现公安机关对涉案精神病人不应当采取临时保护性约束措施而采取的，应当提出纠正意见。

认为公安机关应当采取临时保护性约束措施而未采取的，应当建议公安机关采取临时保护性约束措施。

第五百四十三条 在审查起诉中，犯罪嫌疑人经鉴定系依法不负刑事责任的精神病人的，人民检察院应当作出不起诉决定。认为符合刑事诉讼法第三百零二条规定条件的，应当向人民法院提出强制医疗的申请。

第五百四十四条 人民法院对强制医疗案件开庭审理的，人民检察院应当派员出席法庭。

第五百四十五条 人民检察院发现人民法院强制医疗案件审理活动具有下列情形之一的，应当提出纠正意见：

（一）未通知被申请人或者被告人的法定代理人到场的；

（二）被申请人或者被告人没有委托诉讼代理人，未通知法律援助机构指派律师为其提供法律帮助的；

（三）未组成合议庭或者合议庭组成人员不合法的；

（四）未经被申请人、被告人的法定代理人请求直接作出不开庭审理决定的；

（五）未会见被申请人的；

（六）被申请人、被告人要求出庭且具备出庭条件，未准许其出庭的；

（七）违反法定审理期限的；

（八）收到人民检察院对强制医疗决定不当的书面纠正意见后，未另行组成合议庭审理或者未在一个月以内作出复议决定的；

（九）人民法院作出的强制医疗决定或者驳回强制医疗申请决定不当的；

（十）其他违反法律规定的情形。

第五百四十六条 出席法庭的检察官发现人民法院或者审判人员审理强制医疗案件违反法律规定的诉讼程序，应当记录在案，并在休庭后及时向检察长报告，由人民检察院在庭审后向人民法院提出纠正意见。

第五百四十七条 人民检察院认为人民法院作出的强制医疗决定或者驳回强制医疗申请的决定，具有下列情形之一的，应当在收到决定书副本后二十日以内向人民法院提出纠正意见：

（一）据以作出决定的事实不清或者确有错误的；

（二）据以作出决定的证据不确实、不充分的；

（三）据以作出决定的证据依法应当予以排除的；

（四）据以作出决定的主要证据之间存在矛盾的；

（五）有确实、充分的证据证明应当决定强制医疗而予以驳回的，或者不应当决定强制医疗而决定强制医疗的；

（六）审理过程中严重违反法定诉讼程序，可能影响公正审理和决定的。

第五百四十八条 人民法院在审理案件过程中发现被告人符合强制医疗条件，适用强制医疗程序对案件进行审理的，人民检察院应当在庭审中发表意见。

人民法院作出宣告被告人无罪或者不负刑事责任的判决和强制医疗决

定的，人民检察院应当进行审查。对判决确有错误的，应当依法提出抗诉；对强制医疗决定不当或者未作出强制医疗的决定不当的，应当提出纠正意见。

第五百四十九条 人民法院收到被决定强制医疗的人、被害人及其法定代理人、近亲属复议申请后，未组成合议庭审理，或者未在一个月以内作出复议决定，或者有其他违法行为的，人民检察院应当提出纠正意见。

第五百五十条 人民检察院对于人民法院批准解除强制医疗的决定实行监督，发现人民法院解除强制医疗的决定不当的，应当提出纠正意见。

第十三章 刑事诉讼法律监督

第一节 一般规定

第五百五十一条 人民检察院对刑事诉讼活动实行法律监督，发现违法情形的，依法提出抗诉、纠正意见或者检察建议。

人民检察院对于涉嫌违法的事实，可以采取以下方式进行调查核实：

（一）讯问、询问犯罪嫌疑人；

（二）询问证人、被害人或者其他诉讼参与人；

（三）询问办案人员；

（四）询问在场人员或者其他可能知情的人员；

（五）听取申诉人或者控告人的意见；

（六）听取辩护人、值班律师意见；

（七）调取、查询、复制相关登记表册、法律文书、体检记录及案卷材料等；

（八）调取讯问笔录、询问笔录及相关录音、录像或其他视听资料；

（九）进行伤情、病情检查或者鉴定；

（十）其他调查核实方式。

人民检察院在调查核实过程中不得限制被调查对象的人身、财产权利。

第五百五十二条 人民检察院发现刑事诉讼活动中的违法行为，对于情节较轻的，由检察人员以口头方式提出纠正意见；对于情节较重的，经检察长决定，发出纠正违法通知书。对于带有普遍性的违法情形，经检察长决定，向相关机关提出检察建议。构成犯罪的，移送有关机关、部门依法追究刑事责任。

有申诉人、控告人的，调查核实和纠正违法情况应予告知。

第五百五十三条 人民检察院发出纠正违法通知书的，应当监督落实。被监督单位在纠正违法通知书规定的期限内没有回复纠正情况的，人民检察院应当督促回复。经督促被监督单位仍不回复或者没有正当理由不纠正的，人民检察院应当向上一级人民检察院报告。

第五百五十四条 被监督单位对纠正意见申请复查的，人民检察院应当在收到被监督单位的书面意见后七日以内进行复查，并将复查结果及时通知申请复查的单位。经过复查，认为纠正意见正确的，应当及时向上一级人民检察院报告；认为纠正意见错误的，应当及时予以撤销。

上一级人民检察院经审查，认为下级人民检察院纠正意见正确的，应当及时通报被监督单位的上级机关或者主管机关，并建议其督促被监督单位予以纠正；认为下级人民检察院纠正意见错误的，应当书面通知下级人民检察院予以撤销，下级人民检察院应当执行，并及时向被监督单位说明情况。

第五百五十五条 当事人和辩护人、诉讼代理人、利害关系人对于办案机关及其工作人员有刑事诉讼法第一百一十七条规定的行为，向该机关申诉或者控告，对该机关作出的处理不服或者该机关未在规定时间内作出答复，而向人民检察院申诉的，办案机关的同级人民检察院应当受理。

人民检察院直接受理侦查的案件，当事人和辩护人、诉讼代理人、利害关系人对办理案件的人民检察院的处理不服的，可以向上一级人民检察院申诉，上一级人民检察院应当受理。

未向办案机关申诉或者控告，或者办案机关在规定时间内尚未作出处理决定，直接向人民检察院申诉的，人民检察院应当告知其向办案机关申诉或者控告。人民检察院在审查逮捕、审查起诉中发现有刑事诉讼法第一百一十七条规定的违法情形的，可以直接监督纠正。

当事人和辩护人、诉讼代理人、利害关系人对刑事诉讼法第一百一十七条规定情形之外的违法行为提出申诉或者控告的，人民检察院应当受理，并及时审查，依法处理。

第五百五十六条 对人民检察院及其工作人员办理案件中违法行为的申诉、控告，由负责控告申诉检察的部门受理和审查办理。对其他司法机关处理决定不服向人民检察院提出的申诉，由负责控告申诉检察的部门受理后，移送相关办案部门审查办理。

审查办理的部门应当在受理之日起十五日以内提出审查意见。人民检察院对刑事诉讼法第一百一十七条的申诉，经审查认为需要其他司法机关说明理由的，应当要求有关机关说明理由，并在收到理由说明后十五日以内提出审查意见。

人民检察院及其工作人员办理案件中存在的违法情形属实的，应当予以纠正；不存在违法行为的，书面答复申诉人、控告人。

其他司法机关对申诉、控告的处理不正确的，人民检察院应当通知有关机关予以纠正；处理正确的，书面答复申诉人、控告人。

第二节 刑事立案监督

第五百五十七条 被害人及其法定代理人、近亲属或者行政执法机关，认为公安机关对其控告或者移送的案件应当立案侦查而不立案侦查，或者当事人认为公安机关不应当立案而立案，向人民检察院提出的，人民检察院应当受理并进行审查。

人民检察院发现公安机关可能存在应当立案侦查而不立案侦查情形

的，应当依法进行审查。

人民检察院接到控告、举报或者发现行政执法机关不移送涉嫌犯罪案件的，经检察长批准，应当向行政执法机关提出检察意见，要求其按照管辖规定向公安机关移送涉嫌犯罪案件。

第五百五十八条 人民检察院负责控告申诉检察的部门受理对公安机关应当立案而不立案或者不应当立案而立案的控告、申诉，应当根据事实、法律进行审查。认为需要公安机关说明不立案或者立案理由的，应当及时将案件移送负责捕诉的部门办理；认为公安机关立案或者不立案决定正确的，应当制作相关法律文书，答复控告人、申诉人。

第五百五十九条 人民检察院经审查，认为需要公安机关说明不立案理由的，应当要求公安机关书面说明不立案的理由。

对于有证据证明公安机关可能存在违法动用刑事手段插手民事、经济纠纷，或者利用立案实施报复陷害、敲诈勒索以及谋取其他非法利益等违法立案情形，尚未提请批准逮捕或者移送起诉的，人民检察院应当要求公安机关书面说明立案理由。

第五百六十条 人民检察院要求公安机关说明不立案或者立案理由，应当书面通知公安机关，并且告知公安机关在收到通知后七日以内，书面说明不立案或者立案的情况、依据和理由，连同有关证据材料回复人民检察院。

第五百六十一条 公安机关说明不立案或者立案的理由后，人民检察院应当进行审查。认为公安机关不立案或者立案理由不能成立的，经检察长决定，应当通知公安机关立案或者撤销案件。

人民检察院认为公安机关不立案或者立案理由成立的，应当在十日以内将不立案或者立案的依据和理由告知被害人及其法定代理人、近亲属或者行政执法机关。

第五百六十二条 公安机关对当事人的报案、控告、举报或者行政执法机关移送的涉嫌犯罪案件受理后未在规定期限内作出是否立案决定，当事人或者行政执法机关向人民检察院提出的，人民检察院应当受理并进行审查。经审查，认为尚未超过规定期限的，应当移送公安机关处理，并答复报案人、控告人、举报人或者行政执法机关；认为超过规定期限的，应当要求公安机关在七日以内书面说明逾期不作出是否立案决定的理由，连同有关证据材料回复人民检察院。公安机关在七日以内不说明理由也不作出立案或者不立案决定的，人民检察院应当提出纠正意见。人民检察院经审查有关证据材料认为符合立案条件的，应当通知公安机关立案。

第五百六十三条 人民检察院通知公安机关立案或者撤销案件，应当制作通知立案书或者通知撤销案件书，说明依据和理由，连同证据材料送达公安机关，并且告知公安机关应当在收到通知立案书后十五日以内立案，对通知撤销案件书没有异议的应当立即撤销案件，并将立案决定书或者撤销案件决定书及时送达人民检察院。

第五百六十四条 人民检察院通知公安机关立案或者撤销案件的，应当依法对执行情况进行监督。

公安机关在收到通知立案书或者通知撤销案件书后超过十五日不予立案或者未要求复议、提请复核也不撤销案件的，人民检察院应当发出纠正违法通知书。公安机关仍不纠正的，报上一级人民检察院协商同级公安机关处理。

公安机关立案后三个月以内未侦查终结的，人民检察院可以向公安机关发出立案监督案件催办函，要求公安机关及时向人民检察院反馈侦查工作进展情况。

第五百六十五条 公安机关认为人民检察院撤销案件通知有错误，要求同级人民检察院复议的，人民检察院应当重新审查。在收到要求复议意见书和案卷材料后七日以内作出是否变更的决定，并通知公安机关。

公安机关不接受人民检察院复议决定，提请上一级人民检察院复核的，上级人民检察院应当在收到提请复核意见书和案卷材料后十五日以内作出是否变更的决定，通知下级人民检察院和公安机关执行。

上级人民检察院复核认为撤销案件通知有错误的，下级人民检察院应当立即纠正；上级人民检察院复核认为撤销案件通知正确的，应当作出复核决定并送达下级公安机关。

第五百六十六条 人民检察院负责捕诉的部门发现本院负责侦查的部门对应当立案侦查的案件不立案侦查或者对不应当立案侦查的案件立案侦查的，应当建议负责侦查的部门立案侦查或者撤销案件。建议不被采纳的，应当报请检察长决定。

第三节 侦查活动监督

第五百六十七条 人民检察院应当对侦查活动中是否存在以下违法行为进行监督：

（一）采用刑讯逼供以及其他非法方法收集犯罪嫌疑人供述的；

（二）讯问犯罪嫌疑人依法应当录音或者录像而没有录音或者录像，或者未在法定羁押场所讯问犯罪嫌疑人的；

（三）采用暴力、威胁以及非法限制人身自由等非法方法收集证人证言、被害人陈述，或者以暴力、威胁等方法阻止证人作证或者指使他人作伪证的；

（四）伪造、隐匿、销毁、调换、私自涂改证据，或者帮助当事人毁灭、伪造证据的；

（五）违反刑事诉讼法关于决定、执行、变更、撤销强制措施的规定，或者强制措施法定期限届满，不予释放、解除或者变更的；

（六）应当退还取保候审保证金不退还的；

（七）违反刑事诉讼法关于讯问、询问、勘验、检查、搜查、鉴定、采取技术侦查措施等规定的；

（八）对与案件无关的财物采取查封、扣押、冻结措施，或者应当解除查封、扣押、冻结而不解除的；

（九）贪污、挪用、私分、调换、违反规定使用查封、扣押、冻结的财物及其孳息的；

（十）不应当撤案而撤案的；

（十一）侦查人员应当回避而不回避的；

（十二）依法应当告知犯罪嫌疑人诉讼权利而不告知，影响犯罪嫌疑人行使诉讼权利的；

（十三）对犯罪嫌疑人拘留、逮捕、指定居所监视居住后依法应当通知家属而未通知的；

（十四）阻碍当事人、辩护人、诉讼代理人、值班律师依法行使诉讼权利的；

（十五）应当对证据收集的合法性出具说明或者提供证明材料而不出具、不提供的；

（十六）侦查活动中的其他违反法律规定的行为。

第五百六十八条 人民检察院发现侦查活动中的违法情形已涉嫌犯罪，属于人民检察院管辖的，依法立案侦查；不属于人民检察院管辖的，依照有关规定移送有管辖权的机关。

第五百六十九条 人民检察院负责捕诉的部门发现本院负责侦查的部门在侦查活动中有违法情形，应当提出纠正意见。需要追究相关人员违法违纪责任的，应当报告检察长。

上级人民检察院发现下级人民检察院在侦查活动中有违法情形，应当通知其纠正。下级人民检察院应当及时纠正，并将纠正情况报告上级人民检察院。

第四节 审判活动监督

第五百七十条 人民检察院应当对审判活动中是否存在以下违法行为进行监督：

（一）人民法院对刑事案件的受理违反管辖规定的；

（二）人民法院审理案件违反法定审理和送达期限的；

（三）法庭组成人员不符合法律规定，或者依照规定应当回避而不回避的；

（四）法庭审理案件违反法定程序的；

（五）侵犯当事人、其他诉讼参与人的诉讼权利和其他合法权利的；

（六）法庭审理时对有关程序问题所作的决定违反法律规定的；

（七）违反法律规定裁定发回重审的；

（八）故意毁弃、篡改、隐匿、伪造、偷换证据或者其他诉讼材料，或者依据未经法定程序调查、质证的证据定案的；

（九）依法应当调查收集相关证据而不收集的；

（十）徇私枉法，故意违背事实和法律作枉法裁判的；

（十一）收受、索取当事人及其近亲属或者其委托的律师等人财物或者其他利益的；

（十二）违反法律规定采取强制措施或者采取强制措施法定期限届满，不予释放、解除或者变更的；

（十三）应当退还取保候审保证金不退还的；

（十四）对与案件无关的财物采取查封、扣押、冻结措施，或者应当解除查封、扣押、冻结而不解除的；

（十五）贪污、挪用、私分、调换、违反规定使用查封、扣押、冻结的财物及其孳息的；

（十六）其他违反法律规定的行为。

第五百七十一条 人民检察院检察长或者检察长委托的副检察长，可以列席同级人民法院审判委员会会议，依法履行法律监督职责。

第五百七十二条 人民检察院在审判活动监督中，发现人民法院或者审判人员审理案件违反法律规定的诉讼程序，应当向人民法院提出纠正意见。

人民检察院对违反程序的庭审活动提出纠正意见，应当由人民检察院在庭审后提出。出席法庭的检察人员发现法庭审判违反法律规定的诉讼程序，应当在休庭后及时向检察长报告。

第五节　羁押必要性审查

第五百七十三条　犯罪嫌疑人、被告人被逮捕后，人民检察院仍应当对羁押的必要性进行审查。

第五百七十四条　人民检察院在办案过程中可以依职权主动进行羁押必要性审查。

犯罪嫌疑人、被告人及其法定代理人、近亲属或者辩护人可以申请人民检察院进行羁押必要性审查。申请时应当说明不需要继续羁押的理由，有相关证据或者其他材料的应当提供。

看守所根据在押人员身体状况，可以建议人民检察院进行羁押必要性审查。

第五百七十五条　负责捕诉的部门依法对侦查和审判阶段的羁押必要性进行审查。经审查认为不需要继续羁押的，应当建议公安机关或者人民法院释放犯罪嫌疑人、被告人或者变更强制措施。

审查起诉阶段，负责捕诉的部门经审查认为不需要继续羁押的，应当直接释放犯罪嫌疑人或者变更强制措施。

负责刑事执行检察的部门收到有关材料或者发现不需要继续羁押的，应当及时将有关材料和意见移送负责捕诉的部门。

第五百七十六条　办案机关对应的同级人民检察院负责控告申诉检察的部门或者负责案件管理的部门收到羁押必要性审查申请后，应当在当日移送本院负责捕诉的部门。

其他人民检察院收到羁押必要性审查申请的，应当告知申请人向办案机关对应的同级人民检察院提出申请，或者在二日以内将申请材料移送办案机关对应的同级人民检察院，并告知申请人。

第五百七十七条　人民检察院可以采取以下方式进行羁押必要性审查：

（一）审查犯罪嫌疑人、被告人不需要继续羁押的理由和证明材料；

（二）听取犯罪嫌疑人、被告人及其法定代理人、辩护人的意见；

（三）听取被害人及其法定代理人、诉讼代理人的意见，了解是否达成和解协议；

（四）听取办案机关的意见；

（五）调查核实犯罪嫌疑人、被告人的身体健康状况；

（六）需要采取的其他方式。

必要时，可以依照有关规定进行公开审查。

第五百七十八条 人民检察院应当根据犯罪嫌疑人、被告人涉嫌的犯罪事实、主观恶性、悔罪表现、身体状况、案件进展情况、可能判处的刑罚和有无再危害社会的危险等因素，综合评估有无必要继续羁押犯罪嫌疑人、被告人。

第五百七十九条 人民检察院发现犯罪嫌疑人、被告人具有下列情形之一的，应当向办案机关提出释放或者变更强制措施的建议：

（一）案件证据发生重大变化，没有证据证明有犯罪事实或者犯罪行为系犯罪嫌疑人、被告人所为的；

（二）案件事实或者情节发生变化，犯罪嫌疑人、被告人可能被判处拘役、管制、独立适用附加刑、免予刑事处罚或者判决无罪的；

（三）继续羁押犯罪嫌疑人、被告人，羁押期限将超过依法可能判处的刑期的；

（四）案件事实基本查清，证据已经收集固定，符合取保候审或者监视居住条件的。

第五百八十条 人民检察院发现犯罪嫌疑人、被告人具有下列情形之一，且具有悔罪表现，不予羁押不致发生社会危险性的，可以向办案机关提出释放或者变更强制措施的建议：

（一）预备犯或者中止犯；

（二）共同犯罪中的从犯或者胁从犯；

（三）过失犯罪的；

（四）防卫过当或者避险过当的；

（五）主观恶性较小的初犯；

（六）系未成年人或者已满七十五周岁的人；

（七）与被害方依法自愿达成和解协议，且已经履行或者提供担保的；

（八）认罪认罚的；

（九）患有严重疾病、生活不能自理的；

（十）怀孕或者正在哺乳自己婴儿的妇女；

（十一）系生活不能自理的人的唯一扶养人；

（十二）可能被判处一年以下有期徒刑或者宣告缓刑的；

（十三）其他不需要继续羁押的情形。

第五百八十一条 人民检察院向办案机关发出释放或者变更强制措施建议书的，应当说明不需要继续羁押犯罪嫌疑人、被告人的理由和法律依据，并要求办案机关在十日以内回复处理情况。

人民检察院应当跟踪办案机关对释放或者变更强制措施建议的处理情况。办案机关未在十日以内回复处理情况的，应当提出纠正意见。

第五百八十二条 对于依申请审查的案件，人民检察院办结后，应当将提出建议的情况和公安机关、人民法院的处理情况，或者有继续羁押必要的审查意见和理由及时书面告知申请人。

第六节 刑事判决、裁定监督

第五百八十三条 人民检察院依法对人民法院的判决、裁定是否正确实行法律监督，对人民法院确有错误的判决、裁定，应当依法提出抗诉。

第五百八十四条 人民检察院认为同级人民法院第一审判决、裁定具有下列情形之一的，应当提出抗诉：

（一）认定的事实确有错误或者据以定罪量刑的证据不确实、不充分的；

（二）有确实、充分证据证明有罪判无罪，或者无罪判有罪的；

（三）重罪轻判，轻罪重判，适用刑罚明显不当的；

（四）认定罪名不正确，一罪判数罪、数罪判一罪，影响量刑或者造成严重社会影响的；

（五）免除刑事处罚或者适用缓刑、禁止令、限制减刑等错误的；

（六）人民法院在审理过程中严重违反法律规定的诉讼程序的。

第五百八十五条 人民检察院在收到人民法院第一审判决书或者裁定书后，应当及时审查。对于需要提出抗诉的案件，应当报请检察长决定。

第五百八十六条 人民检察院对同级人民法院第一审判决的抗诉，应当在接到判决书后第二日起十日以内提出；对第一审裁定的抗诉，应当在接到裁定书后第二日起五日以内提出。

第五百八十七条 人民检察院对同级人民法院第一审判决、裁定的抗诉，应当制作抗诉书，通过原审人民法院向上一级人民法院提出，并将抗诉书副本连同案卷材料报送上一级人民检察院。

第五百八十八条 被害人及其法定代理人不服地方各级人民法院第一审的判决，在收到判决书后五日以内请求人民检察院提出抗诉的，人民检察院应当立即进行审查，在收到被害人及其法定代理人的请求后五日以内作出是否抗诉的决定，并且答复请求人。经审查认为应当抗诉的，适用本规则第五百八十四条至第五百八十七条的规定办理。

被害人及其法定代理人在收到判决书五日以后请求人民检察院提出抗诉的，由人民检察院决定是否受理。

第五百八十九条 上一级人民检察院对下级人民检察院按照第二审程序提出抗诉的案件，认为抗诉正确的，应当支持抗诉。

上一级人民检察院认为抗诉不当的，应当听取下级人民检察院的意见。听取意见后，仍然认为抗诉不当的，应当向同级人民法院撤回抗诉，并且通知下级人民检察院。

上一级人民检察院在上诉、抗诉期限内，发现下级人民检察院应当提出抗诉而没有提出抗诉的案件，可以指令下级人民检察院依法提出抗诉。

上一级人民检察院支持或者部分支持抗诉意见的，可以变更、补充抗诉理由，及时制作支持抗诉意见书，并通知提出抗诉的人民检察院。

第五百九十条 第二审人民法院发回原审人民法院按照第一审程序重新审判的案件，如果人民检察院认为重新审判的判决、裁定确有错误的，可以按照第二审程序提出抗诉。

第五百九十一条 人民检察院认为人民法院已经发生法律效力的判决、裁定确有错误，具有下列情形之一的，应当按照审判监督程序向人民法院提出抗诉：

（一）有新的证据证明原判决、裁定认定的事实确有错误，可能影响定罪量刑的；

（二）据以定罪量刑的证据不确实、不充分的；

（三）据以定罪量刑的证据依法应当予以排除的；

（四）据以定罪量刑的主要证据之间存在矛盾的；

（五）原判决、裁定的主要事实依据被依法变更或者撤销的；

（六）认定罪名错误且明显影响量刑的；

（七）违反法律关于追诉时效期限的规定的；

（八）量刑明显不当的；

（九）违反法律规定的诉讼程序，可能影响公正审判的；

（十）审判人员在审理案件的时候有贪污受贿，徇私舞弊，枉法裁判行为的。

对于同级人民法院已经发生法律效力的判决、裁定，人民检察院认为可能有错误的，应当另行指派检察官或者检察官办案组进行审查。经审查，认为有前款规定情形之一的，应当提请上一级人民检察院提出抗诉。

对已经发生法律效力的判决、裁定的审查，参照本规则第五百八十五条的规定办理。

第五百九十二条 对于高级人民法院判处死刑缓期二年执行的案件，

省级人民检察院认为确有错误提请抗诉的，一般应当在收到生效判决、裁定后三个月以内提出，至迟不得超过六个月。

第五百九十三条 当事人及其法定代理人、近亲属认为人民法院已经发生法律效力的判决、裁定确有错误，向人民检察院申诉的，由作出生效判决、裁定的人民法院的同级人民检察院依法办理。

当事人及其法定代理人、近亲属直接向上级人民检察院申诉的，上级人民检察院可以交由作出生效判决、裁定的人民法院的同级人民检察院受理；案情重大、疑难、复杂的，上级人民检察院可以直接受理。

当事人及其法定代理人、近亲属对人民法院已经发生法律效力的判决、裁定提出申诉，经人民检察院复查决定不予抗诉后继续提出申诉的，上一级人民检察院应当受理。

第五百九十四条 对不服人民法院已经发生法律效力的判决、裁定的申诉，经两级人民检察院办理且省级人民检察院已经复查的，如果没有新的证据，人民检察院不再复查，但原审被告人可能被宣告无罪或者判决、裁定有其他重大错误可能的除外。

第五百九十五条 人民检察院对已经发生法律效力的判决、裁定的申诉复查后，认为需要提请或者提出抗诉的，报请检察长决定。

地方各级人民检察院对不服同级人民法院已经发生法律效力的判决、裁定的申诉复查后，认为需要提出抗诉的，应当提请上一级人民检察院抗诉。

上级人民检察院对下一级人民检察院提请抗诉的申诉案件进行审查后，认为需要提出抗诉的，应当向同级人民法院提出抗诉。

人民法院开庭审理时，同级人民检察院应当派员出席法庭。

第五百九十六条 人民检察院对不服人民法院已经发生法律效力的判决、裁定的申诉案件复查终结后，应当制作刑事申诉复查通知书，在十日以内通知申诉人。

经复查向上一级人民检察院提请抗诉的，应当在上一级人民检察院作出是否抗诉的决定后制作刑事申诉复查通知书。

第五百九十七条 最高人民检察院发现各级人民法院已经发生法律效力的判决或者裁定，上级人民检察院发现下级人民法院已经发生法律效力的判决或者裁定确有错误时，可以直接向同级人民法院提出抗诉，或者指令作出生效判决、裁定人民法院的上一级人民检察院向同级人民法院提出抗诉。

第五百九十八条 人民检察院按照审判监督程序向人民法院提出抗诉的，应当将抗诉书副本报送上一级人民检察院。

第五百九十九条 对按照审判监督程序提出抗诉的案件，人民检察院认为人民法院再审作出的判决、裁定仍然确有错误的，如果案件是依照第一审程序审判的，同级人民检察院应当按照第二审程序向上一级人民法院提出抗诉；如果案件是依照第二审程序审判的，上一级人民检察院应当按照审判监督程序向同级人民法院提出抗诉。

第六百条 人民检察院办理按照第二审程序、审判监督程序抗诉的案件，认为需要对被告人采取强制措施的，参照本规则相关规定。决定采取强制措施应当经检察长批准。

第六百零一条 人民检察院对自诉案件的判决、裁定的监督，适用本节的规定。

第七节　死刑复核监督

第六百零二条 最高人民检察院依法对最高人民法院的死刑复核活动实行法律监督。

省级人民检察院依法对高级人民法院复核未上诉且未抗诉死刑立即执行案件和死刑缓期二年执行案件的活动实行法律监督。

第六百零三条 最高人民检察院、省级人民检察院通过办理下列案件对死刑复核活动实行法律监督：

（一）人民法院向人民检察院通报的死刑复核案件；

（二）下级人民检察院提请监督或者报告重大情况的死刑复核案件；

（三）当事人及其近亲属或者受委托的律师向人民检察院申请监督的死刑复核案件；

（四）认为应当监督的其他死刑复核案件。

第六百零四条 省级人民检察院对于进入最高人民法院死刑复核程序的案件，发现具有下列情形之一的，应当及时向最高人民检察院提请监督：

（一）案件事实不清、证据不足，依法应当发回重新审判或者改判的；

（二）被告人具有从宽处罚情节，依法不应当判处死刑的；

（三）适用法律错误的；

（四）违反法律规定的诉讼程序，可能影响公正审判的；

（五）其他应当提请监督的情形。

第六百零五条 省级人民检察院发现死刑复核案件被告人有自首、立功、怀孕或者被告人家属与被害人家属达成赔偿谅解协议等新的重大情况，影响死刑适用的，应当及时向最高人民检察院报告。

第六百零六条 当事人及其近亲属或者受委托的律师向最高人民检察院提出不服死刑裁判的申诉，由负责死刑复核监督的部门审查。

第六百零七条 对于适用死刑存在较大分歧或者在全国有重大影响的死刑第二审案件，省级人民检察院应当及时报最高人民检察院备案。

第六百零八条 高级人民法院死刑复核期间，设区的市级人民检察院向省级人民检察院报告重大情况、备案等程序，参照本规则第六百零五条、第六百零七条规定办理。

第六百零九条 对死刑复核监督案件的审查可以采取下列方式：

（一）审查人民法院移送的材料、下级人民检察院报送的相关案卷材料、当事人及其近亲属或者受委托的律师提交的材料；

（二）向下级人民检察院调取案件审查报告、公诉意见书、出庭意见书等，了解案件相关情况；

（三）向人民法院调阅或者查阅案卷材料；

（四）核实或者委托核实主要证据；

（五）讯问被告人、听取受委托的律师的意见；

（六）就有关技术性问题向专门机构或者有专门知识的人咨询，或者委托进行证据审查；

（七）需要采取的其他方式。

第六百一十条 审查死刑复核监督案件，具有下列情形之一的，应当听取下级人民检察院的意见：

（一）对案件主要事实、证据有疑问的；

（二）对适用死刑存在较大争议的；

（三）可能引起司法办案重大风险的；

（四）其他应当听取意见的情形。

第六百一十一条 最高人民检察院经审查发现死刑复核案件具有下列情形之一的，应当经检察长决定，依法向最高人民法院提出检察意见：

（一）认为适用死刑不当，或者案件事实不清、证据不足，依法不应当核准死刑的；

（二）认为不予核准死刑的理由不成立，依法应当核准死刑的；

（三）发现新的事实和证据，可能影响被告人定罪量刑的；

（四）严重违反法律规定的诉讼程序，可能影响公正审判的；

（五）司法工作人员在办理案件时，有贪污受贿，徇私舞弊，枉法裁判等行为的；

（六）其他需要提出检察意见的情形。

同意最高人民法院核准或者不核准意见的，应当经检察长批准，书面回复最高人民法院。

对于省级人民检察院提请监督、报告重大情况的案件，最高人民检察院认为具有影响死刑适用情形的，应当及时将有关材料转送最高人民法院。

第八节　羁押期限和办案期限监督

第六百一十二条　人民检察院依法对羁押期限和办案期限是否合法实行法律监督。

第六百一十三条　对公安机关、人民法院办理案件相关期限的监督，犯罪嫌疑人、被告人被羁押的，由人民检察院负责刑事执行检察的部门承担；犯罪嫌疑人、被告人未被羁押的，由人民检察院负责捕诉的部门承担。对人民检察院办理案件相关期限的监督，由负责案件管理的部门承担。

第六百一十四条　人民检察院在办理案件过程中，犯罪嫌疑人、被告人被羁押，具有下列情形之一的，办案部门应当在作出决定或者收到决定书、裁定书后十日以内通知本院负有监督职责的部门：

（一）批准或者决定延长侦查羁押期限的；

（二）对于人民检察院直接受理侦查的案件，决定重新计算侦查羁押期限、变更或者解除强制措施的；

（三）对犯罪嫌疑人、被告人进行精神病鉴定的；

（四）审查起诉期间改变管辖、延长审查起诉期限的；

（五）案件退回补充侦查，或者补充侦查完毕移送起诉后重新计算审查起诉期限的；

（六）人民法院决定适用简易程序、速裁程序审理第一审案件，或者将案件由简易程序转为普通程序，由速裁程序转为简易程序、普通程序重新审理的；

（七）人民法院改变管辖，决定延期审理、中止审理，或者同意人民检察院撤回起诉的。

第六百一十五条　人民检察院发现看守所的羁押期限管理活动具有下列情形之一的，应当依法提出纠正意见：

（一）未及时督促办案机关办理换押手续的；

（二）未在犯罪嫌疑人、被告人羁押期限届满前七日以内向办案机关发出羁押期限即将届满通知书的；

（三）犯罪嫌疑人、被告人被超期羁押后，没有立即书面报告人民检察院并通知办案机关的；

（四）收到犯罪嫌疑人、被告人及其法定代理人、近亲属或者辩护人提出的变更强制措施、羁押必要性审查、羁押期限届满要求释放或者变更强制措施的申请、申诉、控告后，没有及时转送有关办案机关或者人民检察院的；

（五）其他违法情形。

第六百一十六条 人民检察院发现公安机关的侦查羁押期限执行情况具有下列情形之一的，应当依法提出纠正意见：

（一）未按规定办理换押手续的；

（二）决定重新计算侦查羁押期限、经批准延长侦查羁押期限，未书面通知人民检察院和看守所的；

（三）对犯罪嫌疑人进行精神病鉴定，没有书面通知人民检察院和看守所的；

（四）其他违法情形。

第六百一十七条 人民检察院发现人民法院的审理期限执行情况具有下列情形之一的，应当依法提出纠正意见：

（一）在一审、二审和死刑复核阶段未按规定办理换押手续的；

（二）违反刑事诉讼法的规定重新计算审理期限、批准延长审理期限、改变管辖、延期审理、中止审理或者发回重审的；

（三）决定重新计算审理期限、批准延长审理期限、改变管辖、延期审理、中止审理、对被告人进行精神病鉴定，没有书面通知人民检察院和看守所的；

（四）其他违法情形。

第六百一十八条 人民检察院发现同级或者下级公安机关、人民法院超期羁押的，应当向该办案机关发出纠正违法通知书。

发现上级公安机关、人民法院超期羁押的，应当及时层报该办案机关的同级人民检察院，由同级人民检察院向该办案机关发出纠正违法通知书。

对异地羁押的案件，发现办案机关超期羁押的，应当通报该办案机关的同级人民检察院，由其依法向办案机关发出纠正违法通知书。

第六百一十九条 人民检察院发出纠正违法通知书后，有关办案机关未回复意见或者继续超期羁押的，应当及时报告上一级人民检察院。

对于造成超期羁押的直接责任人员，可以书面建议其所在单位或者有关主管机关依照法律或者有关规定予以处分；对于造成超期羁押情节严重，涉嫌犯罪的，应当依法追究其刑事责任。

第六百二十条 人民检察院办理直接受理侦查的案件或者审查逮捕、审查起诉案件，在犯罪嫌疑人侦查羁押期限、办案期限即将届满前，负责案件管理的部门应当依照有关规定向本院办案部门进行期限届满提示。发现办案部门办理案件超过规定期限的，应当依照有关规定提出纠正意见。

第十四章　刑罚执行和监管执法监督

第一节　一般规定

第六百二十一条 人民检察院依法对刑事判决、裁定和决定的执行工作以及监狱、看守所等的监管执法活动实行法律监督。

第六百二十二条 人民检察院根据工作需要，可以对监狱、看守所等场所采取巡回检察、派驻检察等方式进行监督。

第六百二十三条 人民检察院对监狱、看守所等场所进行监督，除可以采取本规则第五百五十一条规定的调查核实措施外，还可以采取实地查看禁闭室、会见室、监区、监舍等有关场所，列席监狱、看守所有关会议，与有关监管民警进行谈话，召开座谈会，开展问卷调查等方式。

第六百二十四条 人民检察院对刑罚执行和监管执法活动实行监督，可以根据下列情形分别处理：

（一）发现执法瑕疵、安全隐患，或者违法情节轻微的，口头提出纠正意见，并记录在案；

（二）发现严重违法，发生重大事故，或者口头提出纠正意见后七日以内未予纠正的，书面提出纠正意见；

（三）发现存在可能导致执法不公问题，或者存在重大监管漏洞、重大安全隐患、重大事故风险等问题的，提出检察建议。

对于在巡回检察中发现的前款规定的问题、线索的整改落实情况，通过巡回检察进行督导。

第二节 交付执行监督

第六百二十五条 人民检察院发现人民法院、公安机关、看守所等机关的交付执行活动具有下列情形之一的，应当依法提出纠正意见：

（一）交付执行的第一审人民法院没有在法定期间内将判决书、裁定书、人民检察院的起诉书副本、自诉状复印件、执行通知书、结案登记表等法律文书送达公安机关、监狱、社区矫正机构等执行机关的；

（二）对被判处死刑缓期二年执行、无期徒刑或者有期徒刑余刑在三个月以上的罪犯，公安机关、看守所自接到人民法院执行通知书等法律文书后三十日以内，没有将成年罪犯送交监狱执行刑罚，或者没有将未成年罪犯送交未成年犯管教所执行刑罚的；

（三）对需要收监执行刑罚而判决、裁定生效前未被羁押的罪犯，第一审人民法院没有及时将罪犯收监送交公安机关，并将判决书、裁定书、执行通知书等法律文书送达公安机关的；

（四）公安机关对需要收监执行刑罚但下落不明的罪犯，在收到人民法院的判决书、裁定书、执行通知书等法律文书后，没有及时抓捕、通缉的；

（五）对被判处管制、宣告缓刑或者人民法院决定暂予监外执行的罪犯，在判决、裁定生效后或者收到人民法院暂予监外执行决定后，未依法交付罪犯居住地社区矫正机构执行，或者对被单处剥夺政治权利的罪犯，在判决、裁定生效后，未依法交付罪犯居住地公安机关执行的，或者人民法院依法交付执行，社区矫正机构或者公安机关应当接收而拒绝接收的；

（六）其他违法情形。

第六百二十六条 人民法院判决被告人无罪、免予刑事处罚、判处管制、宣告缓刑、单处罚金或者剥夺政治权利，被告人被羁押的，人民检察院应当监督被告人是否被立即释放。发现被告人没有被立即释放的，应当立即向人民法院或者看守所提出纠正意见。

第六百二十七条 人民检察院发现公安机关未依法执行拘役、剥夺政治权利，拘役执行期满未依法发给释放证明，或者剥夺政治权利执行期满未书面通知本人及其所在单位、居住地基层组织等违法情形的，应当依法提出纠正意见。

第六百二十八条 人民检察院发现监狱、看守所对服刑期满或者依法应当予以释放的人员没有按期释放，对被裁定假释的罪犯依法应当交付罪犯居住地社区矫正机构实行社区矫正而不交付，对主刑执行完毕仍然需要执行附加剥夺政治权利的罪犯依法应当交付罪犯居住地公安机关执行而不交付，或者对服刑期未满又无合法释放根据的罪犯予以释放等违法行为的，应当依法提出纠正意见。

第三节 减刑、假释、暂予监外执行监督

第六百二十九条 人民检察院发现人民法院、监狱、看守所、公安机关暂予监外执行的活动具有下列情形之一的，应当依法提出纠正意见：

（一）将不符合法定条件的罪犯提请、决定暂予监外执行的；

（二）提请、决定暂予监外执行的程序违反法律规定或者没有完备的

合法手续，或者对于需要保外就医的罪犯没有省级人民政府指定医院的诊断证明和开具的证明文件的；

（三）监狱、看守所提出暂予监外执行书面意见，没有同时将书面意见副本抄送人民检察院的；

（四）罪犯被决定或者批准暂予监外执行后，未依法交付罪犯居住地社区矫正机构实行社区矫正的；

（五）对符合暂予监外执行条件的罪犯没有依法提请暂予监外执行的；

（六）人民法院在作出暂予监外执行决定前，没有依法征求人民检察院意见的；

（七）发现罪犯不符合暂予监外执行条件，在暂予监外执行期间严重违反暂予监外执行监督管理规定，或者暂予监外执行的条件消失且刑期未满，应当收监执行而未及时收监执行的；

（八）人民法院决定将暂予监外执行的罪犯收监执行，并将有关法律文书送达公安机关、监狱、看守所后，监狱、看守所未及时收监执行的；

（九）对不符合暂予监外执行条件的罪犯通过贿赂、欺骗等非法手段被暂予监外执行以及在暂予监外执行期间脱逃的罪犯，监狱、看守所未建议人民法院将其监外执行期间、脱逃期间不计入执行刑期或者对罪犯执行刑期计算的建议违法、不当的；

（十）暂予监外执行的罪犯刑期届满，未及时办理释放手续的；

（十一）其他违法情形。

第六百三十条 人民检察院收到监狱、看守所抄送的暂予监外执行书面意见副本后，应当逐案进行审查，发现罪犯不符合暂予监外执行法定条件或者提请暂予监外执行违反法定程序的，应当在十日以内报经检察长批准，向决定或者批准机关提出书面检察意见，同时抄送执行机关。

第六百三十一条 人民检察院接到决定或者批准机关抄送的暂予监外执行决定书后，应当及时审查下列内容：

（一）是否属于被判处有期徒刑或者拘役的罪犯；

（二）是否属于有严重疾病需要保外就医的罪犯；

（三）是否属于怀孕或者正在哺乳自己婴儿的妇女；

（四）是否属于生活不能自理，适用暂予监外执行不致危害社会的罪犯；

（五）是否属于适用保外就医可能有社会危险性的罪犯，或者自伤自残的罪犯；

（六）决定或者批准机关是否符合刑事诉讼法第二百六十五条第五款的规定；

（七）办理暂予监外执行是否符合法定程序。

第六百三十二条 人民检察院经审查认为暂予监外执行不当的，应当自接到通知之日起一个月以内，向决定或者批准暂予监外执行的机关提出纠正意见。下级人民检察院认为暂予监外执行不当的，应当立即层报决定或者批准暂予监外执行的机关的同级人民检察院，由其决定是否向决定或者批准暂予监外执行的机关提出纠正意见。

第六百三十三条 人民检察院向决定或者批准暂予监外执行的机关提出不同意暂予监外执行的书面意见后，应当监督其对决定或者批准暂予监外执行的结果进行重新核查，并监督重新核查的结果是否符合法律规定。对核查不符合法律规定的，应当依法提出纠正意见，并向上一级人民检察院报告。

第六百三十四条 对于暂予监外执行的罪犯，人民检察院发现罪犯不符合暂予监外执行条件、严重违反有关暂予监外执行的监督管理规定或者暂予监外执行的情形消失而罪犯刑期未满的，应当通知执行机关收监执行，或者建议决定或者批准暂予监外执行的机关作出收监执行决定。

第六百三十五条 人民检察院收到执行机关抄送的减刑、假释建议书副本后，应当逐案进行审查。发现减刑、假释建议不当或者提请减刑、假释违反法定程序的，应当在十日以内报经检察长批准，向审理减刑、假释案件的人民法院提出书面检察意见，同时也可以向执行机关提出书面纠正意见。案情复杂或者情况特殊的，可以延长十日。

第六百三十六条 人民检察院发现监狱等执行机关提请人民法院裁定减刑、假释的活动具有下列情形之一的，应当依法提出纠正意见：

（一）将不符合减刑、假释法定条件的罪犯，提请人民法院裁定减刑、假释的；

（二）对依法应当减刑、假释的罪犯，不提请人民法院裁定减刑、假释的；

（三）提请对罪犯减刑、假释违反法定程序，或者没有完备的合法手续的；

（四）提请对罪犯减刑的减刑幅度、起始时间、间隔时间或者减刑后又假释的间隔时间不符合有关规定的；

（五）被提请减刑、假释的罪犯被减刑后实际执行的刑期或者假释考验期不符合有关法律规定的；

（六）其他违法情形。

第六百三十七条 人民法院开庭审理减刑、假释案件，人民检察院应当指派检察人员出席法庭，发表意见。

第六百三十八条 人民检察院收到人民法院减刑、假释的裁定书副本后，应当及时审查下列内容：

（一）被减刑、假释的罪犯是否符合法定条件，对罪犯减刑的减刑幅度、起始时间、间隔时间或者减刑后又假释的间隔时间、罪犯被减刑后实际执行的刑期或者假释考验期是否符合有关规定；

（二）执行机关提请减刑、假释的程序是否合法；

（三）人民法院审理、裁定减刑、假释的程序是否合法；

（四）人民法院对罪犯裁定不予减刑、假释是否符合有关规定；

（五）人民法院减刑、假释裁定书是否依法送达执行并向社会公布。

第六百三十九条 人民检察院经审查认为人民法院减刑、假释的裁定不当，应当在收到裁定书副本后二十日以内，向作出减刑、假释裁定的人民法院提出纠正意见。

第六百四十条 对人民法院减刑、假释裁定的纠正意见，由作出减刑、假释裁定的人民法院的同级人民检察院书面提出。

下级人民检察院发现人民法院减刑、假释裁定不当的，应当向作出减刑、假释裁定的人民法院的同级人民检察院报告。

第六百四十一条 人民检察院对人民法院减刑、假释的裁定提出纠正意见后，应当监督人民法院是否在收到纠正意见后一个月以内重新组成合议庭进行审理，并监督重新作出的裁定是否符合法律规定。对最终裁定不符合法律规定的，应当向同级人民法院提出纠正意见。

第四节 社区矫正监督

第六百四十二条 人民检察院发现社区矫正决定机关、看守所、监狱、社区矫正机构在交付、接收社区矫正对象活动中违反有关规定的，应当依法提出纠正意见。

第六百四十三条 人民检察院发现社区矫正执法活动具有下列情形之一的，应当依法提出纠正意见：

（一）社区矫正对象报到后，社区矫正机构未履行法定告知义务，致使其未按照有关规定接受监督管理的；

（二）违反法律规定批准社区矫正对象离开所居住的市、县，或者违反人民法院禁止令的内容批准社区矫正对象进入特定区域或者场所的；

（三）没有依法监督管理而导致社区矫正对象脱管的；

（四）社区矫正对象违反监督管理规定或者人民法院的禁止令，未依法予以警告、未提请公安机关给予治安管理处罚的；

（五）对社区矫正对象有殴打、体罚、虐待、侮辱人格、强迫其参加超时间或者超体力社区服务等侵犯其合法权利行为的；

（六）未依法办理解除、终止社区矫正的；

（七）其他违法情形。

第六百四十四条 人民检察院发现对社区矫正对象的刑罚变更执行活动具有下列情形之一的，应当依法提出纠正意见：

（一）社区矫正机构未依法向人民法院、公安机关、监狱管理机关提出撤销缓刑、撤销假释建议或者对暂予监外执行的收监执行建议，或者未依法向人民法院提出减刑建议的；

（二）人民法院、公安机关、监狱管理机关未依法作出裁定、决定，或者未依法送达的；

（三）公安机关未依法将罪犯送交看守所、监狱，或者看守所、监狱未依法收监执行的；

（四）公安机关未依法对在逃的罪犯实施追捕的；

（五）其他违法情形。

第五节 刑事裁判涉财产部分执行监督

第六百四十五条 人民检察院发现人民法院执行刑事裁判涉财产部分具有下列情形之一的，应当依法提出纠正意见：

（一）执行立案活动违法的；

（二）延期缴纳、酌情减少或者免除罚金违法的；

（三）中止执行或者终结执行违法的；

（四）被执行人有履行能力，应当执行而不执行的；

（五）损害被执行人、被害人、利害关系人或者案外人合法权益的；

（六）刑事裁判全部或者部分被撤销后未依法返还或者赔偿的；

（七）执行的财产未依法上缴国库的；

（八）其他违法情形。

人民检察院对人民法院执行刑事裁判涉财产部分进行监督，可以对公安机关查封、扣押、冻结涉案财物的情况，人民法院审判部门、立案部门、执行部门移送、立案、执行情况，被执行人的履行能力等情况向有关单位和个人进行调查核实。

第六百四十六条 人民检察院发现被执行人或者其他人员有隐匿、转移、变卖财产等妨碍执行情形的，可以建议人民法院及时查封、扣押、冻结。

公安机关不依法向人民法院移送涉案财物、相关清单、照片和其他证明文件，或者对涉案财物的查封、扣押、冻结、返还、处置等活动存在违法情形的，人民检察院应当依法提出纠正意见。

第六节 死刑执行监督

第六百四十七条 被判处死刑立即执行的罪犯在被执行死刑时，人民检察院应当指派检察官临场监督。

死刑执行临场监督由人民检察院负责刑事执行检察的部门承担。人民检察院派驻看守所、监狱的检察人员应当予以协助，负责捕诉的部门应当提供有关情况。

执行死刑过程中，人民检察院临场监督人员根据需要可以进行拍照、录像。执行死刑后，人民检察院临场监督人员应当检查罪犯是否确已死亡，并填写死刑执行临场监督笔录，签名后入卷归档。

第六百四十八条 省级人民检察院负责案件管理的部门收到高级人民法院报请最高人民法院复核的死刑判决书、裁定书副本后，应当在三日以内将判决书、裁定书副本移送本院负责刑事执行检察的部门。

判处死刑的案件一审是由中级人民法院审理的，省级人民检察院应当及时将死刑判决书、裁定书副本移送中级人民法院的同级人民检察院负责刑事执行检察的部门。

人民检察院收到同级人民法院执行死刑临场监督通知后，应当查明同级人民法院是否收到最高人民法院核准死刑的裁定或者作出的死刑判决、裁定和执行死刑的命令。

第六百四十九条 执行死刑前，人民检察院发现具有下列情形之一的，应当建议人民法院立即停止执行，并层报最高人民检察院负责死刑复核监督的部门：

（一）被执行人并非应当执行死刑的罪犯的；

（二）罪犯犯罪时不满十八周岁，或者审判的时候已满七十五周岁，依法不应当适用死刑的；

（三）罪犯正在怀孕的；

（四）共同犯罪的其他犯罪嫌疑人到案，共同犯罪的其他罪犯被暂停或者停止执行死刑，可能影响罪犯量刑的；

（五）罪犯可能有其他犯罪的；

（六）罪犯揭发他人重大犯罪事实或者有其他重大立功表现，可能需要改判的；

（七）判决、裁定可能有影响定罪量刑的其他错误的。

在执行死刑活动中，发现人民法院有侵犯被执行死刑罪犯的人身权、财产权或者其近亲属、继承人合法权利等违法情形的，人民检察院应当依法提出纠正意见。

第六百五十条 判处被告人死刑缓期二年执行的判决、裁定在执行过程中，人民检察院监督的内容主要包括：

（一）死刑缓期执行期满，符合法律规定应当减为无期徒刑、有期徒刑条件的，监狱是否及时提出减刑建议提请人民法院裁定，人民法院是否依法裁定；

（二）罪犯在缓期执行期间故意犯罪，监狱是否依法侦查和移送起诉；罪犯确系故意犯罪，情节恶劣，查证属实，应当执行死刑的，人民法院是否依法核准或者裁定执行死刑。

被判处死刑缓期二年执行的罪犯在死刑缓期执行期间故意犯罪，执行机关向人民检察院移送起诉的，由罪犯服刑所在地设区的市级人民检察院审查决定是否提起公诉。

人民检察院发现人民法院对被判处死刑缓期二年执行的罪犯减刑不当的，应当依照本规则第六百三十九条、第六百四十条的规定，向人民法院提出纠正意见。罪犯在死刑缓期执行期间又故意犯罪，经人民检察院起诉后，人民法院仍然予以减刑的，人民检察院应当依照本规则相关规定，向人民法院提出抗诉。

第七节　强制医疗执行监督

第六百五十一条　人民检察院发现人民法院、公安机关、强制医疗机构在对依法不负刑事责任的精神病人的强制医疗的交付执行、医疗、解除等活动中违反有关规定的，应当依法提出纠正意见。

第六百五十二条　人民检察院在强制医疗执行监督中发现被强制医疗的人不符合强制医疗条件或者需要依法追究刑事责任，人民法院作出的强制医疗决定可能错误的，应当在五日以内将有关材料转交作出强制医疗决定的人民法院的同级人民检察院。收到材料的人民检察院负责捕诉的部门应当在二十日以内进行审查，并将审查情况和处理意见反馈负责强制医疗执行监督的人民检察院。

第六百五十三条　人民检察院发现公安机关在对涉案精神病人采取临时保护性约束措施时有违法情形的，应当依法提出纠正意见。

第八节　监管执法监督

第六百五十四条　人民检察院发现看守所收押活动和监狱收监活动中具有下列情形之一的，应当依法提出纠正意见：

（一）没有收押、收监文书、凭证，文书、凭证不齐全，或者被收押、收监人员与文书、凭证不符的；

（二）依法应当收押、收监而不收押、收监，或者对依法不应当关押的人员收押、收监的；

（三）未告知被收押、收监人员权利、义务的；

（四）其他违法情形。

第六百五十五条　人民检察院发现监狱、看守所等执行机关在管理、教育改造罪犯等活动中有违法行为的，应当依法提出纠正意见。

第六百五十六条 看守所对收押的犯罪嫌疑人进行身体检查时，人民检察院驻看守所检察人员可以在场。发现收押的犯罪嫌疑人有伤或者身体异常的，应当要求看守所进行拍照或者录像，由送押人员、犯罪嫌疑人说明原因，在体检记录中写明，并由送押人员、收押人员和犯罪嫌疑人签字确认。必要时，驻看守所检察人员可以自行拍照或者录像，并将相关情况记录在案。

第六百五十七条 人民检察院发现看守所、监狱等监管场所有殴打、体罚、虐待、违法使用戒具、违法适用禁闭等侵害在押人员人身权利情形的，应当依法提出纠正意见。

第六百五十八条 人民检察院发现看守所违反有关规定，有下列情形之一的，应当依法提出纠正意见：

（一）为在押人员通风报信，私自传递信件、物品，帮助伪造、毁灭、隐匿证据或者干扰证人作证、串供的；

（二）违反规定同意侦查人员将犯罪嫌疑人提出看守所讯问的；

（三）收到在押犯罪嫌疑人、被告人及其法定代理人、近亲属或者辩护人的变更强制措施申请或者其他申请、申诉、控告、举报，不及时转交、转告人民检察院或者有关办案机关的；

（四）应当安排辩护律师依法会见在押的犯罪嫌疑人、被告人而没有安排的；

（五）违法安排辩护律师或者其他人员会见在押的犯罪嫌疑人、被告人的；

（六）辩护律师会见犯罪嫌疑人、被告人时予以监听的；

（七）其他违法情形。

第六百五十九条 人民检察院发现看守所代为执行刑罚的活动具有下列情形之一的，应当依法提出纠正意见：

（一）将被判处有期徒刑剩余刑期在三个月以上的罪犯留所服刑的；

（二）将留所服刑罪犯与犯罪嫌疑人、被告人混押、混管、混教的；

（三）其他违法情形。

第六百六十条 人民检察院发现监狱没有按照规定对罪犯进行分押分管、监狱人民警察没有对罪犯实行直接管理等违反监管规定情形的，应当依法提出纠正意见。

人民检察院发现监狱具有未按照规定安排罪犯与亲属或者监护人会见、对伤病罪犯未及时治疗以及未执行国家规定的罪犯生活标准等侵犯罪犯合法权益情形的，应当依法提出纠正意见。

第六百六十一条 人民检察院发现看守所出所活动和监狱出监活动具有下列情形之一的，应当依法提出纠正意见：

（一）没有出所、出监文书、凭证，文书、凭证不齐全，或者出所、出监人员与文书、凭证不符的；

（二）应当释放而没有释放，不应当释放而释放，或者未依照规定送达释放通知书的；

（三）对提押、押解、转押出所的在押人员，特许离监、临时离监、调监或者暂予监外执行的罪犯，未依照规定派员押送并办理交接手续的；

（四）其他违法情形。

第九节 事故检察

第六百六十二条 人民检察院发现看守所、监狱、强制医疗机构等场所具有下列情形之一的，应当开展事故检察：

（一）被监管人、被强制医疗人非正常死亡、伤残、脱逃的；

（二）被监管人破坏监管秩序，情节严重的；

（三）突发公共卫生事件的；

（四）其他重大事故。

发生被监管人、被强制医疗人非正常死亡的，应当组织巡回检察。

第六百六十三条 人民检察院应当对看守所、监狱、强制医疗机构等场所或者主管机关的事故调查结论进行审查。具有下列情形之一的，人民检察院应当调查核实：

（一）被监管人、被强制医疗人及其法定代理人、近亲属对调查结论有异议的，人民检察院认为有必要调查的；

（二）人民检察院对调查结论有异议的；

（三）其他需要调查的。

人民检察院应当将调查核实的结论书面通知监管场所或者主管机关和被监管人、被强制医疗人的近亲属。认为监管场所或者主管机关处理意见不当，或者监管执法存在问题的，应当提出纠正意见或者检察建议；认为可能存在违法犯罪情形的，应当移送有关部门处理。

第十五章　案件管理

第六百六十四条　人民检察院负责案件管理的部门对检察机关办理案件的受理、期限、程序、质量等进行管理、监督、预警。

第六百六十五条　人民检察院负责案件管理的部门发现本院办案活动具有下列情形之一的，应当及时提出纠正意见：

（一）查封、扣押、冻结、保管、处理涉案财物不符合有关法律和规定的；

（二）法律文书制作、使用不符合法律和有关规定的；

（三）违反羁押期限、办案期限规定的；

（四）侵害当事人、辩护人、诉讼代理人的诉讼权利的；

（五）未依法对立案、侦查、审查逮捕、公诉、审判等诉讼活动以及执行活动中的违法行为履行法律监督职责的；

（六）其他应当提出纠正意见的情形。

情节轻微的，可以口头提示；情节较重的，应当发送案件流程监控通知书，提示办案部门及时查明情况并予以纠正；情节严重的，应当同时向检察长报告。

办案部门收到案件流程监控通知书后，应当在十日以内将核查情况书面回复负责案件管理的部门。

第六百六十六条　人民检察院负责案件管理的部门对以本院名义制发法律文书实施监督管理。

第六百六十七条　人民检察院办理的案件，办结后需要向其他单位移送案卷材料的，统一由负责案件管理的部门审核移送材料是否规范、齐备。负责案件管理的部门认为材料规范、齐备，符合移送条件的，应当立即由办案部门按照规定移送；认为材料不符合要求的，应当及时通知办案部门补送、更正。

第六百六十八条　监察机关或者公安机关随案移送涉案财物及其孳息的，人民检察院负责案件管理的部门应当在受理案件时进行审查，并及时办理入库保管手续。

第六百六十九条　人民检察院负责案件管理的部门对扣押的涉案物品进行保管，并对查封、扣押、冻结、处理涉案财物工作进行监督管理。对违反规定的行为提出纠正意见；涉嫌违法违纪的，报告检察长。

第六百七十条　人民检察院办案部门需要调用、移送、处理查封、扣押、冻结的涉案财物的，应当按照规定办理审批手续。审批手续齐全的，负责案件管理的部门应当办理出库手续。

第十六章　刑事司法协助

第六百七十一条　人民检察院依据国际刑事司法协助法等有关法律和有关刑事司法协助条约进行刑事司法协助。

第六百七十二条　人民检察院刑事司法协助的范围包括刑事诉讼文书送达，调查取证，安排证人作证或者协助调查，查封、扣押、冻结涉案财物，返还违法所得及其他涉案财物，移管被判刑人以及其他协助。

第六百七十三条 最高人民检察院是检察机关开展国际刑事司法协助的主管机关，负责审核地方各级人民检察院向外国提出的刑事司法协助请求，审查处理对外联系机关转递的外国提出的刑事司法协助请求，审查决定是否批准执行外国的刑事司法协助请求，承担其他与国际刑事司法协助相关的工作。

办理刑事司法协助相关案件的地方各级人民检察院应当向最高人民检察院层报需要向外国提出的刑事司法协助请求，执行最高人民检察院交办的外国提出的刑事司法协助请求。

第六百七十四条 地方各级人民检察院需要向外国请求刑事司法协助的，应当制作刑事司法协助请求书并附相关材料。经省级人民检察院审核同意后，报送最高人民检察院。

刑事司法协助请求书应当依照相关刑事司法协助条约的规定制作；没有条约或者条约没有规定的，可以参照国际刑事司法协助法第十三条的规定制作。被请求方有特殊要求的，在不违反我国法律的基本原则的情况下，可以按照被请求方的特殊要求制作。

第六百七十五条 最高人民检察院收到地方各级人民检察院刑事司法协助请求书及所附相关材料后，应当依照国际刑事司法协助法和有关条约进行审查。对符合规定、所附材料齐全的，最高人民检察院是对外联系机关的，应当及时向外国提出请求；不是对外联系机关的，应当通过对外联系机关向外国提出请求。对不符合规定或者材料不齐全的，应当退回提出请求的人民检察院或者要求其补充、修正。

第六百七十六条 最高人民检察院收到外国提出的刑事司法协助请求后，应当对请求书及所附材料进行审查。对于请求书形式和内容符合要求的，应当按照职责分工，将请求书及所附材料转交有关主管机关或者省级人民检察院处理；对于请求书形式和内容不符合要求的，可以要求请求方补充材料或者重新提出请求。

外国提出的刑事司法协助请求明显损害我国主权、安全和社会公共利益的，可以直接拒绝提供协助。

第六百七十七条 最高人民检察院在收到对外联系机关转交的刑事司法协助请求书及所附材料后，经审查，分别作出以下处理：

（一）根据国际刑事司法协助法和刑事司法协助条约的规定，认为可以协助执行的，作出决定并安排有关省级人民检察院执行；

（二）根据国际刑事司法协助法或者刑事司法协助条约的规定，认为应当全部或者部分拒绝协助的，将请求书及所附材料退回对外联系机关并说明理由；

（三）对执行请求有保密要求或者有其他附加条件的，通过对外联系机关向外国提出，在外国接受条件并且作出书面保证后，决定附条件执行；

（四）需要补充材料的，书面通过对外联系机关要求请求方在合理期限内提供。

第六百七十八条 有关省级人民检察院收到最高人民检察院交办的外国刑事司法协助请求后，应当依法执行，或者交由下级人民检察院执行。

负责执行的人民检察院收到刑事司法协助请求书和所附材料后，应当立即安排执行，并将执行结果及有关材料报经省级人民检察院审查后，报送最高人民检察院。

对于不能执行的，应当将刑事司法协助请求书和所附材料，连同不能执行的理由，通过省级人民检察院报送最高人民检察院。

因请求书提供的地址不详或者材料不齐全，人民检察院难以执行该项请求的，应当立即通过最高人民检察院书面通知对外联系机关，要求请求方补充提供材料。

第六百七十九条 最高人民检察院应当对执行结果进行审查。对于符合请求要求和有关规定的，通过对外联系机关转交或者转告请求方。

第十七章　附　则

第六百八十条　人民检察院办理国家安全机关、海警机关、监狱移送的刑事案件以及对国家安全机关、海警机关、监狱立案、侦查活动的监督，适用本规则关于公安机关的规定。

第六百八十一条　军事检察院等专门人民检察院办理刑事案件，适用本规则和其他有关规定。

第六百八十二条　本规则所称检察官，包括检察长、副检察长、检察委员会委员、检察员。

本规则所称检察人员，包括检察官和检察官助理。

第六百八十三条　本规则由最高人民检察院负责解释。

第六百八十四条　本规则自2019年12月30日起施行。本规则施行后，《人民检察院刑事诉讼规则（试行）》（高检发释字〔2012〕2号）同时废止；最高人民检察院以前发布的司法解释和规范性文件与本规则不一致的，以本规则为准。

最高人民检察院党组成员、副检察长童建明通报《人民检察院刑事诉讼规则》修订的相关情况

（2019 年 12 月 30 日）

一、修订的背景和过程

《人民检察院刑事诉讼规则》（以下简称《规则》）是检察机关全面正确适用刑事诉讼法和有关法律的重要司法解释。对《规则》的修订，是检察机关贯彻落实党的十九届四中全会精神，推进法律监督体系和监督能力现代化的重要举措，对于保证检察机关严格依照法定程序正确履行职责，规范司法办案行为，提高办案质量，增强法律监督实效，实现惩罚犯罪与保障人权的统一具有重要意义。

党的十八大以来，国家监察体制改革、司法体制改革、以审判为中心的刑事诉讼制度改革以及认罪认罚从宽制度改革、检察机关内设机构改革等对《人民检察院刑事诉讼规则（试行）》（以下简称 2012 年《规则》）的适用带来重大影响。2018 年 10 月 26 日，第十三届全国人大常委会第六次会议通过了《关于修改〈中华人民共和国刑事诉讼法〉的决定》，对人民检察院的部分刑事诉讼职能作出调整。同时，通过六年多的实践检验，2012 年《规则》确定的一些工作机制、部门分工等需要进一步调整、

完善。

2018 年 10 月，最高人民检察院正式启动《规则》的修订工作，成立了规则修改领导小组和工作小组。最高检党组和领导小组多次召开会议对修订工作进行研究指导。修改过程中，广泛征求了中央纪委国家监委、中央政法委、全国人大常委会法工委、最高人民法院、公安部、国家安全部、司法部等中央国家机关，最高检相关内设机构和地方人民检察院的意见，还专门组织召开了专家论证会。经深入沟通协调、反复修改完善，形成了《规则》修订草案审议稿，于 10 月 14 日、12 月 2 日先后两次提请最高检检委会审议。2019 年 12 月 30 日正式公开发布。

二、修订的原则

《规则》修订坚持以下原则：一是坚持法治思维，遵循立法精神。坚持《规则》是刑事诉讼法司法解释的基本定位，确保基本制度设计、人民检察院职权以及诉讼参与人权利义务的规定于法有据。

二是充分体现司法体制改革成果。将全面履行刑事诉讼职责与落实司法体制改革和检察改革要求相结合，总结吸收各项改革经验，将司法责任制改革、以审判为中心的刑事诉讼制度改革、认罪认罚从宽制度改革、检察机关内设机构改革、监检衔接、捕诉一体等改革成果予以固化。

三是坚持问题导向、回应实践需求。对于 2012 年《规则》实施以来办案实践中发现的新情况、新问题，系统梳理、认真研究，提出切实可行的解决方案。

四是坚持突出重点，力求详略得当。《规则》修改不求“毕其功于一役”，对于非重点内容或者涉及尚在制定、修改的法律内容，仅作原则性规定。《规则》通过后，可以再制定相应的文件予以细化。

三、修订的主要内容

修订后的《规则》共 17 章 684 条，相比 2012 年《规则》减少了 24

条。减少的条文主要是由于刑事诉讼法对检察机关的侦查职权作出调整，人民检察院直接受理侦查案件范围限缩，对侦查部分条文作了适当精简。对2012年《规则》中关于刑事司法协助的内容已经在国际刑事司法协助法中有明确规定的，作了删减。此外，对一些互相关联的条文作了整合。主要修改了以下内容。

（一）贯彻以人民为中心司法理念，强化人权司法保障

一是切实维护当事人诉讼权利，实现惩罚犯罪与保障人权的有机统一。刑事诉讼法是当事人的权利保障法。修改后的《规则》切实体现尊重和保障人权，保护公民的人身权利、财产权利和其他权利，努力使人民群众在每一个司法案件中感受到公平正义。

针对实践中发生的非法取证行为，严格实行非法证据排除规则，切实防止刑讯逼供和冤错案件。明确了非法证据的范围；完善重大案件侦查终结前讯问合法性核查制度；规定人民检察院发现侦查人员以刑讯逼供等非法方法收集证据的，应当依法排除相关证据并提出纠正意见。

为切实维护当事人合法权益，完善不批准逮捕后监督撤案的规定。明确人民检察院对于犯罪嫌疑人没有犯罪事实或者不应当追究刑事责任的，在作出不批准逮捕决定的同时，应当要求侦查机关撤销案件或者对有关人员终止侦查。

为防止办案拖延，严格限制延长侦查羁押期限，督促侦查机关积极开展侦查活动。明确侦查机关在对犯罪嫌疑人执行逮捕后未有效开展侦查工作或者侦查取证工作没有实质进展的，人民检察院可以作出不批准延长侦查羁押期限的决定。

二是进一步简化工作流程，提高诉讼效率，降低当事人诉讼成本。包括：简化接待律师的程序，让辩护律师“少跑路”。对辩护律师申请人民检察院向公安机关调取证据材料，申请人民检察院收集、调取证据，申请人民检察院许可其向被害人或者其近亲属、被害人提供的证人收集与本案有关的材料，要求听取意见的，2012年《规则》规定由负责案件管理的部

门接收后转交有关办案部门，《规则》修改为直接由办案部门进行审查或者安排听取意见。

缩短办理期限，让办案人员"抢时间"，让辩护律师及当事人"少等待"。将转交法律援助申请材料的期限由"三日以内"缩短至"二十四小时以内"；将辩护律师申请向被害人一方收集证据的许可决定期限由"七日以内"缩短至"五日以内"。

便利诉讼，减轻诉讼参与人经济负担。规定辩护人复制案卷材料，不收取费用，为其节约诉讼成本；对证人在审查逮捕阶段因履行作证义务而支出的相关费用给予补助，提高证人作证积极性。

落实"群众来信件件有回复"承诺，将心比心对待群众信访。对于收到的群众来信，要求控告申诉检察部门在七日以内进行程序性答复，办案部门在三个月以内将办理进展或者办理结果答复来信人。让百姓在信访中感受"检察温度"。

三是坚持以未成年人合法权益最大化为目标，贯彻"教育、感化、挽救"方针和"教育为主、惩罚为辅"原则。《规则》以帮助教育和预防重新犯罪为目的，坚持优先保护、特殊保护、双向保护，明确办理未成年人与成年人共同犯罪案件，一般应当分案办理、分别起诉；不宜分案处理的，应当对未成年人采取快速办理等特殊保护措施；开展社会调查应当尊重和保护未成年人隐私；询问未成年被害人、证人以一次为原则，防止造成二次伤害。

（二）明确检察环节办案程序，做好刑事诉讼法与相关法律的衔接

一是完善人民检察院直接受理案件的办理程序。修改后的刑事诉讼法对检察机关的侦查职权作出了调整。《规则》落实刑事诉讼法的规定，对人民检察院直接受理侦查案件的范围、管辖机关、线索管理、调查核实等作出明确规定，有利于规范检察机关行使侦查权，依法惩治在对诉讼活动进行法律监督中发现的司法工作人员利用职权实施的侵犯公民权利、损害司法公正的相关犯罪，守护社会公平正义的"最后一道防线"。

二是做好适用监察法与刑事诉讼法的衔接。监察法和刑事诉讼法对监察机关移送案件的审查起诉、留置措施与刑事强制措施之间的衔接机制、退回补充调查等仅作出原则规定。《规则》对这些规定进行了细化，明确了经监察机关商请，人民检察院可以提前介入监察机关办理的职务犯罪案件；人民检察院可以对监察机关收集证据的合法性进行审查，并对非法证据予以排除等。完善了监检衔接的具体程序，有利于形成依法惩治职务犯罪的合力。

三是完善认罪认罚从宽制度和速裁程序。依据修改后的刑事诉讼法和“两高三部”《关于适用认罪认罚从宽制度的指导意见》，《规则》对认罪认罚从宽制度和速裁程序作了具体规定，在通则中明确认罪认罚从宽制度可以适用于所有刑事案件，并要求各级检察机关在办理案件的各个诉讼环节做好认罪认罚的相关工作。在第十章“审查逮捕和审查起诉”增加“认罪认罚从宽案件办理”一节，集中规定审查逮捕、审查起诉环节涉及认罪认罚从宽的内容，包括及时安排值班律师为犯罪嫌疑人提供法律帮助、犯罪嫌疑人应当在辩护人或者值班律师在场的情况下签署认罪认罚具结书、人民检察院提出的量刑建议一般应当为确定刑等内容。在第十一章“出席法庭”专设一节“速裁程序”，明确速裁程序的适用范围以及程序如何简化等内容。这些规定对于鼓励犯罪嫌疑人认罪认罚、减少社会对抗、节约司法资源、实现刑事诉讼公正和效率的统一具有重要意义。

四是完善检察环节缺席审判诉讼程序。为强化境外追逃的法律手段，修改后的刑事诉讼法规定了缺席审判程序。《规则》明确了对缺席审判案件提起公诉的人民检察院的级别、人民检察院提交被告人已出境证据的义务和报请最高人民检察院核准的程序等，为与监察机关、公安机关、人民法院的办案程序衔接设定了“接口”。

（三）落实司法体制改革、检察改革要求，建立健全权责统一的检察权运行机制

一是落实司法责任制。司法责任制改革是本轮司法体制改革的“牛鼻子”。为贯彻落实检察官办案责任制，落实“谁办案谁负责、谁决定谁负责”的要求，《规则》明确，人民检察院办理刑事案件，由检察官、检察长、检察委员会在各自职权范围内对办案事项作出决定，并依照规定承担相应司法责任。对检察官适度放权，减少需要由检察长决定或者批准的事项，根据《人民检察院组织法》的规定，保留60项应当由检察长决定和6项应当由检委会决定的重大办案事项。在突出检察官办案主体地位的同时，为了进一步完善办案机制、提升办案质量，《规则》还对检察长、业务机构负责人的监督、管理职责作了具体规定，体现了对检察官放权与监督管理的有机统一。

二是完善捕诉一体办案机制。捕诉一体是检察权运行机制改革的重要内容，是适应以审判为中心的刑事诉讼制度改革和检察官办案责任制要求、充分发挥检察机关刑事诉讼主导责任的客观需要，对于优化检察资源配置、提高办案质量和诉讼效率，具有重要意义。《规则》适应捕诉一体要求，进一步完善审查逮捕、审查起诉办案机制。在通则中明确对同一刑事案件的捕和诉由一名检察官或者检察官办案组办到底，把检察官的办案责任“压得更实”。将2012年《规则》分设两章的审查逮捕和审查起诉合并为一章，在“一般规定”中整合了两个“审查”环节的共性要求，如全面审查原则，讯问、询问的要求，听取辩护人、值班律师意见，诉讼权利告知，提前介入侦查，调取、审查录音录像等，既强调两次审查在审查方式和要求上的共性，又突出了两次审查在诉讼环节和审查标准上的不同。

三是完善人民检察院对刑事诉讼的监督，保障法律正确实施。依法对刑事诉讼进行法律监督是检察机关的重要职权，完善诉讼监督的相关规定是《规则》修订的重要内容。根据修改后的刑事诉讼法、人民检察院组织法，梳理各项监督手段、方式、程序等共性特征予以集中规定，包括诉讼监督的方式、开展调查核实的方法措施、对纠正意见的督促落实等，明确了针对不同情形的监督手段，以提升监督实效。完善对立案、侦查、审判活动、判决裁定、死刑复核等的监督程序。如明确对于公安机关未在规定期限内作出是否立案决定的情形进行监督的方式，纠正人民群众反映强烈的“久拖不立”问题；调整完善侦查活动监督针对的违法行为的具体情形；完善审查死刑复核案件的方式等。新增“第十四章刑罚执行和监管执法监督”，将这一内容从“刑事诉讼法律监督”一章中独立出来，设专章加以规定，并增加了派驻与巡回相结合的监督方式，以及对于在巡回检察中发现的问题、线索“回头看”等规定，以更好地发挥巡回检察的持久威慑力。

下一步，各级检察机关将以落实修订后《人民检察院刑事诉讼规则》为抓手，进一步推动刑事检察工作科学发展，提升检察履职能力，向着让人民群众在每一个司法案件中感受到公平正义的目标不断迈进。

最高人民检察院有关负责人
就修订后的《人民检察院刑事诉讼规则》
答记者问

《人民日报》记者：

党的十九届四中全会《决定》明确提出，要加强人权的法治保障。修订后的《规则》在尊重和保障人权方面增加了哪些新的规定？

最高人民检察院检委会专职委员万春：

刑事诉讼法第二条开宗明义地规定，惩罚犯罪分子，保障无罪的人不受刑事追究，尊重和保障人权，保护公民的人身权利、财产权利、民主权利和其他权利是刑事诉讼的重要任务之一。检察官法第五条规定，检察官履行职责，应当秉持客观公正立场。既要追诉犯罪，也要保障无罪的人不受刑事追究。随着中国特色社会主义进入新时代，人民群众对检察工作有更高的要求。《规则》从以下方面强化了司法人权保障。

第一，贯彻以人民为中心的司法理念，切实维护当事人诉讼权利。

一是细化非法证据排除制度的相关规定，明确非法证据的认定，完善重大案件侦查终结前讯问合法性核查的规定，有效防范刑讯逼供和冤错案件。

二是明确侦查机关在对犯罪嫌疑人执行逮捕后未有效开展侦查工作或者侦查取证工作没有实质进展的，人民检察院可以作出不批准延长侦查羁押期限的决定，防止拖延办案、长期剥夺犯罪嫌疑人人身自由。

三是明确羁押必要性审查的考察因素以及不需要羁押的具体情形，以减少不必要的审前羁押。

四是依法规范自侦案件的办理，明确必要时可以对勘查、询问重要证人等侦查活动进行录音录像。

第二，依法保障犯罪嫌疑人辩护权以及获得法律帮助的权利。

一是规定人民检察院受理案件后应当了解犯罪嫌疑人委托辩护人的情况，对于符合条件的犯罪嫌疑人，依法通知法律援助机构指派律师为其提供辩护。

二是明确人民检察院应当商法律援助机构在检察院设立法律援助工作站派驻值班律师或者及时安排值班律师，确保认罪认罚的犯罪嫌疑人可以获得有效法律帮助。

三是明确犯罪嫌疑人认罪认罚的，人民检察院应当听取犯罪嫌疑人、辩护人或者值班律师的意见。犯罪嫌疑人签署认罪认罚具结书，辩护人或者值班律师应当在场。

第三，进一步提高诉讼效率，降低当事人诉讼成本。

例如，将转交法律援助申请材料的期限由“三日以内”缩短至“二十四小时以内”，将辩护律师申请向被害人收集证据的许可决定期限由“七日以内”缩短至“五日以内”。落实“群众来信件件有回复”的要求，建立7日内程序性答复和3个月办理进展或者办理结果答复制度。为减轻诉讼参与人经济负担，明确规定辩护人复制案卷材料，不收取费用，对证人在审查逮捕阶段因履行作证义务而支出的交通、住宿、就餐等费用给予补助。

《法制日报》记者：

尊重和保障律师的权利，是依法保护公民权利的重要途径，也是实现司法公正的重要保证。《规则》在保障律师执业权利方面有哪些新规定？

最高人民检察院法律政策研究室副主任、二级高级检察官绿杰：

律师是推进全面依法治国不可或缺的力量，发挥着维护当事人权益、促进司法公正的重要作用。律师与检察官在追求公平正义的价值目标上具有同向性，在尊重和保障人权的功能作用上具有互补性。检察机关始终牢固树立法律职业共同体理念，重视依法保障律师执业权利。2014年，最高检在各政法单位中率先出台《关于依法保障律师执业权利的规定》。2015年，“两高三部”又联合制发《关于依法保障律师执业权利的规定》。这次《规则》修订，进一步强化了对律师执业权利的保障。

第一，简化接待律师程序。对辩护律师申请人民检察院向公安机关调取证据材料，申请人民检察院收集、调取证据，申请人民检察院许可其向被害人或者其近亲属、被害人提供的证人收集与本案有关的材料，要求检察官听取意见的，直接由办案部门进行审查或者安排听取意见，不再通过负责案件管理的部门转办，辩护律师不必辗转同多个部门打交道。

第二，充分保障辩护律师的知情权、会见权、阅卷权和申请调查取证的权利。《规则》要求人民检察院对于直接受理侦查案件移送起诉，审查起诉案件退回补充侦查、改变管辖、提起公诉这些重大的程序性事项，应当及时告知辩护律师。删除了部分特殊案件律师会见犯罪嫌疑人需要经过许可的规定。要求为律师阅卷提供专门的场所或者电子卷宗阅卷终端设备，律师复制案卷材料不收取费用。明确辩护律师申请人民检察院收集、调取证据的，人民检察院应当审查并作出决定，不调取或者不许可的，应当书面说明理由。

第三，重视听取辩护律师意见。要求人民检察院在审查逮捕、审查起诉期间，对辩护律师发表意见的，都应当听取。辩护律师多次发表意见的，均应当如实记录。辩护律师对侦查人员采用非法方法收集证据提出报案、控告、举报并提供相关材料或者线索的，人民检察院应当受理并审查。

第四，为值班律师履职提供便利。《规则》规定，人民检察院办理犯罪嫌疑人认罪认罚案件，自移送起诉之日起，值班律师可以查阅案卷材料了解案情，人民检察院应当为值班律师提供便利；人民检察院审查起诉，值班律师发表意见的，人民检察院应当听取，不采纳其所提意见的，应当向其说明理由。

第五，强化对律师执业权利受阻的救济。《规则》规定，辩护律师、值班律师认为有关单位及其工作人员阻碍其依法行使诉讼权利，向人民检察院申诉或者控告的，人民检察院应当接受并进行调查核实。发现有阻碍辩护律师、值班律师依法行使诉讼权利行为的，应当依法进行监督，通知有关单位予以纠正。

《中国纪检监察报》记者：

《规则》在完善监察机关调查与检察机关审查起诉程序衔接方面作了哪些规定？

万春：

监察法第四条规定，监察机关办理职务违法和职务犯罪案件，应当与检察机关等互相配合、互相制约。修改后的刑事诉讼法对监察机关与检察机关的办案程序衔接作了原则规定。《规则》依照相关法律规定，结合监察体制改革的实践经验，经充分征求国家监委意见，从四个方面作了细化规定，确保监察机关和检察机关办案程序无缝衔接，提高反腐败工作合力。

第一，对监察机关移送案件的证据及相关问题作出规定。依据监察法第三十三条的规定，明确监察机关依法收集的证据材料，在刑事诉讼中可以作为证据使用。同时，规定人民检察院可以对监察机关收集证据的合法性进行审查，审查起诉阶段可以要求监察机关对证据收集的合法性作出说明，可以同监察机关协商沟通调取有关录音录像；庭审调查证据合法性时，可以提请法庭通知调查人员出庭说明情况。

第二，对指定管辖作出规定。由于监察管辖是按照管理权限，而刑事诉讼管辖是按照犯罪地或者犯罪嫌疑人居住地，因此实践中监察机关调查的案件，异地起诉、审判的情况较为常见。为了使这些案件能够顺利起诉，《规则》明确，监察机关移送起诉的案件，需要依照刑事诉讼法的规定指定审判管辖的，人民检察院应当在监察机关移送起诉20日前协商同级人民法院办理指定管辖事宜。

第三，细化留置措施与刑事强制措施的衔接。依据刑事诉讼法第一百七十条第二款，区分两种情况作了规定：一是对已采取留置措施的案件，应当在受理案件后，及时对犯罪嫌疑人作出拘留决定，交公安机关执行。执行拘留后，留置措施自动解除。二是对未采取留置措施的案件，根据案件情况，可以决定是否采取逮捕、取保候审或者监视居住措施。

第四，细化派员介入调查、退回补充调查、自行补充侦查的规定。《规则》明确，经监察机关商请，人民检察院可以派员介入监察机关办理的职务犯罪案件。目的是加强人民检察院与监察机关的协作配合，对证据收集、事实认定、法律适用、案件管辖等提出意见和建议，完善案件证据体系，确保准确适用法律，提高职务犯罪案件办理质效。此外，《规则》还明确补充调查提纲制作要求、自行补充侦查的适用情形等。

《南方周末》记者：

修订后的《规则》将审查逮捕和审查起诉合并为一章，体现捕诉一体机制，有哪些实质性意义？该机制有哪些优势？

缐杰：

捕诉一体是检察权运行机制改革的重要内容。自2018年以来，检察机关全面实行捕诉一体办案机制。修订后的《规则》进一步将捕诉一体办案机制规范化制度化，完善了案件审查方式和办理机制，强化了捕诉工作衔接，秉持检察官客观公正立场，贯彻“在办案中监督，在监督中办案”的要求，重视保障诉讼参与人权利，引导侦查取证，严格排除非法证据，确保无罪的人不受刑事追究，有罪的人受到公正处罚。

关于捕诉一体办案机制的优势。首先，捕诉一体是适应以审判为中心的刑事诉讼制度改革的需要。以审判为中心的刑事诉讼制度改革要求侦查机关、人民检察院按照裁判的要求和标准收集、固定、审查、运用证据。以审判为中心实质是以庭审为中心，以庭审为中心实质是以证据为核心。捕诉一体有利于检察官按照庭审指控所需的证据标准来引导侦查取证，健全以证据为核心的刑事指控体系，对提升办案质效具有深远意义。

其次，实行捕诉一体是落实司法责任制，完善检察权运行机制的需要。权责明晰是司法责任制的基本要求。实行捕诉一体后，同一案件的审查逮捕、审查起诉由同一检察官或者检察官办案组负责，使办案责任更加清晰明确，做到权责一致。

再次，实行捕诉一体是提高诉讼效率、缓解“案多人少”矛盾的需要。随着反贪机构和人员转隶以及检察官员额制改革，检察官人数大幅精简，案件数量却呈逐年升高的趋势。2019年1至11月，全国检察机关共批准或者决定逮捕685912件995804人，同比分别上升5.2%、3.3%；提起公诉1151640件1629054人，同比分别上升7.1%、7.8%。以最低的司法成本投入实现法治产品的最大化产出是检察机关满足人民群众司法新需求的重要着力点。捕诉一体减少了检察官重复翻阅案卷和制作审查报告的时间，从而大大缩短办案周期，而且因持续关注同一案件，对案情的认识更加细致、深入，既有利于及时有效惩治犯罪，也有利于维护犯罪嫌疑人合法权益。

最后，实行捕诉一体是推进检察队伍专业化建设、提升检察官能力素质的需要。捕诉一体有利于推动检察机关按照案件类型设置刑事检察业务机构和办案组织，培养专家型检察官，提升检察队伍的专业化水平。实践证明，捕诉一体对于提高批捕和起诉的案件质量、充分发挥引导侦查作用，优化司法资源配置、提高诉讼效率起到了积极的作用。

需要说明的是，实行捕诉一体，并非将逮捕和起诉的功能和条件混为一体。逮捕是保障诉讼进行的强制措施，不是案件的最后处理，因此其法定的证明标准低于起诉。不能因为实行捕诉一体就用起诉的标准来批捕，或者构罪即捕、捕了即诉。《规则》虽然将审查逮捕和审查起诉合并为一章，但是分专节规定了逮捕和起诉的条件与程序，以保证逮捕和起诉各自功能的发挥。

《人民公安报》记者：

据了解，2019年以来，最高检特别强调要完善补充侦查制度，进一步明确退回补充侦查的条件，建立人民检察院退回补充侦查引导和说理机制，明确补充侦查方向、标准和要求。请问这次《规则》修订是否体现了上述要求？

万春：

刑事诉讼法规定，人民检察院审查案件，对于需要补充侦查的，可以退回公安机关补充侦查。2019年1至11月，检察机关在办理审查起诉案件中，共退回补充侦查428956件次，同比下降2.2%。其中，一次退回补充侦查305781件次，同比下降3.7%；二次退回补充侦查123175件次，同比上升1.7%。从司法实践看，一个案件经历二次退回补充侦查，经历的诉讼环节增多、办案时间拉长，当事人对司法活动的负面感受也随之增强，办案的社会效果变差。最高检在地方调研时发现，有的检察机关办理案件的二次退回补充侦查率较高；有的案件经过二次退回补充侦查，效果仍不理想；有的退回补充侦查提纲制作得较为粗糙，侦查机关难以操作。

完善补充侦查制度，要求检察机关进一步明确退回补充侦查的条件，严格审查退查的必要性，完善退回补充侦查引导和说理机制，提升退查的实效性和取证的精准度。对此，《规则》规定，对于不批准逮捕后要求公安机关补充侦查或者审查起诉阶段退回公安机关补充侦查的案件，人民检察院应当制作补充侦查提纲，写明需要补充侦查的事项、理由、侦查方向、需补充收集的证据及其证明作用等，送交公安机关。退查提纲制作的精细化、实质化，目的是便于侦查机关“照方抓药”，及时补充收集指控犯罪所必需的证据，使案件重新移送人民检察院后能够顺利诉出去，避免不必要的再次退回补充侦查或者因证据不足而放纵犯罪分子。如果检察机关和侦查机关都把工作做到极致，案件仍然事实不清、证据不足的，应当贯彻疑罪从无原则，依法作出不起诉决定。

中央广播电视总台央视社会与法频道记者：

对未成年人权益的保护，是社会非常关注的问题。《规则》对于未成年人刑事案件的办理，如何体现对未成年犯罪嫌疑人和未成年被害人的双向保护？

童建明：

的确，对未成年人权益的保护，社会各界非常关注，涉及未成年人的刑事案件往往成为社会舆论的焦点。从检察机关办理的案件情况看，对未成年人的司法保护确实需要给予高度重视。2019年1至11月，检察机关共批捕未成年犯罪嫌疑人28915人，同比上升7.6%；提起公诉38207人，同比上升10.2%。共批捕侵害未成年人权益的犯罪嫌疑人43844人，上升19.4%，起诉56427人，上升25.9%。其中性侵未成年人等犯罪案件上升幅度更大。人民检察院办理未成年人刑事案件，既注重保护涉罪未成年人的合法权益，也注重维护未成年被害人的合法权益。

《规则》修改充分体现了对未成年犯罪嫌疑人和未成年被害人的“双向保护”原则：一方面，明确人民检察院办理未成年人涉嫌犯罪案件，应当贯彻“教育、感化、挽救”方针和“教育为主、惩罚为辅”的原则，以帮助教育和预防重新犯罪为目的。完善了与成年人分案办理、讯问时合适成年人到场、附条件不起诉的适用和考察、犯罪记录封存等制度，增加了未成年犯罪嫌疑人认罪认罚案件办理要求，并且明确可以借助社会力量开展帮助教育涉案未成年人的工作。例如吸收未成年人司法社工等专业社会力量参与涉案未成年人帮教、救助工作机制，以提高未成年人司法保护的质量和效果。

另一方面，对于被害人是未成年人的案件，要求注意办案的方式方法，采取适合未成年被害人身心特点的方法，充分保护未成年被害人的合法权益。《规则》明确询问未成年被害人，应当以一次询问为原则。这是针对因询问方式不当导致取证质量不高，或者反复询问造成“二次伤害”等问题而作出的规定。这几年最高检推行“一站式”询问救助机制已取得明显成效，全国已建立环境温馨，具备取证、心理疏导、身体检查、同步录音录像等功能的“一站式”询问救助办案区 330 多个。这种询问方式有利于保护未成年被害人身心健康。

《检察日报》记者：

检察机关对监狱等场所开展巡回检察实践效果如何？在《规则》中是否有体现？

绿杰：

对监狱等场所开展巡回检察是最高检党组部署的重要工作，是监管执法监督工作方式的创新。以往检察机关对监狱、看守所的监督方式，是以派驻检察为主。派驻检察具有贴近性、便捷性、经常性等特点，方便在押服刑人员和人民群众反映问题，发现监督线索，但也存在派驻检察人员容易与监督对象形成熟人关系，“因熟生懒”“因熟生腐”，从而出现不敢监督、不愿监督，监督失之于宽、失之于软的问题。借鉴党内巡视工作的成功经验，检察机关在改进派驻检察的同时，探索开展巡回检察，发挥巡回检察人员不固定、时间不固定，机动灵活的优势，哪里反映强烈就到哪里巡回，哪里问题突出就到哪里监督，与派驻检察有机结合、互为补充，增强监督的主动性和实效性。

2018年5月28日，最高检印发《检察机关对监狱实行巡回检察试点工作方案》，在全国部分检察机关部署开展为期一年的监狱巡回检察试点工作。2018年10月修订的人民检察院组织法第十七条规定，人民检察院根据检察工作需要，可以在监狱、看守所等场所设立检察室，行使派出它的人民检察院的部分职权，也可以对上述场所进行巡回检察。

根据上述规定，检察机关全面开展巡回检察试点工作，取得了良好效果。例如，2018年底，辽宁省检察院针对凌源第三监狱罪犯脱逃事故暴露出的凌源地区监狱在监管安全防范方面存在的突出问题，组织对辽宁省凌源第五监狱开展了一次交叉巡回检察。对检察中发现的监狱在安全设施等方面的问题发出检察建议书，监狱对检察机关发现的问题进行了全面整改。

《规则》对上述规定和实践中的成熟做法予以吸收，对巡回检察作了具体规定。同时，还规定了“回头看”，明确检察机关在巡回检察中发现的问题，可以通过巡回检察督导落实整改要求。防止违法行为反弹，推动问题真正彻底解决，用“督到底”的精神把检察建议做成刚性、做到刚性。

中央广播电视总台央广记者：

修订后的《规则》完善了认罪认罚从宽制度，检察机关办理认罪认罚案件时，如何做到依法对犯罪嫌疑人从宽处理和保障被害人合法权益之间的平衡？

童建明：

认罪认罚从宽制度是我国刑事诉讼法确立的一项重要制度，是在立法和司法领域推进国家治理体系和治理能力现代化的重大举措，是确保及时惩罚犯罪，加强人权司法保障，推动案件繁简分流，优化司法资源配置，提升诉讼效率的重要方式。这项制度从刑诉法修改通过之日起就已实施，但到2019年6月，适用率还不到30%。为此，最高检加强了业务培训和指导，到11月适用率已达到同期审结人数的74.6%，较好地实现了这项制度的预期效果。

2019 年 10 月，“两高三部”共同发布《关于认罪认罚从宽制度的指导意见》，对认罪认罚从宽制度相关问题作了具体规定。《规则》对上述指导意见的内容予以吸收，其中一项重要内容就是加强对被害人权益的保障。

我国的认罪认罚从宽制度在进行制度设计之初就十分重视对被害人意见的尊重和对被害人权益的维护，这一点与西方国家的“辩诉交易”和“认罪协商”制度有着根本不同，这也是我国认罪认罚从宽制度的一大特色和优势。

被害人不仅对犯罪嫌疑人是否应当从宽处罚、如何从宽处罚有权提出意见，而且被害人是否获得犯罪嫌疑人的赔偿，是否谅解，还是检察机关对犯罪嫌疑人不批准逮捕、不起诉和提出从宽量刑建议的重要考虑因素之一。

《规则》主要从加强被害人权利保障、严格履行审查职责两个方面，努力做到对犯罪嫌疑人从宽处理和保障被害人合法权益之间的平衡。

在加强被害人权利保障方面，强化三项权利保障：一是知情权，案件移送到人民检察院审查起诉后，案件承办人员应当在三日以内告知被害人及其法定代理人有权委托诉讼代理人。二是发表意见权，人民检察院应当就案件事实、罪名及适用法律以及从宽处理建议等事项听取被害人方的意见。三是获得法律帮助权，被害人及其法定代理人、近亲属因经济困难没有委托诉讼代理人的，应当告知其可以申请法律援助。

在严格履行审查职责方面，重点审查三个“有没有”：就是犯罪嫌疑人有没有真诚悔罪，向被害人赔礼道歉；有没有与被害人达成和解或者调解协议；有没有赔偿被害方损失，取得被害方谅解。这三个“有没有”是人民检察院提出量刑建议的重要考虑因素。

对于符合当事人和解程序适用条件的公诉案件，犯罪嫌疑人认罪认罚的，人民检察院应当积极促使当事人自愿达成和解。被害方符合司法救助条件的，人民检察院还应当积极协调有关部门办理司法救助手续。通过这样一些措施切实发挥认罪认罚从宽制度对修复社会关系、化解社会矛盾的积极作用。

《人民检察院刑事诉讼规则》重点解读

——落实司法责任制，实现放权与监督有机统一[①]

高景峰*

在检察权运行新模式中，如何落实“谁办案谁负责，谁决定谁负责”的基本原则，如何做到对检察官既要依法放权，又要加强监督，确保办案质量和效率，是此次《人民检察院刑事诉讼规则》（以下简称《规则》）修订的重要内容之一。

《规则》就检察长、业务机构负责人对检察官办案的监督、管理职责作了具体规定，体现了对检察官放权与监督管理的有机统一。

人民检察院办理案件，必须坚持突出检察官的主体地位与保证检察长对司法办案工作的领导相统一。

司法责任制改革是本轮司法体制改革的“牛鼻子”。如何在修订后的《规则》中，体现司法责任制改革的成果和要求，是此次修订的重点和焦点。特别是在司法责任制改革背景下，在检察权运行新模式中，如何落实“谁办案谁负责，谁决定谁负责”的基本原则，如何做到对检察官既要依法放权，又要加强监督，确保办案质量和效率，是此次修订的重要内容之一。

① 原载《检察日报》2020年2月20日。

* 作者单位：最高人民检察院。

突出检察官办案主体地位，落实“谁办案谁负责、谁决定谁负责”的司法责任制改革要求

2012年《规则》第四条规定了“三级审批”的办案模式，即：“人民检察院办理刑事案件，由检察人员承办，办案部门负责人审核，检察长或者检察委员会决定。”按照这一规定，对案件的处理必须经部门负责人审核，且这里的“审核”在实践中就是“审批”，然后由检察长或者检察委员会作出决定。这就是所谓的“三级审批”。这种办案模式在检察机关实行多年，应当说，在当时历史条件下，这种模式对于保证刑事案件的办理质量，确保检察权的正确规范行使发挥了重要作用，是与改革前检察人员的素质与管理模式相适应的。但是在司法责任制改革背景下，这种办案模式已经不适应检察机关办理刑事案件的司法规律，不利于落实司法责任制改革关于“谁办案谁负责，谁决定谁负责”的要求。

司法责任制改革作为党的十八届三中、四中全会部署的重要任务，是完善司法权运行机制的关键，也是深化司法体制改革的核心，在全面深化司法体制改革中具有基础性、全局性地位。检察机关的司法责任制是基于检察机关的法定职权和履职规律，科学界定检察人员、办案组织的职权、责任，明确司法责任承担主体、范围和追责条件、方式，构建公正高效的检察权运行机制和公平合理的司法责任认定、追究机制等问题的管理制度。司法责任制改革有利于将司法办案的责任落到实处，增强检察官司法办案的责任心，促进检察官依法公正履行职责；有利于解决当前司法活动中的突出问题，提高司法公信力，让人民群众在每一个司法案件中感受到公平正义；有利于促进检察人员提高自身素质，推进检察队伍革命化、正规化、专业化、职业化建设。2015年9月，最高人民检察院印发《关于完善人民检察院司法责任制的若干意见》（以下简称《若干意见》），在检察机关推行司法责任制改革。

为贯彻落实司法责任制改革要求，修订后《规则》第四条第一款、第二款规定：“人民检察院办理刑事案件，由检察官、检察长、检察委员会

在各自职权范围内对办案事项作出决定，并依照规定承担相应司法责任。”“检察官在检察长领导下开展工作。重大办案事项，由检察长决定。检察长可以根据案件情况，提交检察委员会讨论决定。其他办案事项，检察长可以自行决定，也可以委托检察官决定。”从上述规定可以看出，除了《规则》明确规定的必须由检察长决定的“重大办案事项”外，其他办案事项，检察长都可以委托检察官决定，这就大大加强了检察官在办案中的自主性和决定权，充分体现了检察官的办案主体地位和“谁办案谁负责、谁决定谁负责”的改革要求。《规则》在其他条文中对上述由检察长决定的“重大办案事项”逐一作了明确规定，主要包括六个方面：第一类是决定回避的事项；第二类是人民检察院办理直接受理侦查案件，除勘验、检查、调取证据以外的大部分事项；第三类是改变案件走向的事项，包括因不构成犯罪、具有依法不应当追究刑事责任情形、证据不足而不批准逮捕，不起诉，撤回起诉等；第四类是特别程序案件的相关事项；第五类是向有关机关发出纠正违法通知书，提出检察建议、检察意见的事项；第六类是在审查逮捕时纠正漏捕，审查起诉、抗诉阶段适用强制措施的事项。同时，《规则》第四条第三款还规定：“本规则对应当由检察长或者检察委员会决定的重大办案事项有明确规定的，依照本规则的规定。本规则没有明确规定的，省级人民检察院可以制定有关规定，报最高人民检察院批准。”也就是说，各省级检察院可以根据刑事诉讼法和《规则》的规定，结合当地实际，制定具体的权力清单，报最高人民检察院批准。

需要注意的是，《规则》第四条第五款还规定：“重大、疑难、复杂或者有社会影响的案件，应当向检察长报告。”该规定表明，如果属于重大、疑难、复杂或者有社会影响的案件，无论是否涉及“重大办案事项”，都应当向检察长报告，这也是检察长履行监督管理职责的具体体现。

加强检察长、业务机构负责人的监督、管理职责，实现对检察官放权与监督管理的有机统一

司法责任制改革在突出检察官办案主体地位的同时，也强调要加强对

检察官的监督、管理。《若干意见》就将“坚持突出检察官办案主体地位与加强监督制约相结合”作为完善司法责任制的基本原则之一。而且，检察机关的职权配置和权力运行模式有自身的特点：首先，检察机关强调“检察一体”，检察机关上下级之间、检察长和其他检察人员之间是领导与被领导的关系；其次，检察权兼具司法属性和行政属性，尤其是其中的侦查权，行政色彩较为强烈；再次，检察机关的权力原则上归属于检察长，检察官在办案中的决定权来自于检察长的授权。因此，检察机关的司法责任制改革，在突出检察官办案主体地位的同时，必须更加强调对检察官的监督制约，两者不可偏废。具体到某检察院，当检察官达到一定数量，检察长需要通过业务部门负责人来履行部分监督管理责任时，就需要进一步明确检察长、业务部门负责人的监督管理责任。且在司法责任制改革中，司法责任包括故意违反法律法规责任、重大过失责任和监督管理责任。可见，在司法责任制改革中，一直都非常重视检察长、部门负责人的监督管理责任。正是因为如此，《规则》就检察长、业务机构负责人对检察官办案的监督、管理职责作了具体规定，体现了对检察官放权与监督管理的有机统一。

（一）业务机构负责人的监督管理职责

《规则》第六条第二款规定：“业务机构负责人对本部门的办案活动进行监督管理。需要报请检察长决定的事项和需要向检察长报告的案件，应当先由业务机构负责人审核。业务机构负责人可以主持召开检察官联席会议进行讨论，也可以直接报请检察长决定或者向检察长报告。”

司法责任制改革后，对于业务机构负责人对本部门检察官的办案活动是否还有审核的职责、其权力界限如何把握等问题，各地认识不统一。有的地方的业务机构负责人主要履行行政管理的职责，对于案件处理基本不过问；也有的地方仍然在一定程度上坚持原有的“三级审批”模式。在《规则》修订过程中，对于这一问题进行了深入研究。经过充分讨论，《规则》明确，根据检察长的授权，业务机构负责人对本部门的办案活动有监督管理的职责。这种监督权主要体现在，对于需要报请检察长决定的事项和需要向检察长报告的案件，应当先由业务机构负责人审核，检察官不能直接向检察长报请或者报告。但是，业务机构负责人的审核不是审批，更不同于检察长的决定权。业务部门负责人对于报请其审核的事项或者案件，可以提出意见和建议，可以要求检察官补充相关材料，可以主持召开检察官联席会议对案件进行讨论，为承办案件的检察官提供参考意见，然后依法报请检察长决定。但是不能直接改变或者变相要求检察官改变意见。

（二）检察长的监督管理职责

《规则》第七条规定："检察长不同意检察官处理意见的，可以要求检察官复核，也可以直接作出决定，或者提请检察委员会讨论决定。检察官执行检察长决定时，认为决定错误的，应当书面提出意见。检察长不改变原决定的，检察官应当执行。"修订后的人民检察院组织法第三十六条规定，人民检察院检察长领导本院检察工作。第二十九条规定，检察官在检察长领导下开展工作。上述规定表明，人民检察院办理案件，必须坚持突出检察官的主体地位与保证检察长对司法办案工作的领导相统一。因此，《规则》第七条明确，检察长不同意检察官处理意见的，可以要求检察官复核，也可以直接作出决定，或者提请检察委员会讨论决定。也就是说，检察长对案件办理有实质决定权，如果不同意检察官对案件的处理意见，有三种处理方式：一是可以要求检察官复核；二是可以直接作出决定；三是可以提请检察委员会讨论决定。同时，为了给检察官充分阐述自己意见的机会，《规则》明确，检察官认为检察长决定错误的，可以提出意见，但必须以书面形式提出。同时规定，如果检察长不改变原决定，检察官应当执行检察长的决定。

《人民检察院刑事诉讼规则》重点解读

——检察官办案中发现非法证据应当依法排除①

缐　杰*

《人民检察院刑事诉讼规则》（以下简称《规则》）细化了非法证据排除制度的相关规定，明确了非法证据的范围，完善了重大案件侦查终结前讯问合法性核查制度等。

《规则》明确，如果经审查无法确定存在非法取证的行为，在作出批准或者不批准逮捕的决定后，应当继续对可能存在的非法取证行为进行调查核实。

为了保证办案质量，提升司法效率和司法公信力，《规则》对存疑非法证据的处理问题作了具体规定，即在审查逮捕、审查起诉阶段也应当从严把握，不得将存疑的非法证据作为批准逮捕、提起公诉的依据。

为了充分实现人权的法治保障，确保无罪的人不受刑事追究，有罪的人受到公正处罚，新修订的《规则》细化了非法证据排除制度的相关规定，明确了非法证据的范围，完善了重大案件侦查终结前讯问合法性核查制度，规定人民检察院发现侦查人员以刑讯逼供等非法方法收集证据的，应当依法排除相关证据并提出纠正意见，切实防止刑讯逼供和冤错案件。

① 原载《检察日报》2020年1月14日。

* 作者单位：最高人民检察院。

非法证据的界定

准确适用非法证据排除制度，前提是明确非法证据的范围。2012年《规则》是通过对“刑讯逼供”和“其他非法方法”的概念进行界定来明确非法证据的范围。此次修改《规则》，根据刑事诉讼法和2017年两高三部《关于办理刑事案件严格排除非法证据若干问题的规定》（以下简称《排除非法证据规定》），在第六十七条至第七十条对“非法证据”的范围予以列举性规定，分为四种类型：一是对于犯罪嫌疑人供述，列举了应当予以排除的三种情形；二是对于重复性供述，明确了应当排除的原则，并列举了除外情形；三是明确采用暴力、威胁以及非法限制人身自由等非法方法收集的证人证言、被害人陈述，应当予以排除；四是规定收集物证、书证不符合法定程序可能严重影响司法公正，公安机关不能补正或者无法作出合理解释的，应当予以排除。通过上述规定，对各种证据类型在什么情况下应当予以排除予以明确，消除了实践中的认识分歧。

排除非法证据的阶段

公检法三机关在各自办案阶段都负有排除非法证据的义务。《排除非法证据规定》第十七条要求人民检察院在审查逮捕、审查起诉期间，对犯罪嫌疑人提出的非法取证线索或者材料予以调查核实，同时要求非法证据不得作为逮捕、提起公诉的根据。“捕诉一体”改革后，虽然由一名检察官或者检察官办案组完成审查逮捕、审查起诉两个环节的审查任务，但两次审查在诉讼环节和审查标准上不同，对非法证据的审查也不能简单的“一查了之”，而是要全面审查，一以贯之。《规则》第七十二条和七十三条、第二百六十五条和二百六十六条均体现了检察机关在审查逮捕、审查起诉环节都有排除非法证据的义务，相互之间不能替代。同时，考虑到审查逮捕的期限较短，《规则》明确，如果经审查无法确定存在非法取证的行为，在作出批准或者不批准逮捕的决定后，应当继续对可能存在的非法取证行为进行调查核实。经调查核实确认存在非法取证情形的，应当予以排除，不得作为提起公诉的依据。另外，《规则》第七十三条规定："被排除的非法证据应当随案移送，并写明为依法排除的非法证据"，以防止证据截留，便于下一环节办案人员全面了解案情。

重大案件侦查终结前讯问合法性核查制度

2016年"两高三部"发布的《关于推进以审判为中心的刑事诉讼制度改革的意见》首次提出要探索建立重大案件侦查终结前对讯问合法性进行核查制度。《排除非法证据规定》第十四条规定，对重大案件，人民检察院驻看守所检察人员应当在侦查终结前进行讯问合法性核查。由于驻所检察人员具有贴近性、便捷性和相对中立性的优势，由其负责开展讯问合法性核查，能够实现监督关口前移，有助于解决刑讯逼供发现滞后、调查核实困难等问题。在此基础上，《规则》第七十一条进一步规定，人民检察院驻看守所检察人员应当将核查情况及时通知本院负责捕诉的部门。负责捕诉的部门认为确有刑讯逼供等非法取证情形的，应当要求公安机关依法排除非法证据，不得作为提请批准逮捕、移送起诉的依据。该规定明确了讯问合法性核查的后续处理措施，使得这一制度进一步落到实处。

对非法取证的调查核实

刑事诉讼法第五十七条规定："人民检察院接到报案、控告、举报或者发现侦查人员以非法方法收集证据的，应当进行调查核实。"2018年修订的人民检察院组织法第二十一条也规定了人民检察院行使法律监督职权时，可以进行调查核实。《规则》第五百五十一条专门规定了十种调查核实方式，包括：讯问、询问犯罪嫌疑人；询问证人、被害人或者其他诉讼参与人；询问办案人员；询问在场人员或者其他可能知情的人员；听取申诉人或者控告人的意见；听取辩护人、值班律师意见；调取、查询、复制相关登记表册、法律文书、体检记录及案卷材料等；调取讯问笔录、询问笔录及相关录音、录像或其他视听资料；进行伤情、病情检查或者鉴定；其他调查核实方式。这些调查核实方式适用于检察机关履行各项诉讼监督职责，当然也适用于对非法取证的监督。其中，调取讯问录音录像是调查核实非法取证的重要方式之一。因此，《规则》第七十五条至第七十七条用三个条文规定了对讯问录音录像的调取、审查、移送和播放，包括：检察机关可以调取公安机关讯问犯罪嫌疑人的录音、录像，对证据收集的合法性以及犯罪嫌疑人、被告人供述的真实性进行审查；被告人及其辩护人提出审前供述系非法取得，并提供相关线索或者材料的，检察机关可以将讯问录音、录像移送人民法院；在法庭审理过程中，被告人或者辩护人对讯问活动合法性提出异议，公诉人可以提请法庭当庭播放相关时段的讯问录音、录像，对有关异议或者事实进行质证。

存疑非法证据的处理

关于存疑非法证据如何处理的问题，刑事诉讼法第六十条、《排除非法证据规定》第三十四条都规定，不能排除以非法方法收集证据情形的（即存疑非法证据），对有关证据应当予以排除，但都限于在法庭审理过程中。而在检察机关审查逮捕、审查起诉时，对于存疑非法证据是否应当排除，法律没有明确规定，司法实践中存在不同认识。此次修订《规则》时，对这个问题进行了认真研究。为了保证办案质量，提升司法效率和司法公信力，《规则》第七十五条第二款、第二百六十五条第二款对存疑非法证据的处理问题作了具体规定，即在审查逮捕、审查起诉阶段也应当从严把握，不得将存疑的非法证据作为批准逮捕、提起公诉的依据。

对监察机关移送起诉案件证据的审查

监察法第四十条第二款规定，严禁以威胁、引诱、欺骗及其他非法方式收集证据，严禁侮辱、打骂、虐待、体罚或者变相体罚被调查人和涉案人员。《规则》根据上述规定，经充分征求中央纪委国家监委意见，参照刑事诉讼法非法证据排除制度，就检察机关对监察机关移送起诉案件证据的审查作了具体规定：第七十四条规定，人民检察院认为可能存在以刑讯逼供等非法方法收集证据情形的，可以书面要求监察机关对证据收集的合法性作出说明；第二百六十三条规定，认为需要调取有关录音、录像的，可以商监察机关调取；第四百一十条规定，在法庭审理过程中，审判人员认为需要进行法庭调查的，公诉人可以提请法庭通知调查人员出庭说明情况，对证据收集的合法性加以证明。

综上，《规则》对人民检察院严格适用非法证据排除规则进行了详细的规范，并在刑事诉讼法和《排除非法证据规定》的基础上，对检察机关提出了更高的要求，对保证检察机关严格依法定程序正确履职，规范司法办案行为，实现惩罚犯罪与保障人权的统一具有重要意义。

《人民检察院刑事诉讼规则》重点解读
——检察机关直接受理侦查案件的管辖与内部分工①

李昊昕*

人民检察院办理直接受理侦查的案件，原则上由设区的市级人民检察院立案侦查。

由于审查起诉管辖应当与审判管辖保持一致，因此，对于审查起诉指定管辖的，人民检察院应当与相应的人民法院协商一致。而对于类案的指定管辖，通常是对审查逮捕、审查起诉一并予以指定，因此，其审查逮捕的指定管辖还需要与公安机关协商一致。

人民检察院在刑事诉讼中的管辖，是指人民检察院依照法律规定管辖的刑事案件范围，以及人民检察院系统内部各级人民检察院在办理刑事案件上的分工问题，包括级别管辖、地域管辖、牵连管辖、并案管辖、指定管辖等。修改后的刑事诉讼法对检察机关的侦查职权作出了调整，2018 年 11 月最高人民检察院印发的《关于人民检察院立案侦查司法工作人员相关职务犯罪若干问题的规定》对直接受理侦查案件的办理程序作出规定，《人民检察院刑事诉讼规则》（以下简称《规则》）吸收上述规定，在“管辖”一章作出相应修改。

关于人民检察院直接受理侦查案件的范围。刑事诉讼法第十九条第二

① 原载《检察日报》2020 年 1 月 16 日。

* 最高人民检察院法律政策研究室专题研究处副处长、三级高级检察官。

款对于检察机关直接受理侦查案件的范围作了原则性规定，未列举具体罪名。此次修订《人民检察院刑事诉讼规则（试行）》（以下简称《规则（试行）》）时，有意见认为应当列明检察机关管辖案件的罪名。但是，考虑到《关于人民检察院立案侦查司法工作人员相关职务犯罪若干问题的规定》已经对检察机关管辖的十四个罪名作了明确规定，《规则》第十三条没有重复列举。

关于级别管辖。一是明确了直接受理侦查案件的级别管辖。《规则》明确规定，人民检察院办理直接受理侦查的案件，原则上由设区的市级人民检察院立案侦查。由于这类案件的主体是司法工作人员，由市级院立案侦查，能够确保立案的慎重性，也有利于排除办案中的阻力。而且，检察机关直接受理侦查的案件数量不大，由市级院立案侦查，有利于集中有限的资源，提高办案质量和效率。因此，基层人民检察院开展诉讼监督中发现这类犯罪线索的，应报请市级院审查，决定是否立案侦查。如果案件由基层院开展侦查更有利于及时收集、固定证据，而且该基层院也有侦查力量的，市级院可以将案件交由基层院立案侦查，或者由基层院协助侦查。另外，对于刑事执行派出检察院辖区内与刑事执行活动有关的犯罪线索，可以交由刑事执行派出检察院立案侦查。

二是明确了机动侦查案件的级别管辖。2012 年《规则（试行）》规定，对于机动侦查案件，经省级以上人民检察院决定，各级人民检察院都可以立案侦查。分析近年来的办案数据发现，每年全国检察机关办理的机动侦查案件数量较少。因此，《规则》规定，对于机动侦查案件，由设区的市级以上人民检察院立案侦查。对于这类特殊案件提升其管辖级别，不会给设区的市级人民检察院造成过多负担，同时也能使这项权力的行使更加慎重。

关于地域管辖。根据人民检察院直接受理侦查案件的特点和要求，《规则》确立了不同地区的人民检察院之间侦查管辖权以犯罪嫌疑人工作单位所在地为主的原则。这样规定，主要是因为司法工作人员的职务犯罪与其工作单位联系最为密切。犯罪嫌疑人是通过利用其在工作单位担任的职务及掌握和控制的权力实施犯罪行为的，工作单位所在地就是犯罪地，同时也是罪证最集中存在的地方。由犯罪嫌疑人工作单位所在地的人民检察院负责立案侦查，便于及时、全面地收集和审查核实证据，也便于当地人民群众对检察机关侦查工作的监督，同时，与审判管辖以犯罪地为主的原则是一致的。

关于牵连管辖。一是增加了与监察机关互涉案件处理的规定。《规则》第十七条规定，人民检察院办理直接受理侦查的案件，发现犯罪嫌疑人同时涉嫌监察机关管辖的职务犯罪线索的，应当及时与同级监察机关沟通。经沟通，认为全案由监察机关管辖更为适宜的，人民检察院应当将案件和相应职务犯罪线索一并移送监察机关；认为由监察机关和人民检察院分别管辖更为适宜的，人民检察院应当将监察机关管辖的相应职务犯罪线索移送监察机关，对依法由人民检察院管辖的犯罪案件继续侦查。

二是再次明确了与公安机关互涉案件处理的规定。《规则》第十八条规定，人民检察院办理直接受理侦查的案件涉及公安机关管辖的刑事案件，应当将属于公安机关管辖的刑事案件移送公安机关。如果涉嫌的主罪属于公安机关管辖，由公安机关为主侦查，人民检察院予以配合；如果涉嫌的主罪属于人民检察院管辖，由人民检察院为主侦查，公安机关予以配合。

这两种情况的处理方式之所以不同，是因为：公安机关与检察机关管辖的案件范围不同，即使案件存在关联，也应当各自对其管辖范围内的案件进行侦查，并做好配合；而监察机关与检察机关管辖的案件范围是存在重合的，按照监察法和刑事诉讼法的规定，对于司法工作人员利用职权实施的侵犯公民权利、损害司法公正的犯罪，可以由监察机关立案调查，也可以由检察机关立案侦查，因此，如果案件存在关联，或者由监察机关一并管辖，或者由监察机关和检察机关分别管辖。

关于并案管辖。2012年《规则（试行）》第十二条第二款规定："对于一人犯数罪、共同犯罪、多个犯罪嫌疑人实施的犯罪相互关联，并案处理有利于查明案件事实和诉讼进行的，人民检察院可以对相关犯罪案件并案处理。”而最高人民法院、最高人民检察院、公安部、国家安全部、司法部、全国人大常委会法工委于2012年底发布的《关于实施刑事诉讼法若干问题的规定》第三条相较《规则（试行)》的规定，在并案处理的情形中多了一项“共同犯罪的犯罪嫌疑人、被告人还实施其他犯罪的”，而且，强调要“在其职责范围内”并案处理。也就是说，人民法院、人民检察院、公安机关可以在自己系统内部对案件进行并案处理，但是对不属于自己职责范围内的案件，不能突破刑事诉讼法的职能分工进行并案。

此次修订《规则（试行)》时，对这个问题专门进行了研究。考虑到“六部委”规定的出台晚于《规则（试行)》，而且“六部委”规定是多个部门共同会签的文件，《规则》应当与其保持一致。因此，《规则》第十八条第二款修改为：“对于一人犯数罪、共同犯罪、共同犯罪的犯罪嫌疑人还实施其他犯罪、多个犯罪嫌疑人实施的犯罪存在关联，并案处理有利于查明案件事实和诉讼进行的，人民检察院可以在职责范围内对相关犯罪案件并案处理。”一是增加了“共同犯罪的犯罪嫌疑人还实施其他犯罪”的情形；二是强调要在检察机关的职责范围内才可以并案处理。如果检察机关发现与本院办理的案件存在关联的案件属于公安机关管辖的，应当按照第十八条第一款的规定，将案件移送公安机关，同时，可以按照立案监督的相关规定，督促公安机关及时立案侦查。

关于指定管辖。2012年《规则（试行)》有两个条文涉及指定管辖：一是第十六条规定的对管辖有争议的或者情况特殊的案件，由共同的上级人民检察院指定管辖；二是第18条规定的上级人民检察院可以指定下级人民检察院立案侦查管辖不明或者需要改变管辖的案件。此次修订《规则（试行)》时，有人提出，在司法实践中，有的地方对于一些特殊类型的案件集中指定由某一个检察院管辖，如知识产权犯罪案件、涉铁路刑事案件、环境保护案件等，在《规则》中应当有所体现。因此，在对上述指定管辖的各类情形进行梳理后，《规则》在第二十二条第一款进行了集中规定，包括四种情形：一是管辖有争议的案件；二是需要改变管辖的案件；三是需要集中管辖的特定类型的案件；四是其他需要指定管辖的案件。同时，该条第二款规定："对前款案件的审查起诉指定管辖的，人民检察院应当与相应的人民法院协商一致。对前款第三项案件的审查逮捕指定管辖的，人民检察院应当与相应的公安机关协商一致。"由于审查起诉管辖应当与审判管辖保持一致，因此，对于审查起诉指定管辖的，人民检察院应当与相应的人民法院协商一致。而对于类案的指定管辖，通常是对审查逮捕、审查起诉一并予以指定，因此，其审查逮捕的指定管辖还需要与公安机关协商一致。需要注意的是，2012年《规则（试行）》"管辖"一章，都是关于检察机关直接受理案件的侦查管辖，而修订后的《规则》"管辖"一章不再限于侦查管辖，也包括了审查逮捕管辖和审查起诉管辖的内容。

《人民检察院刑事诉讼规则》重点解读

——完善监察机关移送案件强制措施衔接机制①

郭竹梅*

先行拘留的前提条件是"监察机关移送起诉的已采取留置措施的案件"，适用机关是检察机关，且对于监察机关移送起诉的已采取留置措施的案件是一律先行拘留，这是此次刑事诉讼法修改的新规定。

一般情况下，检察机关应在收到移送起诉的案卷材料后三日内告知犯

① 原载《检察日报》2020年1月20日。

* 最高人民检察院第三检察厅主办检察官。

罪嫌疑人有权委托辩护人，并允许律师会见。

监察机关调查程序与检察机关刑事诉讼程序的对接是监察体制改革的重要一环，包括监察机关调查终结的职务犯罪案件如何移送给检察机关，在移送过程中监察机关的留置措施如何转换为刑事强制措施等。对此，监察法第四十七条第一款规定："对监察机关移送的案件，人民检察院依照《中华人民共和国刑事诉讼法》对被调查人采取强制措施。"修订后刑事诉讼法第一百七十条第二款规定："对于监察机关移送起诉的已采取留置措施的案件，人民检察院应当对犯罪嫌疑人先行拘留，留置措施自动解除。人民检察院应当在拘留后的十日以内作出是否逮捕、取保候审或者监视居住的决定。特殊情况下，决定的时间可以延长一日至四日。人民检察院决定采取强制措施的期限不计入审查起诉期限。"

上述规定是对监察机关留置措施与检察机关刑事强制措施衔接问题的原则性规定。修订后的《人民检察院刑事诉讼规则》（以下简称《规则》）第六章第六节对于监检衔接执行中的具体问题进行了细化规定，便于实务部门具体操作。同时，本节第一百四十七条特别规定："对于监察机关移送起诉案件的犯罪嫌疑人采取强制措施，本节未规定的，适用本规则相关规定。"

监察机关移送的留置案件的强制措施衔接问题

关于监察机关移送起诉的已采取留置措施案件的强制措施衔接问题，根据监察法和刑事诉讼法规定，《规则》进行了细化规定，主要涉及对刑事诉讼法第一百七十条第二款的理解。具体执行中，有以下问题需要注意：

一是"先行拘留"的理解问题。由于按照刑事诉讼法的规定，拘留由公安机关执行，所以检察机关受理监察机关移送的采取留置措施的案件后，内部需要办理拘留手续，对外需要协调公安机关执行，实践中一般无法做到在受理案件的同时就同步拘留，因此，《规则》第一百四十条规定："对于监察机关移送起诉的已采取留置措施的案件，人民检察院应当在受理案件后，及时对犯罪嫌疑人作出拘留决定，交公安机关执行。执行拘留后，留置措施自动解除。"《规则》规定的是检察机关要"及时"作出拘留决定，作出拘留决定后，要及时交公安机关执行。此外，需要特别注意的是，此处的"先行拘留"与刑事诉讼法第八十二条规定的公安机关对现行犯或者重大嫌疑分子的"先行拘留"，在适用机关和适用条件上均有所不同。此处先行拘留的前提条件是"监察机关移送起诉的已采取留置措施的案件"，适用机关是检察机关，且对于监察机关移送起诉的已采取留置措施的案件是一律先行拘留，这是此次刑事诉讼法修改的新规定。而刑事诉讼法第八十二条规定的公安机关先行拘留的条件是针对正在预备犯罪、实行犯罪或者在犯罪后即时被发觉等七种情形的现行犯或者重大嫌疑分子。

二是"留置措施自动解除"的理解问题。主要是，留置措施何时自动解除。《规则》规定，"执行拘留后，留置措施自动解除"。强调"执行拘留"是因为只有执行完拘留，犯罪嫌疑人从留置场所转押至看守所，留置措施才可以自动解除。

三是检察机关先行拘留后，如何审查决定采取强制措施。对此，《规则》第一百四十三条规定："人民检察院应当在执行拘留后十日以内，作出是否逮捕、取保候审或者监视居住的决定。特殊情况下，决定的时间可以延长一日至四日。人民检察院决定采取强制措施的期间不计入审查起诉期限。"需要注意：(1) 期限计算起点。《规则》规定以"执行拘留"作为审查决定强制措施的期限计算起点，是因只有犯罪嫌疑人从留置场所转押到看守所后，检察机关才能够充分了解其有关情况，并根据实际情况决定采取何种强制措施。(2) 审查决定强制措施的期限。检察机关一般应在拘留后十日以内作出是否逮捕、取保候审或者监视居住的决定，特殊情况下，可以延长一日至四日，也就是最长有十四天的审查决定强制措施的时间，该期限不计入审查起诉期限。需要说明的是，检察机关受理监察机关移送起诉的案件后，即意味着案件由调查阶段进入刑事诉讼的审查起诉阶段，只是上述决定强制措施的时间不计入审查起诉期限，审查起诉期限自逮捕、取保候审或者监视居住强制措施作出后开始起算。（3）决定采取何种强制措施。检察机关可以根据案件实际情况，决定采取“逮捕、取保候审或者监视居住”强制措施中的一种，或者也可以不采取强制措施。适用逮捕、取保候审或者监视居住的依据和条件，适用刑事诉讼法相关规定。

监察机关移送的未留置案件的强制措施衔接问题

刑事诉讼法仅对监察机关移送的已留置案件的强制措施衔接问题作出规定，对未留置案件的强制措施适用问题未作规定。实践中，对于未留置案件，检察机关是否也可以先行拘留，并具有最长十四天决定采取强制措施的时间，认识上存在较大分歧。经研究后认为，刑事诉讼法未赋予司法机关的权力，就不能认为具有该项权力。既然刑事诉讼法未明确规定未留置案件检察机关有决定强制措施的专门时间，就只能视为对于未留置案件检察机关不能先行拘留，且没有审查决定强制措施的最长十四天的时间。案件从监察机关移送至检察机关，检察机关受理后即进入审查起诉阶段。监察机关对一些被调查人未进行留置，往往是根据案件实际情况，认为不符合留置的条件或者不具有留置的必要性。这类案件，进入刑事诉讼程序后，一般也不具有羁押的必要性，因此，检察机关一般无需采取强制措施。但是实践中，案件进入审查起诉阶段后，也不排除发现对犯罪嫌疑人有必要采取强制措施。这种情况下，检察机关也可以依法采取“逮捕、取保候审或者监视居住措施”。为此，《规则》第一百四十六条规定：“对于监察机关移送起诉的未采取留置措施的案件，人民检察院受理后，在审查起诉过程中根据案件情况，可以依照本规则相关规定决定是否采取逮捕、取保候审或者监视居住措施。”

通知家属和告知辩护权的有关问题

关于通知犯罪嫌疑人家属的问题，为贯彻刑事诉讼法第八十五条第二款和第九十三条第二款的规定，《规则》第一百四十四条规定："除无法通知的以外，人民检察院应当在公安机关执行拘留、逮捕后二十四小时以内，通知犯罪嫌疑人的家属。"本条强调检察机关应在公安机关"执行"拘留、逮捕后二十四小时以内，通知犯罪嫌疑人家属。

关于检察机关何时告知辩护权的问题，分歧意见较大。有的认为，案件移送给检察机关，即进入刑事诉讼程序，应当按照刑事诉讼法第三十四条的规定及时告知犯罪嫌疑人有权委托辩护人并允许律师会见；有的认为，检察机关先行拘留后最长十四天决定强制措施的时间，并非进入审查起诉阶段，这段时间不应允许律师会见，正式进入审查起诉阶段后才能允许会见。最后，《规则》采纳第一种意见：案件由监察机关移送到检察机关后，即由监察调查进入刑事诉讼阶段，应与侦查机关移送的案件相同，充分保障犯罪嫌疑人的辩护权。因此，《规则》第一百四十五条规定："人民检察院应当自收到移送起诉的案卷材料之日起三日以内告知犯罪嫌疑人有权委托辩护人。对已经采取留置措施的，应当在执行拘留时告知。"按照该规定，一般情况下，检察机关应在收到移送起诉的案卷材料后三日内告知其有权委托辩护人，并允许律师会见。但是，对于已采取留置措施的犯罪嫌疑人，由于先行拘留由公安机关执行，在犯罪嫌疑人押解到看守所前，检察机关无法告知辩护权，因此，《规则》规定应当在"执行拘留时"告知。

《人民检察院刑事诉讼规则》重点解读

——完善捕诉一体办案机制优化检察资源配置①

高翼飞*

实行捕诉一体是适应以审判为中心的刑事诉讼制度改革的需要；是落实司法责任制，完善检察权运行机制的需要；是进一步提高案件质量和效率的需要；是推进检察队伍专业化建设、提升检察官能力素质的需要。

完善派员介入侦查的规定有助于检察官提前熟悉案件情况，提高批捕、起诉的效率，减少补充侦查，也有利于强化人民检察院对侦查活动的监督，符合互相配合、互相制约的原则。

完善非法证据排除的捕诉衔接，这些规定有利于引导检察官认真履行不同办案环节的审查责任，防止“带病起诉”“勉强起诉”和“将错就错”。

捕诉一体是检察权运行机制改革的重要内容。自2018年以来，检察机关全面实行捕诉一体办案机制。修订后的《人民检察院刑事诉讼规则》(以下简称《规则》)进一步将捕诉一体规范化制度化，完善了案件审查方式，强化了捕诉工作的衔接，确保案件事实证据经得起法律的检验，确保无罪的人不受刑事追究，有罪的人受到公正处罚，努力让人民群众在每一个司法案件中感受到公平正义。

① 原载《检察日报》2020年1月21日。

* 最高人民检察院法律政策研究室一级检察官助理。

实行捕诉一体办案机制的重要意义

首先，实行捕诉一体是适应以审判为中心的刑事诉讼制度改革的需要。以审判为中心的刑事诉讼制度改革要求，侦查机关侦查终结，检察院提起公诉，法院作出有罪判决，都应当做到犯罪事实清楚，证据确实、充分。捕诉一体有利于检察官按照庭审指控所需的证据标准来引导侦查取证，健全以证据为核心的刑事指控体系，对提升办案质效具有深远意义。

其次，实行捕诉一体是落实司法责任制，完善检察权运行机制的需要。权责明晰是司法责任制的基本要求。实行捕诉一体后，同一案件的审查逮捕、审查起诉由同一检察官或者检察官办案组负责办到底，使办案责任更加清晰明确，做到权责一致。

再次，实行捕诉一体是进一步提高案件质量和效率的需要。随着司法责任制和捕诉一体办案机制的改革，检察官在办理审查逮捕案件时，不仅要依法审查是否符合逮捕条件，依法决定捕与不捕，而且要从审查起诉的角度，对需要继续侦查的案件，提出需要继续侦查或者补充收集证据的意见，这对于提高侦查机关继续侦查或者补充收集证据的质量，对于提高检察机关审查逮捕、审查起诉案件质量都具有重要意义。同时，也减少了检察官重复翻阅案卷和制作审查报告的时间，有利于提高办案效率，以最低的司法成本投入实现法治产品产出的最大化。

最后，实行捕诉一体是推进检察队伍专业化建设、提升检察官能力素质的需要。做优刑事检察工作关键在于突出专业化。捕诉一体有利于推动检察机关按照案件类型设置刑事检察业务机构和办案组织，培养专家型检察官，提升检察队伍的专业化水平。

《规则》对捕诉一体办案机制的完善

《规则》总结各地检察机关在捕诉一体改革实践中取得的成功经验，

将一些行之有效的做法吸收固化，进一步完善了捕诉一体的办案程序，主要作了以下修改：

一是确立了捕诉一体的一般原则。《规则》第八条规定：“对同一刑事案件的审查逮捕、审查起诉、出庭支持公诉和立案监督、侦查监督、审判监督等工作，由同一检察官或者检察官办案组负责，但是审查逮捕、审查起诉由不同人民检察院管辖，或者依照法律、有关规定应当另行指派检察官或者检察官办案组办理的除外。”据此，除因案件改变管辖、检察官回避或者公安机关对不批准逮捕或者不起诉决定要求复议等情形，应当另行指派检察官或者检察官办案组进行审查外，同一刑事案件均由同一办案组织负责审查逮捕、审查起诉等工作。

二是将2012年《规则（试行)》第十章“审查逮捕”与第十一章“审查起诉”合并为第十章“审查逮捕与审查起诉”。增加了第一节“一般规定”，整合两个“审查”环节的共性要求，对全面审查原则，讯问、询问，听取辩护人、值班律师意见，诉讼权利告知，调取录音录像，提前介入侦查、调查，非法证据排除等内容集中作出规定，使《规则》的章节设置更趋合理。

三是完善派员介入侦查的规定。将审查逮捕和审查起诉部分关于派员介入侦查的规定整合为一条，放在“一般规定”中。《规则》第二百五十六条规定，经公安机关商请或者检察院认为确有必要时，可以派员适时介入重大、疑难、复杂案件的侦查活动，参加公安机关对于重大案件的讨论，对案件性质、收集证据、适用法律等提出意见，监督侦查活动是否合法。派员介入侦查有助于检察官提前熟悉案件情况，提高批捕、起诉的效率，减少补充侦查，也有利于强化人民检察院对侦查活动的监督，符合互相配合、互相制约的原则。实践中，对于一些重大、疑难、复杂案件，公安机关主动商请同级检察院派员介入，引导侦查取证，参加案件讨论，已经形成较为成熟的检警协作工作机制。

四是完善继续侦查、补充侦查引导和说理机制。《规则》第二百五十七条规定："对于批准逮捕后要求公安机关继续侦查、不批准逮捕后要求公安机关补充侦查或者审查起诉阶段退回公安机关补充侦查的案件，人民检察院应当分别制作继续侦查提纲或者补充侦查提纲，写明需要继续侦查或者补充侦查的事项、理由、侦查方向、需补充收集的证据及其证明作用等，送交公安机关。"对继续侦查、补充侦查提纲制作的精细化、实质化提出要求，目的是提升继续侦查、补充侦查的实效性和补充收集证据的精准度，便于侦查人员及时补充收集指控犯罪所必需的证据，使案件重新移送检察院后能够达到事实清楚，证据确实、充分的证明标准，避免不必要的再次退回补充侦查。

五是贯彻"在办案中监督、在监督中办案"的理念，完善相关监督工作机制。《规则》第二百八十六条第二款规定："公安机关在收到不批准逮捕决定书后对在押的犯罪嫌疑人不立即释放或者变更强制措施的，人民检察院应当提出纠正意见。"第二百八十七条规定，对于没有犯罪事实或者犯罪嫌疑人具有刑事诉讼法第十六条规定情形之一，检察院作出不批准逮捕决定的，应当同时告知公安机关撤销案件。对于有犯罪事实需要追究刑事责任，但不是被立案侦查的犯罪嫌疑人实施，或者共同犯罪案件中部分犯罪嫌疑人不负刑事责任，检察院作出不批准逮捕决定的，应当同时告知公安机关对有关犯罪嫌疑人终止侦查。公安机关在收到不批准逮捕决定书后超过十五日未要求复议、提请复核，也不撤销案件或者终止侦查的，检察院应当发出纠正违法通知书。公安机关仍不纠正的，报上一级检察院协商同级公安机关处理。这一规定意在防止出现不批捕后的"挂案"现象，督促公安机关对没有犯罪事实或者不应追究刑事责任的犯罪嫌疑人及时撤案或者终止侦查。

六是完善案件审查方式。为贯彻客观公正立场，《规则》第二百五十五条规定："人民检察院办理审查逮捕、审查起诉案件，应当全面审查证明犯罪嫌疑人有罪或者无罪、罪轻或者罪重的证据。"为落实《2018—2022年检察改革工作规划》关于"建立有重大影响案件审查逮捕听证制度”的要求，《规则》第二百八十一条规定：“对有重大影响的案件，可以采取当面听取侦查人员、犯罪嫌疑人及其辩护人等意见的方式进行公开审查。”

七是完善非法证据排除的捕诉衔接。《规则》第二百六十五条规定，审查逮捕期间，犯罪嫌疑人申请排除非法证据，并提供相关线索或者材料，检察院经审查无法确定存在非法取证的行为，但也不能排除非法取证可能的，该证据不作为批准逮捕的依据。检察官在作出批准或者不批准逮捕的决定后，应当继续对可能存在的非法取证行为进行调查核实。经调查核实确认以非法方法收集的证据，不得作为提起公诉的依据。第二百六十六条规定，审查逮捕期间，犯罪嫌疑人申请排除非法证据，但未提交相关线索或者材料，检察院经审查未发现侦查人员存在以非法方法收集证据的情形，认为符合逮捕条件的，可以批准逮捕。审查起诉期间，犯罪嫌疑人及其辩护人又提出新的线索或者证据，或者检察院发现新的证据，经调查核实认为侦查人员存在以刑讯逼供等非法方法收集证据情形的，应当依法排除非法证据，不得作为提起公诉的依据。上述规定既充分考虑了审查逮捕和审查起诉阶段法定证明标准的递进性，又对证据合法性审查提出相对严格的要求，有利于引导检察官认真履行不同办案环节的审查责任，防止“带病起诉”“勉强起诉”和“将错就错”。

《人民检察院刑事诉讼规则》重点解读

——新时代检察机关侦查办案机制与质量评查①

王才玉*

检察机关只有充分发挥上下一体、全院一体的体制优势，形成上下级检察院和检察机关各业务部门的一体联动，才能积极推进侦查办案工作。

在侦查办案中，负责侦查的部门应当严格落实各项制度要求，主动接受其他内设部门的监督制约，包括在重大案件讯问合法性核查、羁押必要性审查与审查起诉等环节的监督。

必须严谨、慎重，牢固树立质量意识，以“求极致”的标准不断提升案件质量，在侦查阶段就把工作做到家，穷尽案件所有可能、收集所有涉案证据材料，严格依法收集固定证据，坚决排除非法证据。

进入新时代，随着我国经济社会发展深刻变化，修改后的刑事诉讼法对人民检察院的侦查职权作出相应的调整，删去了对贪污贿赂等案件行使侦查权的规定，赋予了对司法工作人员利用职权实施的非法拘禁、刑讯逼供、非法搜查等侵犯公民权利、损害司法公正的犯罪案件的侦查权，检察侦查权的启动方式、行使条件、管辖范围、办案模式等都与监察体制改革前有了较大区别，建立既能适应形势任务发展变化需要、又符合侦查办案规律的侦查办案机制，是加强和规范检察机关侦查办案工作当务之急。

---

① 原载《检察日报》2020年1月23日。

* 作者单位：最高人民检察院第五检察厅。

一、检察一体化机制

检察机关侦查办案工作，要在历史传承的基础上，吸收借鉴既往侦查办案经验，并结合时代特征和形势任务，实现创新发展。侦查一体化办案机制，就是检察机关在长期的侦查办案工作实践当中摸索出来的，实践证明是行之有效的。面对新形势新任务，检察机关只有充分发挥上下一体、全院一体的体制优势，形成上下级检察院和检察机关各业务部门的一体联动，才能务实高效、积极稳妥推进侦查办案工作。

（一）上下一体化侦查办案机制

《人民检察院刑事诉讼规则》（以下简称《规则》）第十四条、第一百六十七条对司法工作人员相关职务犯罪案件的级别管辖、上下级检察机关侦查协作等作出规定，明确了检察机关上下一体的办案工作机制。在这种机制下，省级检察院要分析、研究和解决司法工作人员相关职务犯罪案件发展趋势、规律特点，及时了解、掌握本省侦查办案工作中出现的新情况、新问题，有针对性加强办案业务指导，积极协助下级检察院排除办案阻力，对于一些有影响、有震动的案件和复杂疑难案件，还要直接立案侦查。设区的市级检察院在组织查办、线索管理、立案侦查等方面是工作主体，既当一线办案的“战斗员”，又当整合调配辖区内办案力量的“指挥员”，原则上所有案件都要由设区的市级检察院立案侦查，确因特殊情形需要交由基层检察院立案侦查的，必须履行严格的内部审批程序。基层检察院要注重通过巡回检察、派驻检察、接受控告举报等途径，及时发现案件线索，及时上报审查，并根据市级检察院统一安排做好侦查辅助或直接立案侦查工作。此外，在监管场所比较集中的地区设立的92个刑事执行派出检察院是刑事执行检察部门职务犯罪侦查的“生力军”，是一支不能忽视的办案力量。因此，《规则》中明确要求，对于刑事执行派出检察院辖区内与刑事执行活动有关的犯罪线索，可以交由刑事执行派出检察院立案侦查。

（二）全院一体联动的侦查工作机制

第一，在线索收集管理方面。司法工作人员相关职务犯罪案件线索，有两个主要来源：一是人民检察院负责控告申诉检察的部门受理的控告、举报线索；二是人民检察院相关办案部门在履行对诉讼活动的法律监督职责过程中发现的线索。例如，负责捕诉的部门在审查逮捕、审查起诉时发现侦查人员有刑讯逼供、非法搜查、暴力取证等犯罪线索；民事、行政检察部门在对诉讼活动进行监督时发现枉法裁判、执行判决滥用职权、失职等犯罪线索。有鉴于此，《规则》第一百六十六条规定，人民检察院直接受理侦查案件的线索，由负责侦查的部门统一受理、登记和管理。负责控告申诉检察的部门接受的控告、举报，或者本院其他办案部门发现的案件线索，属于人民检察院直接受理侦查案件线索的，应当在七日以内移送负责侦查的部门。第二，在侦查力量组织调配上。检察机关直接受理立案侦查的案件，专业性较强，在相关专业领域和相关专业知识的把握和运用上，负责侦查的人员往往存在较大差距，借助其他业务部门人员专业技术力量、参与侦查办案是提升专业化侦查的必由之路。因此，在自侦案件检察官办案组的组建上，应当根据案件特点，吸纳其他业务部门人员参加进来，必要时可以建立大要案指挥中心，更好调动各部门人员，形成侦查办案工作的检察合力。

二、侦查权监督制约机制

强化内外部监督制约是规范化建设的必然要求。《规则》第十二条规定，人民检察院办理刑事案件的活动依照规定接受人民监督员监督；第一百七十二条规定，对于其他机关或者本院其他办案部门移送的案件线索，决定不予立案的，负责侦查的部门应当制作不立案通知书，写明案由和案件来源、决定不立案的原因和法律依据，自作出不立案决定之日起十日以内送达移送案件线索的机关或者部门。这一系列制度规定，总的要求就是要强化对办案活动的监督制约，促进严格规范司法。在侦查办案中，负责侦查的部门应当严格落实各项制度要求，主动接受其他内设部门的监督制约，包括在重大案件讯问合法性核查、羁押必要性审查与审查起诉等环节的监督，在监督制约中增强自我约束，提升侦查办案质效；省市两级院应当切实负起责任，在对下业务指导中切实加强监督，把健全与完善职务犯罪侦查内部监督制约作为关键环节，着重建立健全程序规制、流程监控、案件评鉴等机制，确保侦查办案活动严格规范进行，推动职务犯罪侦查权在阳光下运行。

三、案件质量评查机制

最高检党组提出要以“求极致”的标准做好刑事检察各环节工作，这对于司法工作人员相关职务犯罪案件侦查工作具有更强更高的针对性。《规则》第一百七十六条规定，人民检察院办理直接受理侦查的案件，……办案过程中必须重证据，重调查研究，不轻信口供。严禁刑讯逼供和以威胁、引诱、欺骗以及其他非法方法收集证据，不得强迫任何人证实自己有罪。检察机关办理案件，特别是查办司法工作人员相关职务犯罪案件，办的是案件，更是办的别人的人生。必须严谨、慎重，牢固树立质量意识，以“求极致”的标准不断提升案件质量，在侦查阶段就把工作做到家，穷尽案件所有可能、收集所有涉案证据材料，严格依法收集固定证据，坚决排除非法证据，努力减少后续重复办理环节的发生，有效降低审查逮捕、审查起诉环节中的案“件”数，防止、避免产生下一个环节本不该发生的案件，确保立案侦查的案件事实清楚、证据确实充分、程序合法、定性准确，经得起历史和法律的检验，这不仅是检察人员守初心、担使命，还是履职态度、办案能力的体现。

四、与巡回检察相互融合机制

巡回检察是发现案件线索、强化执行监督的有效手段，人民检察院组织法第十六条、《规则》第六百二十二条明确了检察机关对监狱、看守所等场所可以采取巡回检察、派驻检察等方式进行监督。检察机关内设机构改革以后，大多数地区检察机关的司法工作人员相关职务犯罪案件侦查工作与刑事执行检察工作都是由同一个部门来承担，因此做好侦查与刑事执行检察工作的结合文章，使其相互促进、相得益彰，这是新时代检察侦查权行使的鲜明时代特色。要把巡回检察与查办司法工作人员相关职务犯罪有机结合，统筹好侦查办案和巡回检察的关系，实现工作相互融合、人员统一调配，形成有案则办、无案则巡的良性循环。这种机制，一方面，可以有效整合人员力量，集中优势资源，形成战斗力。在目前人员力量有限、职能分散的形势下，唯有实行侦查办案与巡回检察有机融合，采取“平时分散、战时集中”的方式，实行侦查与巡回检察一体联动，这是一种必然选择；另一方面，可以相互促进、良性循环。通过巡回检察，可以及时发现案件线索，为侦查办案提供源头和活水，有效解决案件线索少的问题。反过来，通过侦查办案，对构成犯罪的司法工作人员立案侦查，可以起到较好的警醒警示作用，促进监狱不断提高刑罚执行和监管执法规范化水平，促进提升监管改造质量。

《人民检察院刑事诉讼规则》重点解读

——检察机关办理群众来信“件件回复”工作机制与要求①

马　滔*

办理群众来信，是检察机关服务群众、落实司法为民宗旨的具体体

① 原载《检察日报》2020年2月4日。

* 最高人民检察院第十检察厅主办检察官，二级高级检察官。

现，为此，最高人民检察院《人民检察院办理群众来信工作规定》（以下简称《办信规定》）作出了对检察机关办理群众来信相关工作机制及工作要求的系统性规定，而《人民检察院刑事诉讼规则》（以下简称《规则》）则从具体实施刑事诉讼法相关规定的角度，进一步明确、细化了办理群众来信的制度、机制及工作要求。

人民检察院办理群众来信的范围

群众来信方式多样，既有书信、网络邮件，也有电话、传真等。从检察工作实践情况看，反映的问题不限于报案、控告、举报、申诉，也有具体案件之外提出的对国家治理、社会管理以及检察工作等的意见和建议。准确把握人民检察院办理群众来信的范围，应当将《办信规定》与《规则》结合起来做综合理解。《规则》对于办理群众来信的规定，主要体现在第一百六十一条至第一百六十五条中，聚焦于报案、控告、举报、申诉的受理和分流，主要定位于案件受理和程序导入，司法办案特点突出。《办信规定》是对检察机关办理群众来信的专门规定，其规范的对象，既包括刑事诉讼法规定的报案、控告、举报、申诉，也包括其他来信，是对办理群众来信工作系统、完备的程序性规定，操作性更强，包括但不限于司法办案内容。

人民检察院办理群众来信的职能分工

一是明确由控告申诉检察部门统一接收群众来信。人民检察院控告申诉检察部门统一接受报案、控告、举报、申诉和犯罪嫌疑人投案自首，并依法审查，非经控告申诉检察部门接受、受理，任何报案、控告、举报、申诉和犯罪嫌疑人投案自首不得进入后续办案程序；本院领导、其他部门及其工作人员收到的控告、申诉、举报材料，应当及时移送控告申诉检察部门，由其统一接受、处理。

二是明确由控告申诉检察部门进行七日内程序性回复。控告申诉检察部门对接收的群众来信进行审查，应当在七日内对来信人进行程序性回复。主要是告知来信人其来信收悉及下一步处理要求和程序。对于案件情况不明、不易决定是否受理及准确分流的，应当进行必要的调查核实。对于依法不进入司法程序的，可一并进行程序性回复和实体性结论答复。控告申诉检察部门可以向下级人民检察院交办控告、申诉、举报案件，并依照有关规定进行督办。

三是明确由办案部门进行三个月办理进展或结果答复。检察机关对群众来信的答复由不同的职能部门分别承担程序性回复和办理进展或结果答复的职责。控告申诉检察部门在七日以内进行程序性答复，办案部门在三个月以内对办理进展或者办理结果进行答复。办案部门在三个月内将办理进展或者办理结果答复来信人，既包括办理时限要求，也包括办理主体与答复主体一致性的要求。控告申诉检察部门对受理的刑事申诉案件，认为原案处理没有错误的，应当书面答复申诉人。其他办案部门办结控告、申诉案件，应当制作相关法律文书并送达，同时做好释法说理工作。

案件受理

控告申诉检察部门对接受的群众来信，以是否符合本院管辖范围和受理条件为标准进行审查，以决定七日内程序性回复的内容及办信走向。

（一）受理原则

一是诉讼与信访分离。对依法属于检察机关管辖的控告、申诉、举报，可以通过司法程序或相应法定救济途径解决的，作为诉类事项受理；对检察机关依法不能通过司法程序或其他法定救济途径解决的信访事项，排除在检察机关受理范围之外。二是统一接受、受理。控告申诉检察部门统一接受报案、控告、举报、申诉和犯罪嫌疑人投案自首。三是同级受理为主、上一级受理为辅。坚持同级受理原则，符合司法实践，有利于依法及时就地化解矛盾纠纷，努力减少进京访、越级访、非正常访。四是依法及时处理。对群众来信迅速、快捷地处理，能够更好地保障当事人的合法权益，起到尽快解决社会矛盾，定分止争，维护社会稳定的作用。

（二）受理范围

检察机关受理控告申诉的范围包括涉检事项、诉讼监督事项以及依法属于检察机关管辖的其他控告申诉。不予受理的情形主要包括：一是依法属于公安机关职权范围的事项，当事人未向办理案件的公安机关申诉或者控告，或者办理案件的公安机关在规定的时间内尚未作出处理决定，直接向人民检察院反映的；二是依法属于人民法院职权范围的事项，当事人未向办理案件的人民法院反映，或者办理案件的人民法院在规定的时间内尚未作出处理决定，直接向人民检察院申诉的；三是其他非涉法涉诉事项。

（三）受理条件

《规则》第一百六十二条明确规定了人民检察院受理控告、申诉的条件，即属于人民检察院受理案件范围；本院具有管辖权；申诉人是原案的当事人或者其法定代理人、近亲属；控告、申诉材料符合受理要求。控告人、申诉人委托律师代理控告、申诉，符合上述条件的，应当受理。控告、申诉材料不齐备的，应当告知控告人、申诉人补齐。受理时间从控告人、申诉人补齐相关材料之日起计算。

（四）不予受理的处理

控告申诉检察部门对来信反映的问题，认为不属于本院管辖的，应当移送有管辖权的机关处理，并在七日内告知来信人移送情况。

办理群众来信的基本要求

一是把握好办理与答复的关系。对群众来信做到七日内程序性回复、三个月内办理进展或结果答复，仅仅是程序性要求，实体性、根本性要求是依法公正妥善处理案件，实现司法公正，帮助群众解决合理诉求，同时做好思想引导工作，促进化解矛盾纠纷。

二是把握好办信与办案的关系。办信是办案之始。从案件受理、启动程序的角度看，“办信就是办案”；从落实司法为民、帮助群众解决实际问题，促进社会治理和矛盾纠纷实质性化解的意义上看，应当以办案的理念、办案的态度、办案的要求来办信；从规范工作层面看，以办案标准办信，有助于转变轻视群众来信的错误司法理念，强化内部管理，提高司法办案的能力和水平，优化办信效果。

三是把握好前台与后台的关系。控告申诉检察部门要守住前台，把好第一道关口，提高信件分流回复质效，统筹协调，抓好跟踪督办。同时，还要强化反向审视工作，加强分析研判，查找问题，提出改进工作的意见建议。办案部门要立足于化解矛盾、解决问题，高质量做好办理和答复工作。前台与后台要加强沟通合作，共同做好解决问题、释法说理、化解稳控和帮扶救助工作。

《人民检察院刑事诉讼规则》重点解读

——检察机关有义务保障犯罪嫌疑人及时获得法律帮助①

张晓津*

刑事诉讼可能对犯罪嫌疑人、被告人的人身权利、财产权利和其他权

① 原载《检察日报》2020年2月6日。

* 最高人民检察院第一检察厅副厅长。

利产生重大影响，而犯罪嫌疑人、被告人大多不了解相关法律知识，缺乏刑事诉讼经验。因而，在刑事诉讼中为犯罪嫌疑人、被告人提供必要的法律帮助有助于落实“尊重和保障人权”的宪法原则，有助于维护国家法律统一正确实施，有助于实现公平正义。保障犯罪嫌疑人、被告人在自愿的前提下认罪认罚，是认罪认罚从宽制度能否取得实效的关键，获得有效的法律帮助对于促进认罪认罚从宽制度的落实具有不可替代的重要作用。基于此，根据刑诉法规定，修改后的《人民检察院刑事诉讼规则》（以下简称《规则》）第二百六十七条和第二百六十八条对犯罪嫌疑人获得律师帮助权、值班律师制度作了具体规定。

犯罪嫌疑人获得法律帮助权

获得有效法律帮助是犯罪嫌疑人的基本权利，检察机关有义务保障犯罪嫌疑人及时获得有效法律帮助。《规则》第二百六十七条第一款规定，人民检察院办理犯罪嫌疑人认罪认罚案件，应当保障犯罪嫌疑人获得有效法律帮助，确保其了解认罪认罚的性质和法律后果，自愿认罪认罚。刑诉法规定了保障犯罪嫌疑人获得有效法律帮助的三条途径：一是自行委托辩护人为其辩护；二是申请法律援助，符合条件的，法律援助机构指派律师为其提供辩护；三是由值班律师为其提供法律帮助。由此，《规则》第二百六十七条第二款规定，人民检察院受理案件后，应当向犯罪嫌疑人了解其委托辩护人的情况。犯罪嫌疑人自愿认罪认罚、没有辩护人的，在审查逮捕阶段，人民检察院应当要求公安机关通知值班律师为其提供法律帮助；在审查起诉阶段，人民检察院应当通知值班律师为其提供法律帮助。符合通知辩护条件的，应当依法通知法律援助机构指派律师为其提供辩护。

派驻值班律师

基于我国当前刑事辩护率总体较低，许多案件犯罪嫌疑人、被告人尚无法获得律师的帮助，导致辩护权无法有效行使的问题，速裁程序和认罪认罚从宽制度试点中，建立了法律援助值班律师制度。实践证明，这一制度对认罪认罚从宽制度的有效运行发挥了重要作用。刑诉法对此也予以确认，但是刑诉法第36条规定派驻时，仅以列举的方式规定"法律援助机构可以在人民法院、看守所等场所派驻值班律师"，没有写明在人民检察院是否可以派驻。基于认罪认罚从宽制度适用的最主要阶段是审查起诉阶段，且目前轻罪案件犯罪嫌疑人非羁押的比例较高，人数众多，对值班律师提供法律帮助的需求量非常大，从制度设计的本意和有利于犯罪嫌疑人权利保障出发，在检察机关设立值班律师完全符合立法精神，法条规定应作"等外"解释，即"等场所"包括人民检察院，全国人大常委会法工委亦赞同这种解释。据此，《规则》第二百六十八条规定，人民检察院应当商法律援助机构设立法律援助工作站派驻值班律师或者及时安排值班律师，为犯罪嫌疑人提供法律咨询、程序选择建议、申请变更强制措施、对案件处理提出意见等法律帮助。

设置工作站应当悬挂统一标牌，配备必要的办公设施，设立指引标识，并放置法律援助格式文书以及相关业务介绍资料。公示法律援助范围、条件、值班律师工作职责及当日值班律师基本信息等。实践中，一些地区法律援助资源较为短缺，值班律师的设置尚未能跟上认罪认罚从宽制度发展的需要，对此，鼓励各地因地制宜，采取多种形式进行派驻。具体方式上，值班律师可以定期值班或轮流值班，律师资源短缺的地区可以通过探索现场值班和电话、网络值班相结合，在人民检察院、人民法院毗邻设置联合工作站，省内和市内统筹调配律师资源，以及建立政府购买值班律师服务机制等方式，保障法律援助值班律师工作有序开展。

值班律师的定位和职责

关于值班律师制度的定位，刑事诉讼法第三十六条第一款表述为："犯罪嫌疑人、被告人没有委托辩护人，法律援助机构没有指派律师为其提供辩护的，由值班律师为犯罪嫌疑人、被告人提供法律咨询、程序选择建议、申请变更强制措施、对案件处理提出意见等法律帮助。"从刑事诉讼法的规定来看，值班律师既没有主动会见犯罪嫌疑人的权利，也没有出庭辩护的责任。而且，从目前值班律师的人员力量来看，将其直接等同于"辩护律师"也并不现实。因此，《规则》第二百六十八条第一款对此再次予以重申，规定值班律师"为犯罪嫌疑人提供法律咨询、程序选择建议、申请变更强制措施、对案件处理提出意见等法律帮助"。

关于值班律师是否有会见权的问题，刑事诉讼法第三十六条第二款规定："人民法院、人民检察院、看守所应当告知犯罪嫌疑人、被告人有权约见值班律师，并为犯罪嫌疑人、被告人约见值班律师提供便利。"《规则》第二百六十八条第二款也规定："人民检察院应当告知犯罪嫌疑人有权约见值班律师，并为其约见值班律师提供便利。"按照上述规定，犯罪嫌疑人可以约见值班律师，但并未规定值班律师可以主动会见犯罪嫌疑人、被告人。这主要是考虑到值班律师不同于辩护律师，后者的工作模式是接受委托或者指派后主动为犯罪嫌疑人提供服务，参与整个案件诉讼过程，而值班律师是以固定的时间和地点被动等待被追诉人的咨询，而非追踪、参与整个诉讼过程。

关于值班律师阅卷权问题。刑事诉讼法第一百七十三条第三款规定，人民检察院依照前两款规定听取值班律师意见的，应当提前为值班律师了解案件有关情况提供必要的便利。阅卷是否属于"必要的便利"范畴，实践中争论较大。肯定的观点认为，应当赋予值班律师阅卷权，刑诉法第173条规定人民检察院应当为值班律师了解案件有关情况提供必要的便利，查阅案卷属于必要的便利，否则值班律师无法提供实质的有效法律帮助。否定观点认为，值班律师不等同于辩护人，因此其不能享有法律赋予辩护律师的阅卷权。《规则》吸收“两高三部”《关于适用认罪认罚从宽制度的指导意见》（以下简称《指导意见》）的精神，对这一问题持肯定态度。《规则》第二百六十九条第二款规定：“依照前款规定听取值班律师意见的，应当提前为值班律师了解案件有关情况提供必要的便利。自人民检察院对案件审查起诉之日起，值班律师可以查阅案卷材料，了解案情。人民检察院应当为值班律师查阅案卷材料提供便利。”这里对值班律师的阅卷权作出了规定，一方面，值班律师有权查阅案卷材料，了解案情；另一方面，人民检察院有义务为值班律师查阅案卷材料提供便利。

关于法律帮助的衔接

对值班律师是否可以在不同诉讼阶段为犯罪嫌疑人、被告人提供法律帮助，《规则》未作出具体规定，可以参照《指导意见》执行。根据《指导意见》规定，对于被羁押的犯罪嫌疑人、被告人，在不同诉讼阶段，可以由派驻看守所的同一值班律师提供法律帮助；对于未被羁押的犯罪嫌疑人、被告人，前一诉讼阶段的值班律师可以在后续诉讼阶段继续为犯罪嫌疑人、被告人提供法律帮助。关于值班律师是否可以为同一案件的多名犯罪嫌嫌疑人、被告人提供法律帮助问题，因存在较大分歧，《指导意见》暂未作出规定，各地可以根据实际情况，积极探索解决。

《人民检察院刑事诉讼规则》重点解读

——注重引导说理完善补充侦查机制①

金 威*

随着司法实践的发展，特别是"捕诉一体"改革的推进，补充侦查工作在刑事诉讼中的重要性日益凸显，特别是对于有效收集证据、避免贻误时机和降低"案－件比"具有重要意义。为进一步完善以证据为核心的刑事指控体系，规范和指导补充侦查工作，提高办案质效，新修订的《人民检察院刑事诉讼规则》（以下简称《规则》）对检察机关补充侦查工作机制进行了完善规定。

《规则》关于补充侦查的主要内容和修订重点

关于补充侦查的主要规定。主要包括三方面内容：

1.《规则》对不同类型案件的补充侦查分别作出规定

一是对公安机关侦查的案件，检察院可以要求继续侦查、补充侦查或者退回补充侦查、自行侦查，要求提供协助或者书面要求补充提供证据；二是对检察院负责侦查的部门办理的直接受理侦查的案件，检察院负责捕诉的部门可以对收集证据、适用法律提出意见，要求补充侦查或者退回补

① 原载《检察日报》2020年2月7日。

* 最高人民检察院第四检察厅二级高级检察官。

充侦查、自行侦查，要求提供协助或者书面要求补充提供证据。需要特别关注的是，刑事诉讼法第一百七十条规定，检察院对于监察机关移送起诉的案件审查后，认为需要补充核实的，应当退回监察机关补充调查，必要时可以自行补充侦查。《规则》对应增加了第三百四十三条、第三百四十四条规定。

2.《规则》对不同诉讼阶段补充侦查分别作出规定

检察院可以在三个诉讼阶段开展补充侦查相关工作：一是在审查逮捕阶段，对于公安机关侦查的案件，检察机关可在批准逮捕后要求公安机关继续侦查，或在不批准逮捕后要求公安机关补充侦查，并分别制作继续侦查提纲或者补充侦查提纲；对于检察院负责侦查的部门办理的案件，捕诉部门决定不予逮捕需要补充侦查的，应当制作补充侦查提纲。二是在审查起诉阶段，对于公安机关移送起诉的案件，检察院认为犯罪事实不清、证据不足或者存在遗漏罪行、遗漏同案犯罪嫌疑人等情形需要补充侦查的，应当制作补充侦查提纲，连同案卷材料一并退回公安机关补充侦查，检察院也可以自行侦查；检察院对于本院负责侦查的部门移送起诉的案件，认为需要补充侦查的，应当退回补充侦查，必要时，也可以自行侦查。三是在审判阶段，对于需要补充提供法庭审判所必需的证据或者补充侦查的，检察院应当自行收集证据和进行侦查，必要时可以要求监察机关或者侦查公安机关提供协助；也可以书面要求监察机关或者侦查公安机关补充提供证据。

3.《规则》对补充侦查后续处理作出了相应规定

在审查逮捕阶段，对于公安机关补充侦查后应当提请批准逮捕而不提请批准逮捕的，可以要求公安机关提请批准逮捕，公安机关不提请批准逮捕或者说明的不提请批准逮捕理由不成立的，可以直接作出逮捕决定，送达公安机关执行。在审查起诉阶段，对于补充侦查期限届满公安机关未将案件重新移送起诉的，检察院应当要求公安机关说明理由；发现公安机关违反法律规定撤销案件的，应当提出纠正意见。

修订重点。对照2012年《规则（试行）》，修订后的《规则》对于补充侦查工作的制度设计和基本要求没有做大的原则性的调整。《规则》主要是通过增设第二百五十七条，对补充侦查提纲的制作提出了更为具体、精准、也更具有可操作性的要求。

结合《规则》第二百五十七条的规定，从补充侦查形式上看，《规则》将原来规定的“对收集证据、适用法律提出意见”“说明理由”“提出具体的书面意见”等不同形式，统一规定为制作书面补充侦查提纲。从补充侦查的实质内容上看，则要求必须写明需要继续侦查或者补充侦查的事项、理由、侦查方向等，规定更加明确。

对补充侦查工作的实践把握

严格把握启动补充侦查程序的必要性和可行性。检察机关启动补充侦查程序首先应当考虑必要性，不得因与案件事实、证据无关的原因退回补充侦查。同时，还要注重补充侦查可行性和可行性。对于现已查清的事实足以定罪量刑或者与定罪量刑有关的事实已经查清，不影响定罪量刑的事实无法查清的；作案工具、赃物去向等部分事实无法查清，但有其他证据足以认定，不影响定罪量刑的；犯罪嫌疑人供述和辩解、证人证言、被害人陈述的主要情节能够相互印证，只有个别情节不一致但不影响定罪量刑的等，一般不需启动补充侦查程序。

准确把握不同刑事诉讼阶段制作侦查提纲的重点。在审查逮捕阶段，要将审查逮捕到审查起诉阶段对侦查取证的引导连贯起来，将起诉和审判的证据要求向前端传导，消除捕后诉前监督盲区，尽可能把证据问题解决在移送审查起诉之前。对于依法决定逮捕的案件，要根据起诉和审判的要求，就完善证据体系、补证证据合法性、全面查清案件事实等方面提出意见；对不批准逮捕案件，特别是存疑不捕案件，要列明证据体系存在的问题、补充侦查方向、取证要求等事项并说明理由。在审查起诉阶段，在第一次退回补充侦查时，要向公安机关列明全部补充侦查事项，引导公安机关查明全部案件事实、补充收集全部证据。一般只有在案件事实或证据发生变化、公安机关未补充侦查到位，或者重新报送的材料中发现矛盾和问题的，才可以第二次退回补充侦查。

加强补充侦查提纲的针对性、说理性。检察机关在补充侦查提纲中应当写明补充侦查的理由、补充侦查的方向、每一项补证的目的和意义，对复杂问题、争议问题作适当阐明，具备条件的，可以写明补充侦查的渠道、线索和方法；对于有遗漏罪行的，应指出在起诉意见书中没有认定的犯罪嫌疑人的罪行，有遗漏同案犯罪嫌疑人需要追究刑事责任的，应建议补充移送。把理由和要求讲清说透，有利于补查意见得到侦查人员的认可和落实。

加强与公安机关沟通，凝聚共识形成合力。检察机关在案件补充侦查期间，要加强引导取证力度，主动与公安机关办案人员加强沟通，继续阐述道理，及时解决分歧，督促有效落实需要侦查的事项。对于事实证据发生重大变化的案件，可能改变定性的案件，证据标准难以把握的重大、复杂、疑难、新型案件，以及公安机关提出请求的案件，检察院在补充侦查期间，可以了解补充侦查开展情况，查阅证据材料，对补充侦查方向、重点、取证方式等提出建议，必要时可以列席公安机关的案件讨论并发表意见。此外，检察机关可与公安机关建立联席会议、情况通报会等工作机制，定期通报补充侦查工作总体情况，评析证据收集和固定上存在的问题及争议；针对补充侦查工作中发现的突出问题，适时组织联合调研检查，共同下发问题通报并督促整改，共同提升补充侦查工作质量。

《人民检察院刑事诉讼规则》重点解读

——从初查到调查核实：立案审查工作机制的完善①

侯亚辉*

以"调查核实"代替原来的"初查"概念，相关条文中出现"初查"一词的地方也均以"调查核实"替代，使立案审查工作机制更加完善。调查核实是检察机关履行法律监督职能的重要手段，也是检察机关查办司法工作人员相关职务犯罪的主要方式。

调查核实是立案审查阶段采取的措施和手段，它同立案后的侦查紧密相连而又相对独立。立案审查阶段只能使用一般性的、不限制被调查对象人身、财产权利的调查措施，不能对被调查对象采取刑事诉讼法规定的强制措施，也不能对被调查对象的财产采取查封、扣押、冻结措施。调查核实一般不得接触被调查对象。

修改后的《人民检察院刑事诉讼规则》（以下简称《规则》）将《人民检察院刑事诉讼规则（试行)》（以下简称《规则（试行)》）第八章第一节"初查"改为"立案审查"，删除相关条文中"初查"的表述，以"调查核实"代替原来的"初查"概念，使立案审查工作机制更加完善。

---

① 原载《检察日报》2020年2月9日。

* 最高人民检察院第五检察厅厅长。

“初查”溯源

“初查”一词，最早见于1985年最高人民检察院有关领导的讲话和相关文件。1993年11月4日，最高人民检察院发出《关于进一步加强大案要案查处工作的通知》，明确将初查作为人民检察院查处大案要案的一个重要程序，对要案线索的初查作了规定。1995年7月21日最高人民检察院检察委员会讨论通过《关于要案线索备案、初查的规定》，对初查的概念作了规定：“本规定所称初查，是指人民检察院在立案前对要案线索材料进行审查的司法活动。”2012年最高人民检察院检察委员会讨论通过《人民检察院直接受理侦查案件初查细则（试行）》将初查的概念修改为：人民检察院对直接受理侦查案件线索在立案前进行审查和初步调查的司法活动。在这一概念中，增加了调查的内容。原因是有观点提出，“审查”从字面上理解一般是指对材料的书面审查，是否包括“调查”活动不明确。鉴于初查的实质是一种司法调查活动，仅用“审查”难以准确、全面地体现初查的实质。由于刑事诉讼法并没有使用“初查”一词，关于初查制度法律依据的问题，一直存在两种不同的观点：一种观点认为，根据刑事诉讼法规定，立案才是刑事诉讼的起点而不是初查，况且刑事诉讼法根本就没有规定“初查”制度，初查制度是检察机关适应自身工作需要而设立的一个程序。另一种观点认为，初查制度具有法律依据。刑事诉讼法第112条规定人民检察院对于报案、控告、举报和自首的材料，应当按照管辖范围，迅速进行审查。尽管该条款未出现“初查”字样，但是该条款中的“应当按照管辖范围，迅速进行审查”已涵盖了“初查”制度。

“调查核实”释义

刑事诉讼法规定的立案前审查包括两种方式，不仅包括对案件线索材料本身进行书面审查，还包括对案件线索材料所反映的事实进行必要的调查，以确定是否符合立案条件，作出立案或者不予立案的决定。根据修改后的人民检察院组织法第二十一条规定，人民检察院行使本法第二十条规定的法律监督职权，可以进行调查核实。第二十条规定的职权中就包括“依照法律规定对有关刑事案件行使侦查权”。人民检察院对诉讼活动实行法律监督中发现司法工作人员利用职权实施的非法拘禁、刑讯逼供、非法搜查等侵犯公民权利、损害司法公正的犯罪立案侦查，是人民检察院法律监督职权的重要组成部分。据此，人民检察院在审查立案过程中对案件线索进行调查核实是有充分法律依据的。《规则》以“调查核实”代替原来的“初查”概念，相关条文中出现“初查”一词的地方也均以“调查核实”替代。

调查核实是检察机关履行法律监督职能的重要手段，也是检察机关查办司法工作人员相关职务犯罪的主要方式。一方面，《规则》将第八章第一节“初查”改为“立案审查”，调查核实是立案审查的主要方式。初查是检察机关职务犯罪侦查实践中形成的工作制度，但一直没有固定与上升为正式法律概念，在证据效力、手段运用等方面遭到了许多质疑。这是一项制度由探索到创建、由创建到完善的必经过程。为了让这一项来源于实践、成长于实践的制度更好地发挥作用，《规则》将初查转化为调查核实，完善了职务犯罪侦查的立案审查规范。一是使立案审查阶段获取的证据有法可依、于法有据。二是调查核实的运用紧密地融合在法律监督职责之中，工作主动性和灵活性得到极大增强，使初查制度有了新的生机与活力。要认真落实《规则》要求，既要依法规范，不得采取限制人身自由、财产权利的措施，不得采取技术侦查措施，又要灵活机动，果断、有策略，固定证据要坚决、及时、准确，查实问题要有针对性，充分调动各方资源与力量，构建基础性证据链条，为案件侦办与突破打下良好基础。另一方面，立案侦查后，深挖案件线索及在揭露犯罪事实的同时有针对性地发现与纠正司法、执法活动中的问题与隐患，也需要适时有策略地运用好调查核实。要让依法规范行使调查核实权成为运用侦查谋略的重要因素，扣实一个点，立起一件案，激活一片活力，最大限度实现双赢多赢共赢。

立案审查的重点内容

1. 立案审查内容

立案审查的任务是收集必要的证据和材料，确定是否有犯罪事实并需要追究其刑事责任。主要内容如下：一是调查被控告人、被举报人的基本情况；二是调查被控告、被举报事实的基本情况，包括线索材料所反映的问题是否属实，被控告人或被举报人的身份是否属于司法工作人员，是否有利用职权实施侵犯公民权利、损害司法公正的犯罪行为，是否具有依法不追究刑事责任的情形等情况。

2. 立案审查阶段能够采取的措施

调查核实是立案审查阶段采取的措施和手段，它同立案后的侦查紧密相连而又相对独立。由于调查核实的目的只是查明是否符合立案条件，是否应当立案，此时，被调查对象尚不能确定为犯罪嫌疑人，因此，立案审调查阶段只能使用一般性的、不限制被调查对象人身、财产权利的调查措施，不能对被调查对象采取刑事诉讼法规定的强制措施，包括拘传、拘留、逮捕、取保候审和监视居住，也不能对被调查对象的财产采取查封、扣押、冻结措施。

3. 不得擅自接触被调查对象

由于职务犯罪案件的特殊性以及初查结果的不确定性，需要对初查的对象、内容、方法、时间等内容进行保密，并严格控制知情范围。因此，2012年《规则（试行）》第一百七十二条规定："初查一般应当秘密进行，不得擅自接触初查对象。公开进行初查或者接触初查对象，应当经检察长批准。"《规则（试行）》修改过程中，有观点提出，秘密进行调查核实，在什么范围内进行，是相对于被调查对象而言的秘密，还是相对于所有人而言的秘密，实践中不好把握。如进行询问、查询、勘验、鉴定、调取证据材料等措施，均难以做到秘密，检察人员一旦隐匿身份，基本不会得到配合。所以，这里的“一般应当秘密进行”，应当理解为一般不得接触被调查对象。因此，修订后的《规则》第一百六十八条规定：“调查核实一般不得接触被调查对象。必须接触被调查对象的，应当经检察长批准。”

4. 贯彻侦查一体化原则

《规则》第一百六十七条规定，对于人民检察院直接受理侦查案件的线索，上级人民检察院在必要时，可以直接调查核实或者组织、指挥、参与下级人民检察院的调查核实，可以将下级人民检察院管辖的案件线索指定辖区内其他人民检察院调查核实，也可以将本院管辖的案件线索交由下级人民检察院调查核实；下级人民检察院认为案件线索重大、复杂，需要由上级人民检察院调查核实的案件线索，可以提请移送上级人民检察院调查核实。上述规定是检察一体原则在立案审查环节的具体体现，有利于统筹调配办案力量，强化上级人民检察院对下级人民检察院工作的组织、指挥、指导，排除调查核实的干扰和阻力，确保案件办理质量和效率。

《人民检察院刑事诉讼规则》重点解读

——以精准化量刑建议落实认罪认罚从宽[①]

罗庆东*

量刑建议是伴随着2018年修改刑事诉讼法确立认罪认罚从宽制度而得

① 原载《检察日报》2020年2月10日。

* 最高人民检察院第一检察厅副厅长。

以在我国立法上明确的一项重要制度，也是此次修改检察院刑事诉讼规则所涉及的重要内容。认真学习贯彻新修订的《人民检察院刑事诉讼规则》（以下简称《规则》）有关量刑建议的规定，对于确保认罪认罚从宽制度正确有效实施具有重要作用。《规则》根据修改后刑事诉讼法和2019年10月11日最高人民法院、最高人民检察院、公安部、国家安全部、司法部联合印发的《关于适用认罪认罚从宽制度的指导意见》（以下简称《指导意见》），对原有的量刑建议相关规定进行了补充修改和完善。

关于量刑建议的提出

提出量刑建议是办理认罪认罚从宽案件的“规定动作”。《规则》第二百七十四条规定，认罪认罚案件，检察院向法院提起公诉的，“应当提出量刑建议”，这是一项硬性要求。

量刑建议的方式和内容。根据《规则》规定，检察院应当在起诉书中写明被告人认罪认罚情况，并移送认罪认罚具结书等材料。量刑建议可以另行制作，也可以在起诉书中说明。需要强调的是，为了当事人特别是被告人能够理解和接受，也为了促使法庭采纳，量刑建议应当注重说理。量刑建议应当追求精准化，对于主刑、附加刑以及是否适用缓刑都要提出具体明确的意见，所以《规则》要求量刑建议一般应当为确定刑，对新类型、不常见的案件和量刑情节复杂的重罪案件等，也可以提出幅度刑量刑建议。

量刑建议的考量因素。根据《规则》规定，办理认罪认罚从宽案件，检察院提出量刑建议，应当将以下情况作为重要的考虑因素：一是犯罪嫌疑人是否与被害方达成和解或者调解协议；二是犯罪嫌疑人是否赔偿被害方损失并取得被害方谅解；三是犯罪嫌疑人是否自愿承担公益损害修复、赔偿责任。如果犯罪嫌疑人自愿认罪并且愿意积极赔偿损失，但由于被害方赔偿请求明显不合理，未能达成和解或者调解协议的，一般不影响对犯罪嫌疑人从宽处理。检察机关提出量刑建议，还要根据犯罪嫌疑人认罪认罚的时间早晚考虑不同梯次的减让，以鼓励其尽早认罪认罚。

关于量刑建议的前期工作

根据刑诉法和《规则》的规定，检察机关在提出量刑建议之前，还需要做大量认真细致的工作，归纳起来主要有三个方面：

一是开展量刑协商。犯罪嫌疑人认罪认罚的，检察院应当告知其享有的诉讼权利和认罪认罚的法律规定，听取犯罪嫌疑人、辩护人或者值班律师、被害人及其诉讼代理人对从轻、减轻或者免除处罚等从宽处罚的建议。听取值班律师意见的，应当提前为值班律师了解案件有关情况提供必要的便利；自检察院对案件审查起诉之日起，值班律师可以查阅案卷材料，了解案情，检察院应当为值班律师查阅案件材料提供便利。检察院不采纳辩护律师或者值班律师所提意见的，应当向其说明理由。检察院拟提出的量刑建议当然也要听取犯罪嫌疑人、辩护人或者值班律师的意见，这种沟通协商有利于控辩之间达成合意。

二是签署具结书。这是审查起诉阶段适用认罪认罚从宽制度的必经程序。根据《规则》的规定，犯罪嫌疑人自愿认罪认罚，同意量刑建议和程序适用的，应当在辩护人或者值班律师在场的情况下，签署认罪认罚具结书。具结书应当包括犯罪嫌疑人如实供述罪行、同意量刑建议和程序适用等内容，由犯罪嫌疑人及其辩护人、值班律师签名。犯罪嫌疑人具有下列情形之一的，不需要签署认罪认罚具结书：犯罪嫌疑人是盲、聋、哑人，或者是尚未完全丧失辨认或者控制自己行为能力的精神病人的；未成年犯罪嫌疑人的法定代理人、辩护人对未成年人认罪认罚有异议的；其他不需要签署具结书的情形。

三是开展社会调查评估。这是适用认罪认罚从宽制度办理案件中一项重要工作。根据《规则》的规定，犯罪嫌疑人认罪认罚，检察院拟提出适用缓刑或者判处管制的量刑建议，可以委托犯罪嫌疑人居住地的社区矫正机构进行调查评估，也可以自行调查评估。

关于审判阶段量刑建议相关工作

一是要提出量刑建议并说明理由。公诉人应当在发表公诉意见时提出量刑建议并说明理由和依据。对于适用简易程序和速裁程序的案件，虽然因审理程序的简化不一定都要安排提出量刑建议环节，但鉴于量刑建议是庭审的重要内容，必要时仍应做好量刑建议的说理和阐释工作。

二是量刑建议的调整。根据《规则》的规定，对于认罪认罚案件，法院经审理认为检察院的量刑建议明显不当，向检察院提出的，或者被告人、辩护人对量刑建议提出异议的，检察院可以调整量刑建议。需要注意的是，根据刑事诉讼法第二百零一条第一款的规定，法院一般应当采纳人民检察院指控的罪名和量刑建议，但有下列情形的除外：（1）被告人的行为不构成犯罪或者不应当追究其刑事责任的；（2）被告人违背意愿认罪认罚的；（3）被告人否认指控的犯罪事实的；（4）起诉指控的罪名与审理认定的罪名不一致的；（5）其他可能影响公正审判的情形。实践中，对于具有上述第（1）（2）（3）种情形的案件，由于已经不属于认罪认罚案件，应当转为普通程序进行审理；根据《指导意见》的规定，对于检察院起诉指控的事实清楚，量刑建议适当，但指控的罪名与审理认定的罪名不一致的，法院可以听取检察院、被告人及其辩护人对审理认定罪名的意见，依法作出裁判。

三是被告人上诉的处理。对于检察机关提出精准刑量刑建议，法院采纳后被告人没有正当理由上诉的，检察机关原则上应当提出抗诉，因为被告人的行为违背了具结书的内容，案件也就失去了认罪认罚从宽的前提；对于检察机关提出幅度刑量刑建议，法院在幅度中线或者上线量刑后，被告人上诉的，则一般不提出抗诉。

关于量刑建议精准化相关工作

我们要清醒地看到，当前量刑建议精准化水平还需要进一步提升，必须采取有效措施切实加以解决。

一是要进一步提高思想认识。实践中，部分检察官对量刑建议工作不够重视，甚至视为负担；“捕诉一体”改革后，许多检察官没有公诉工作经验，对量刑建议工作不熟悉，存在畏难甚至抵触情绪，这种状况必须尽快扭转。

二是要进一步加强制度规范建设。最高人民检察院将会同最高人民法院等部门研究修改完善量刑程序相关规范，明确不同阶段认罪认罚的量刑减让幅度，共同研究制定常见罪名量刑标准，并适时出台人民检察院量刑建议工作指导性文件。

三是要进一步加大培训力度。要以网络培训为主进行，实现全员覆盖，要采取检察官教检察官、法官教检察官的办法以强化培训效果，大力提倡控辩审同堂培训以统一尺度、扩大共识。

四是要进一步加快量刑智能辅助系统研发和推广。要借助大数据、信息化研究开发量刑智能辅助系统，争取公检法司一体运行使用，提升量刑建议的客观性、精准度和公信度。

《人民检察院刑事诉讼规则》重点解读

——做好提前介入工作　完善程序机制①

郭竹梅*

检察院提前介入监察委员会办理职务犯罪案件，应当在案件进入审理阶段、调查终结移送起诉十五日前，经监察委员会书面商请后进行。提前介入的检察官办案组或检察官一般应在十五日内审核案件材料，对证据标准、事实认定、案件定性及法律适用提出书面意见等。

国家监察体制改革以来，各级监察委员会立案调查职务犯罪案件并陆续移送检察机关审查起诉。同时，各地监察委员会商请检察机关提前介入其办案活动也不断增加，提前介入工作已经成为检察机关一项新的工作实践。2018 年 4 月以来，国家监察委员会和最高检逐步建立和完善了最高检提前介入国家监察委员会调查工作的工作机制，也为各地开展这项工作提供了参照。为规范检察院提前介入监察委员会办理职务犯罪案件工作，加强与监察委员会在办案过程中互相配合、互相制约，提高职务犯罪案件办理质量和效率，充分发挥检察职能，推进监察体制改革，2019 年 2 月最高检制定下发了有关文件，对检察机关提前介入监察委员会办案问题进行了较为详细的规定，建立了相关工作机制。考虑到已有专门文件进行规定，此次修订后的《人民检察院刑事诉讼规则》（以下简称《规则》）中，对监察委员会办理案件的提前介入工作只进行了原则性规定，即第二百五十六条第二款规定："经监察机关商请，人民检察院可以派员介入监察机关

---

① 原载《检察日报》2020 年 2 月 16 日。

* 最高人民检察院第三检察厅主办检察官。

办理的职务犯罪案件。”司法实践中，检察机关提前介入监察委员会办案工作的开展应当依照监察法、刑事诉讼法和《规则》以及上述提前介入的有关规定执行。

关于检察机关提前介入监察委员会办理职务犯罪案件工作，需重点把握以下几个问题：

1. 提前介入的主要任务

检察机关提前介入监察委员会调查工作的主要任务是对证据收集、事实认定、案件定性等提出意见和建议，规范调查取证工作，完善案件证据体系，并对是否需要采取强制措施进行审查，确保准确适用法律。

2. 提前介入的主体

一是关于提前介入的人员。检察院提前介入监察委员会办理职务犯罪案件工作，经检察长批准由检察官办案组或检察官介入。二是关于提前介入的单位。由于监察委员会的调查管辖与检察机关的审查起诉管辖的法律依据和原则不同，最高检和省级院对等介入监察委员会办理的案件，在案件审查起诉阶段，负责审查起诉工作的检察院一般都是设区的市级检察院或者基层院。因此，在司法实践中，可以有两种介入方式：一种是上级检察院指导承办案件的检察院派员介入，即主要由下级承办案件的检察院介入；另一种是上级检察院与承办案件的检察院共同派员介入。

3. 提前介入的案件范围

对于监察委员会办理的职务犯罪案件，以下三类情形的案件检察机关可以提前介入：(1) 在当地有重大影响的案件；(2) 在事实认定、证据采信、案件定性以及法律适用等方面存在分歧的疑难、复杂案件；(3) 其他需要提前介入的案件。需要特别指出的是，检察机关提前介入职务犯罪案件，需要以监察委员会“书面商请”为前提，而非检察机关主动提前介入。

4. 提前介入的工作时间

检察院提前介入监察委员会办理职务犯罪案件，应当在案件进入审理阶段、调查终结移送起诉十五日前，经监察委员会书面商请后进行。提前介入的检察官办案组或检察官一般应在十五日内审核案件材料，对证据标准、事实认定、案件定性及法律适用提出书面意见等。需要强调的是，提前介入的检察官办案组或检察官，不得以监察委员会名义或者以借调等方式参与监察委员会案件调查活动。

5. 提前介入的方式方法

检察机关提前介入监察委员会办理职务犯罪案件，可以采取以下工作方式：(1) 听取监察委员会关于案件事实和证据情况的介绍；(2) 查阅案件监察文书和证据材料；(3) 需要对证据合法性进行审查的，可以提请调看讯问被调查人、询问证人同步录音录像；(4) 其他必要的工作方式。检察机关提前介入监察委员会办理职务犯罪案件，可以就以下问题提出意见和建议：(1) 对调查部门已经获取的证据材料进行分析，提出进一步补充、固定、完善证据的工作建议，全面客观地收集证明被调查人有罪、罪重以及无罪、罪轻的证据；(2) 对案件事实和性质认定、法律适用以及涉案财物处理等问题提出意见和建议；(3) 对审查发现的非法证据提出依法排除或者重新收集的意见，对瑕疵证据提出完善补正的意见；(4) 对案件管辖问题提出意见和建议；(5) 对是否需要采取强制措施以及采取何种强制措施进行审查；(6) 对监察文书是否齐全、卷宗材料是否齐备等提出意见和建议；(7) 对其他需要解决的法律问题提出意见和建议。

部分地区检察机关在实践操作中，在此基础上还进行了一些积极的探索，如：增加了对"是否存在自首和立功""是否存在漏罪和漏犯"等问题提出意见和建议；监察委员会对检察机关提前介入形成的意见，在移送起诉前进行"书面"反馈。这些探索值得进一步研究和完善。

6. 提前介入意见的反馈

关于提前介入工作意见如何向监察委员会反馈，主要涉及四个方面的问题：一是哪级检察机关反馈。检察院应同级监察委员会书面协商，提前介入监察委员会办理职务犯罪案件的，应当以本级检察院案件承办部门名义，向商请提前介入的监察委员会案件审理部门反馈。二是是否需要书面反馈。从工作的严肃性和规范性考虑，应当书面反馈。三是是否需要检察长批准。提前介入的检察官办案组或检察官应当详细记录案件情况和工作情况，形成提前介入的书面意见后按程序反馈。根据司法责任制改革实践，一般案件可以由检察官办案组或检察官反馈工作意见，但特别重大、疑难、复杂案件的意见反馈，应当经检察长批准同意。四是反馈的内容。书面反馈意见应当包括提前介入工作的基本情况、案件事实、定性意见、完善证据意见、法律适用意见以及需要研究和说明的问题等内容。

7. 提前介入与审查起诉工作的衔接

案件移送起诉后，检察机关一般宜将案件交由提前介入调查的检察官办理，确因工作需要的，也可另行安排办案人员。审查起诉检察官要根据监察委员会正式移送的案件材料，严格依法审查案件，不得以提前介入意见代替审查起诉意见。审查起诉意见和提前介入意见不一致的，应当及时与监察委员会沟通。人民检察院认为移送起诉的案件需要补充核实的，应当退回监察机关补充调查，必要时可以自行补充侦查。需要注意的是，提前介入工作一方面是做好审查起诉工作、确保案件质量效率的基础，另一方面也是和审查起诉不能相互替代的两个不同阶段，必须防止以提前介入意见代替审查起诉意见的情况出现，确保审查起诉阶段依法审查。

《人民检察院刑事诉讼规则》重点解读

——如何保护犯罪嫌疑人和被害人权益①

周 颖*

《人民检察院刑事诉讼规则》（以下简称《规则》）根据刑事诉讼法及相关司法解释的精神，在“认罪认罚从宽案件办理”规定中，新增了认罪认罚从宽制度中犯罪嫌疑人和被害人权益保护的内容，使犯罪嫌疑人和被

① 原载《检察日报》2020年2月18日。

* 作者单位：最高人民检察院第一检察厅。

害人权益保障更臻完善。

犯罪嫌疑人、被告人的合法权益保障

保障犯罪嫌疑人、被告人的合法权益，确保其在自愿的前提下认罪认罚，是认罪认罚从宽制度能否取得实效的关键。《规则》第二百六十七条和第二百六十八条对犯罪嫌疑人获得法律帮助权作出规定。除此之外，《规则》还从权利告知、听取意见等方面对检察机关的责任作出了细化规定。

第一，关于权利告知。犯罪嫌疑人自愿认罪认罚的前提是其充分了解所享有的诉讼权利和认罪认罚可能导致的法律后果。《规则》第二百六十九条规定，犯罪嫌疑人认罪认罚的，检察院应当告知其享有的诉讼权利和认罪认罚的法律规定。这里的“诉讼权利”是指刑事诉讼法和其他法律规定的犯罪嫌疑人在刑事诉讼中享有的程序性权利，如有权委托辩护人，符合条件的可以向法律援助机构申请提供辩护，约见值班律师为其提供法律咨询、申请变更强制措施、对案件处理提出意见等法律帮助的权利，申请回避的权利等。“认罪认罚的法律规定”是指刑法和刑事诉讼法有关认罪认罚从宽处理及其他实体性和程序性的法律规定，如有关犯罪的刑罚，从轻、减轻、免除刑罚，自首和立功等；犯罪嫌疑人如实供述自己的罪行，承认指控的犯罪事实，愿意接受处罚的，可以依法从宽处理；认罪认罚的要签署具结书；适用简易程序或速裁程序等。根据“两高三部”《关于适用认罪认罚从宽制度的指导意见》（以下简称《指导意见》）的规定，检察院告知权利，应当以书面形式进行，必要时应当充分释明权利内涵，确保犯罪嫌疑人在明知、明智的情况下自愿作出选择。告知权利时，检察院应当保障犯罪嫌疑人的程序选择权。

第二，关于听取意见。《规则》对认罪认罚案件检察院应当听取犯罪嫌疑人、辩护人或者值班律师意见的具体事项予以规定，主要包括：一是涉嫌的犯罪事实、罪名及适用的法律规定。这里所说的“涉嫌的犯罪事实”是指公安机关、监察机关移送起诉后，经检察院审查拟向法院提起公诉的犯罪事实，既可以是单一犯罪行为的事实，也可以是数个犯罪行为中任何一个犯罪行为的事实。“罪名”是指根据刑法及有关司法解释的规定，检察院拟指控的具体犯罪的名称。“适用的法律规定”是指根据刑法和刑事诉讼法的规定，检察院拟向法院提出的对犯罪嫌疑人适用的具体量刑建议及适用的审判程序的建议等。二是从轻、减轻或者免除处罚等从宽处罚的建议。检察院对于从轻、减轻或者免除处罚等从宽处罚的建议，也涉及犯罪嫌疑人承担的法律后果，需要听取犯罪嫌疑人、辩护人或者值班律师的意见。三是认罪认罚后案件审理适用的程序。认罪认罚案件的法庭审理程序一般都会简化，并区别案件不同情况分别适用普通程序、简易程序或者速裁程序。对于可能判处无期徒刑或者死刑的案件，或者由中级法院、高级法院、最高人民法院审理的其他第一审案件，即使是犯罪嫌疑人自愿认罪认罚的，也不能适用速裁程序或者简易程序。根据刑事诉讼法的规定，认罪认罚案件简易程序或者速裁程序的适用需要征得犯罪嫌疑人的同意，因此，必须听取犯罪嫌疑人、辩护人或者值班律师的意见。四是其他需要听取意见的情形。听取意见的过程实际上就是控辩双方就认罪认罚情况以及处罚建议进行沟通协商的过程，检察院听取意见应当记录在案。

第三，关于不采纳意见说明理由。司法实践中，常会出现辩护人或者值班律师提出意见后，检察院经审查认为不能采纳的情形。对此，《规则》第二百六十九条第三款规定，检察院不采纳辩护人或者值班律师所提意见的，应当向其说明理由。

被害人合法权益保障

让当事人充分能动地参与刑事诉讼已成为现代刑事司法的一种趋势，其中尊重刑事被害人的主体地位，保障其合法权益，对于减少社会对抗、修复被损害的社会关系、化解社会矛盾具有积极意义，也将直接影响认罪认罚从宽制度的实际效果。为此，刑事诉讼法第一百七十三条对听取被害人及其诉讼代理人意见作出了规定。《规则》遵循刑事诉讼法的精神，吸收《指导意见》的内容，专门对保障被害人的权益予以规定。

第一，听取意见。《规则》延续了认罪认罚从宽制度试点规定，要求检察院办理认罪认罚案件，应当将犯罪嫌疑人是否与被害人达成和解协议、调解协议，或者赔偿被害人损失，取得被害人谅解，或者自愿承担公益损害修复、赔偿责任，作为从宽处罚的重要考虑因素。被害人的意见和态度是司法机关作出从宽处理时的重要考虑因素，特别是在一些重大人身伤害案件中，若未能与被害人达成和解、未能取得被害人谅解，在决定从宽幅度时要充分考虑社会效果，慎重把握。

第二，被害人异议的处理。实践中，经常出现被害人不谅解，不同意对犯罪嫌疑人、被告人从宽处理的情形。对此，应当把握的原则是，既要充分尊重被害人意见，同时也要防止完全受被害人左右，司法机关应当秉承客观公正立场，不偏不倚，依法办理认罪认罚案件。具体来讲，要把握好三点：一是被害人及其诉讼代理人不同意对认罪认罚的犯罪嫌疑人、被告人从宽处理的，不影响认罪认罚从宽制度的适用。被害人没有程序选择权，比如其不同意适用速裁程序的，并不影响司法机关适用速裁程序。二是犯罪嫌疑人、被告人认罪认罚，但没有退赃退赔、赔偿损失，未能与被害人达成调解或者和解协议的，从宽时应当予以酌减。也就是说，虽然被害人不同意不影响认罪认罚从宽制度的适用，但仍然会影响最终的从宽幅度，这种规定有利于促使犯罪嫌疑人、被告人积极与被害人达成和解谅解。三是正确对待被害人“漫天要价”。《规则》第二百七十六条第二款规定，犯罪嫌疑人自愿认罪并且愿意积极赔偿损失，但由于被害方赔偿请求明显不合理，未能达成和解或调解协议的，一般不影响对犯罪嫌疑人从宽处理。

第三，促进和解谅解。为了更好地发挥认罪认罚从宽在化解社会矛盾、促进社会和谐方面的作用，《规则》对检察院促进和解谅解作出了规定。对于符合当事人和解程序适用条件的公诉案件，犯罪嫌疑人认罪认罚的，检察院应当积极促使当事人自愿达成和解，和解协议书和被害方出具的谅解意见应当随案移送。被害方符合司法救助条件的，检察院应当积极协调办理。对被害方的司法救助，以往法院做得比较多，检察环节做得比较少。推进认罪认罚从宽制度适用，要求检察机关积极开展司法救助，对符合司法救助条件的，检察机关应当积极协调为被害方办理司法救助。这也是检察机关在刑事诉讼中履行主导责任的重要体现。

《人民检察院刑事诉讼规则》重点解读

——认罪认罚后反悔的评价与处理①

苗生明*

对本应提起公诉，但因犯罪嫌疑人认罪认罚，检察机关综合犯罪性质、情节、后果等因素，而作出相对不起诉决定后，犯罪嫌疑人反悔的，检察机关可以撤销原不起诉决定，依法提起公诉。

案件审理过程中，被告人反悔不再认罪认罚的，如果由于被告人反悔，可能直接带来程序的转换。对适用速裁程序或者简易程序审理的案件，被告人反悔不再认罪认罚的，应当转换成合适的程序审理。人民法院应当根据审理查明的事实，依法作出裁判。

检察机关应当秉持客观公正的立场稳妥把握认罪认罚案件的抗诉问题。对认罪认罚案件，对人民法院采纳检察机关量刑建议对被告人依法从宽处罚后，人民检察院发现案件认定事实、采信证据等方面确有错误，或者人民法院改变检察机关量刑建议确有错误的，应当依法提出抗诉，这也是刑事诉讼法的明确要求。

犯罪嫌疑人或者被告人认罪认罚后又反悔应当如何处理，是认罪认罚从宽制度适用中不得不面对的“特殊的制度困扰”。对此，首先应当明确的是，犯罪嫌疑人或者被告人有权反悔和撤回认罪认罚的承诺。一般而

① 原载《检察日报》2020年2月20日。

* 最高人民检察院第一检察厅厅长。

言，认罪认罚从宽制度下，犯罪嫌疑人、被告人在与检察机关沟通协商达成一致意见基础上，自愿认罪认罚并签署具结书，实质上是在个人与检察机关之间达成的合意。根据契约精神，控辩双方均应当受协议内容的约束，有义务配合推动协议的履行。但这种约束对控辩双方来讲，其效力并不一样，对代表公权一方的检察机关的约束远大于对被告人个体的约束。具体表现为，检察机关原则上不得撤销协议内容，除非被告人首先不履行其在具结书中承诺的内容，或者据以签署具结书的事实、情节等发生重大变化；而被告人在法院判决前，均可反悔。被告人在法院审理程序终结前可以随时撤销具结书，而检察机关只有在证明被告人违反协商协议时，方可提出撤销协议的申请。法院应当受其约束，另行程序进行审理。当然，审判阶段，被告人反悔后还可以在充分了解享有权利和认罪认罚可能导致法律后果的基础上重新认罪认罚，从而继续适用认罪认罚从宽制度，也可以因反悔而不适用认罪认罚从宽制度。法院判决后，被告人发现自己系基于错误认识而认罪认罚的，可以依法提出上诉，或者向人民检察院和人民法院申诉。由此可见，犯罪嫌疑人或者被告人认罪认罚后反悔有多种表现情形。从反悔阶段看，有起诉前即反悔和审判时反悔；从反悔类型看，有检察机关作出不起诉决定后反悔和法院判决后反悔而上诉或者申诉，等等。犯罪嫌疑人或者被告人认罪认罚后反悔如何处理，需要区分情况。

不起诉后反悔的处理。《人民检察院刑事诉讼规则》（以下简称《规则》）第二百七十八条对检察机关作出不起诉决定后犯罪嫌疑人反悔如何处理作出了规定。需要把握五点：一是此处不起诉的反悔，是指对犯罪嫌疑人认罪认罚，人民检察院依照刑事诉讼法第一百七十七条第二款作出不起诉决定后，犯罪嫌疑人反悔的情形。其次是人民检察院应当对反悔进行审查，根据审查情况区分处理。三是发现犯罪嫌疑人没有犯罪事实，或者符合刑事诉讼法第十六条规定的情形之一的，应当撤销原不起诉决定，依法重新作出不起诉决定。犯罪嫌疑人没有犯罪事实或者符合刑事诉讼法第十六条规定的不追究刑事责任情形之一的，是绝对不起诉适用的前提条件，即使犯罪嫌疑人认罪认罚，检察机关也应当作出绝对不起诉决定。四是认为犯罪嫌疑人仍属于犯罪情节轻微，依照刑法规定不需要判处刑罚或者免除刑罚的，可以维持原不起诉决定，此类案件犯罪嫌疑人反悔撤回认罪认罚承诺，原不起诉决定依然可以适用。五是排除认罪认罚因素后，符合起诉条件的，应当根据案件具体情况撤销原不起诉决定，依法提起公诉。相对不起诉中对情节轻微的判断，需要结合案件具体情况来判断，认罪认罚是一个重要考虑因素。对本应提起公诉，但因犯罪嫌疑人认罪认罚，检察机关综合犯罪性质、情节、后果等因素，而作出相对不起诉决定后，犯罪嫌疑人反悔的，原本享有从宽优惠的前提即不复存在，此时，检察机关可以撤销原不起诉决定，依法提起公诉。这也是犯罪嫌疑人无故反悔应当承受的代价。

起诉前反悔的处理。犯罪嫌疑人认罪认罚，签署认罪认罚具结书，在人民检察院提起公诉前反悔的，具结书内容失效，人民检察院应当在全面审查事实证据的基础上，依法提起公诉。起诉前反悔，首先带来的后果是具结书内容失效，因为具结书本质上是控辩双方达成的一种协议，犯罪嫌疑人反悔相当于一方违约，此时协议自然失效；二是人民检察院应当全面审查事实证据，依法提起公诉。因犯罪嫌疑人反悔，原本的从宽处罚建议失去了存在基础，人民检察院可以综合犯罪事实、情节、性质等重新提出量刑建议。

审判阶段反悔的处理。案件审理过程中，被告人反悔不再认罪认罚的，如何处理，需要把握两点：一是因被告人反悔，可能直接带来程序的转换。对适用速裁程序或者简易程序审理的案件，被告人反悔不再认罪认罚的，应当转换成合适的程序审理。二是被告人可能无法享有原本的从宽优惠。人民法院应当根据审理查明的事实，依法作出裁判。

判决后反悔上诉的处理。当前实践中争议较大的一个问题是法院采纳检察机关从宽建议作出一审判决后被告人又上诉，检察机关能否抗诉的问题。考虑到这一问题的复杂性，“两高三部”的《关于适用认罪认罚从宽制度的指导意见》和修订后《规则》均未提出具体意见，拟在下一步出台专门文件予以明确和规范。尽管如此，在 2019 年 8 月全国检察机关刑事检察工作会议和 2019 年 11 月的检法同堂培训班上，最高检对这一问题如何处理给出了相对明确的指向和要求。实践中，需要把握两点：第一，应当明确被告人的上诉权不可剥夺。上诉权是被告人的基本诉讼权利，虽然被告人上诉使认罪认罚制度的效率价值大为减损，但保障上诉权是程序公正的基本要求，是结果公正的救济途径，也是认罪认罚从宽制度可持续发展和良好运行的保证。只有保障被告人对于认罪认罚反悔上诉的权利，才能使其拥有对审判程序和诉讼结果的自由选择权，进而对最终的裁判结果不产生抵触情绪，坚定其选择认罪认罚程序的决心，增强其对认罪认罚结果的接受度。第二，检察机关应当秉持客观公正的立场稳妥把握认罪认罚案件的抗诉问题。对认罪认罚案件，对人民法院采纳检察机关量刑建议对被告人依法从宽处罚后，人民检察院发现案件认定事实、采信证据等方面确有错误，或者人民法院改变检察机关量刑建议确有错误的，应当依法提出抗诉，这也是刑事诉讼法的明确要求。对被告人否认指控的犯罪事实、不积极履行具结书中赔礼道歉、退赃退赔、赔偿损失等义务以及以量刑过重为由，而提出上诉，符合抗诉条件的，检察机关应当依法提出抗诉。特别是现阶段对检察机关提出精准量刑建议，法院采纳后被告人无正当理由上诉的，原则上应当提出抗诉。因为对被告人从宽处理的重要原因之一，就是被告人认罪认罚给司法资源节约和司法效率提高都带来了好处，也给被告人带来了实实在在的量刑优惠，其无正当理由上诉这一行为不但违背了具结、恢复到不认罪认罚的被追诉状态，而且引起了本不必要的二审程序，浪费了司法资源，使得已经解决案件的司法成本变得更加高昂，也表明其不是发自内心地尊重司法机关的裁决，而是抱有一种投机心理、侥幸心理，不是真诚的悔罪悔过。从本质上讲，被告人无正当理由的上诉，既与立法创制认罪认罚从宽制度的初衷相悖，更不是司法机关积极实施这一制度所期待的诉讼效应，检察机关提出抗诉绝非仅仅为了加重少数上诉人的刑罚，而是通过抗诉的方式引导被告人形成尊重认罪认罚具结和承诺的自觉，从而减少无谓的上诉和不必要的二审程序，助推认罪认罚从宽制度的良性运行。当然，对检察机关提出幅度量刑建议，法院在幅度中线或者上线量刑后，被告人上诉的，则不宜抗诉。

《人民检察院刑事诉讼规则》重点解读

——缺席审判制度的程序适用与检察监督①

周 颖*

党中央高度重视反腐败和国际追逃追赃工作及相关法律制度建设。为加强境外追逃工作力度和手段，新修改的刑事诉讼法第五编特别程序中增设缺席审判程序一章，作为第三章。这在我国刑事法律中第一次建立了刑事缺席审判制度。修改后的《人民检察院刑事诉讼规则》（以下简称《规则》）对检察机关在缺席审判制度中适用案件范围、程序规定、重新审理的情形、检察监督等具体内容作了规定，细化了检察机关适用缺席审判制度的诉讼程序。

缺席审判制度适用的案件范围。根据修改后刑事诉讼法第五编第三章的相关规定，缺席审判适用的案件范围包括三种情况：第一种情况是贪污贿赂犯罪案件，以及需要及时进行审判，经最高检核准的严重危害国家安全犯罪、恐怖活动犯罪案件，因犯罪嫌疑人、被告人在境外的；第二种情况是因被告人患有严重疾病无法出庭，中止审理超过六个月，被告人仍无法出庭，被告人及其法定代理人、近亲属申请或者同意恢复审理的；第三种情况是被告人死亡，有证据证明被告人无罪，法院经缺席审理确认无罪的。修改后刑事诉讼法增加的缺席审判制度，主要指第一种情况。后两种情况的缺席审判，实际上是一种排除审判障碍的方式，其性质上属于普通程序的一个环节，系普通程序处置审判障碍时的一项诉讼措施。

① 原载《检察日报》2020 年 2 月 24 日。

* 作者单位：最高人民检察院第一检察厅。

缺席审判案件的管辖和核准程序。为了确保缺席审判制度的正确实施，修改后刑事诉讼法对缺席审判案件的管辖明确由犯罪地、被告人离境前居住地或者最高法指定的中级法院组成合议庭进行审理。《规则》在此基础上，对检察环节的管辖作了规定。其中第五百零五条规定，对犯罪嫌疑人、被告人潜逃境外的缺席审判案件，由有管辖权的中级法院的同级检察院提起公诉。《规则》第五百零六条至第五百零八条规定了公安机关报请核准的程序。这有两个问题需要注意：一是如何报请的问题。《规则》规定，应当由办理案件的公安机关移送同级检察院，检察院再逐级报请最高检核准。二是缺席审判程序中报请核准提起公诉案件上级检察院能否阻断报请核准程序的问题。《规则》修订过程中曾有不同意见，考虑到目前还缺乏实践经验，《规则》对此没有作出明确规定。

缺席审判制度中重新审理的情形。在缺席审判制度中为充分保障被告人的诉讼权利，修改后刑事诉讼法规定了重新审理的情形。《规则》第五百零九条、第五百一十条分别规定了在审查起诉期间、提起公诉后，犯罪嫌疑人（被告人）自动投案或者被抓获的，检察院分情况进行处理：审查起诉期间，犯罪嫌疑人自动投案或者被抓获的，检察院应当重新审查；对严重危害国家安全、恐怖活动犯罪案件报请核准期间，犯罪嫌疑人自动投案或者被抓获的，报请核准的检察院应当及时撤回报请，重新审查案件；提起公诉后被告人到案，法院拟重新审理的，检察院应当商法院将案件撤回并重新审查。

缺席审判制度中的检察监督。检察机关在缺席审判制度中，既担负着提起公诉的职责，也担负着诉讼监督职责。这一制度非常重要，必须严格规范、积极稳妥地运用好。在刑事审判中，被告人在场是常态，缺席审判是例外。为充分保障被告人的诉讼权利，修改后的刑事诉讼法从六个方面作出了规定，其中之一就是规定了检察机关的抗诉权。鉴于修改后刑事诉讼法对缺席审判制度中检察机关的抗诉权已予以明确，《规则》在该节规定中未予以赘述，可以参照《规则》第十三章的相关规定执行。同时，检察机关还应当对缺席审判活动是否依法进行开展监督，包括被告人诉讼权利是否得到充分保障、审判程序是否合法等，发现违法情形的，及时提出纠正意见。

违法所得没收程序与缺席审判程序。违法所得没收程序本质上也是在犯罪嫌疑人、被告人缺席的情况下对案件作出司法处理，其与缺席审判程序存在着内在的竞合关系。因此，把握好两者之间的关系，做好两个程序的衔接，是检察机关实践中需要考虑的问题。

（一）两个程序的关系

违法所得没收程序与缺席审判程序两者既存在共性之处，也存在各自的个性之处。共性主要体现在：(1) 从适用案件范围看，两者在“贪污贿赂犯罪、恐怖活动犯罪”的适用上具有一致性。(2) 从性质看，违法所得没收程序主要是关于涉案财物的处置程序，而缺席审判程序中，法院不仅要审理并判决缺席之被告人是否有罪，还应当对违法所得及其他涉案财产作出处理。这意味着，缺席审判不仅对“人”，还对“物”。这个意义上，缺席审判程序涵盖了没收程序的功能。

个性之处主要体现在：(1) 违法所得没收程序主要是对“物”的诉讼程序，不涉及对犯罪人的定罪量刑，缺席审判程序虽然既要解决人的问题，也要解决物的问题，但主要还是对“人”的诉讼程序。(2) 在犯罪嫌疑人、被告人死亡情形下，需要没收违法所得或者其他涉案财产的，仍然需要通过违法所得没收程序予以解决。虽然缺席审判适用也存在被告人死亡的情形，但针对这种情形缺席审判的只能是确认其无罪而不是追究被告人刑事责任。在这点上，没收程序的功能是缺席审判所无法替代的。可以说，现行法律框架下，两个程序各有优势，一个对“物”，一个对“人”，共同完善了我国反腐败追逃追赃制度。根据《联合国反腐败公约》的规定，对于外逃资产的追回，原则上要求有对犯罪人定罪的生效裁判。违法所得没收程序的裁定只针对违法所得本身，而不涉及被告人的定罪问题，从裁判权威性的角度看，其权威性必然不如法院对被告人所作的定罪判决，被请求国仍然很有可能以没有“已经生效的有罪判决”为由拒绝配合我国的合理请求。但是从缺席审判的制度设定看，其在诉讼周期上一般会比没收违法所得程序的诉讼周期更长，因而在诉讼效率方面，没收违法所得程序更具优势。

（二）两个程序的衔接

如前述，缺席审判制度除了对“人”作出定罪量刑，也涉及对“物”的处理，这样就存在与违法所得没收程序的重合，可以部分涵盖违法所得没收程序。实践中，如果适用缺席审判制度对“人”和“物”均作出了处理，就无需再适用违法所得没收程序。另外，无论没收违法所得程序还是缺席审判程序中，侦查机关或者调查机关均有适用程序的建议权。

《最新法律文件解读》丛书

稿　约

《最新法律文件解读》是一套以为最新法律规范提供同步"解读"为主的系列丛书,分为刑事、民事、商事、行政与执行4个分册,按月出版。

本丛书以"解读"为重点,突出全、专、新、快、准等特点,通过对最新出台的法律、法规、司法解释、部门规章以及重要地方性法规进行同步动态解读,弥补了法律、法规、司法解释汇编类出版物没有同步阐释、解读内容的不足,为广大读者学习理解最新法律规范,正确贯彻执行法律文件,及时解决实践中的新情况、新问题,提供一个全方位、多层面的法律信息平台。

欢迎您向以下栏目赐稿:

【最新法律文件解读】主要是对最新颁行的法律文件进行解读,帮助司法和执法人员正确理解法律文件的立法背景、意义、重点内容、在适用中应注意的问题、与相关法律文件的衔接与互动关系等。

【司法实务问题研究】主要刊登对司法理论、实务及司法管理工作中的热点、疑难问题进行研究及评论的文章。

【新类型疑难案例选评】主要是对司法和行政执法实践中具有典型性和代表性的疑难案例,结合具体案情以及审理或处理结果进行简练精辟的点评,解析认识问题的方法、处理问题的法律依据和在个案中的具体适用。

【法学前沿与新视点】以摘要的形式刊登相关法学理论研究的最新动态及具有代表性和典型性的前沿问题,扩展法学研究的深度和广度。

【法律适用问题解答】主要针对司法和行政执法实践中面临的新问题、热点问题、疑难问题进行简要的解答,指出涉及的法律关系,明确法律适用依据。

稿件一经刊用即付稿酬,稿酬从优。

《刑事法律文件解读》　姜　峤　邮箱:bj85250573@126.com

《民事法律文件解读》　丁丽娜　邮箱:dlnlaw@163.com

《商事法律文件解读》　路建华　邮箱:shangshijiedu@126.com

《行政与执行法律文件解读》　张　奎　邮箱:271717306@qq.com

人民法院出版社

《最新法律文件解读》丛书编辑部